Holger Lendt • Lisa Fischbach

TREUE IST AUCH KEINE LÖSUNG

Holger Lendt • Lisa Fischbach

TREUE IST AUCH KEINE LÖSUNG

Ein Plädoyer für mehr Freiheit in der Liebe

Pendo München Zürich

Mehr über unsere Autoren und Bücher:
www.pendo.de

Das Zitat auf Seite 38 ist entnommen aus:
Hermann Hesse: Der Steppenwolf. Aus: Gesammelte Werke Bd. 7.
Frankfurt am Main: Suhrkamp, 1987, S. 387.
Der Abdruck erfolgt mit freundlicher Genehmigung des Suhrkamp Verlages.

Das Gedicht auf Seite 271 ist entnommen aus:
Erich Fried: Was es ist. Aus: Es ist was es ist. © Verlag Klaus Wagenbach,
Berlin 1983.
Der Abdruck erfolgt mit freundlicher Genehmigung des Wagenbach Verlages.

FSC
www.fsc.org
MIX
Papier aus verantwortungsvollen Quellen
FSC® C083411

ISBN 978-3-86612-304-5

Gesetzt aus der Minion
Satz: Satz für Satz. Barbara Reischmann, Leutkirch
Druck und Bindung: CPI – Clausen & Bosse, Leck
Printed in Germany

Für
Claudio Naranjo

INHALT

PROLOG BEI FISCH UND CHIPS

»Wovon handelt eigentlich das neue Buch von dir und deinem Kollegen Holger Lendt?«, fragt Conny interessiert beim Warten im beliebten Fisch- und Chips-Imbiss an der Elbe.

»Von der Liebe«, antwortet Lisa Fischbach.

»Versteh ich nicht«, erwidert Conny, »im Titel stand doch was von Treue und dass sie keine Lösung ist.«

»Stimmt«, fährt Lisa fort, »aber das Buch hat nichts mit einer Fremdgehfibel zu tun. Es geht vor allem um die Freiheit, sich seiner Bedürfnisse in der Liebe bewusster zu werden. So verblüffend es sich zunächst anhört, doch auch Untreue kann Liebe sein. Das hängt schließlich nur von der Perspektive ab.«

»Stimmt«, fällt Sybille aus dem Controlling ein. »Eine Freundin von mir ist seit fünf Jahren mit einem verheirateten Mann zusammen. Verrückt, sie hat sogar ein Kind von ihm. Er war bei der Geburt dabei, sie waren schon zusammen im Urlaub. Keine Ahnung, wie er es hinkriegt, dass seine Frau nichts davon mitbekommt. Ich habe ihn kennengelernt, er ist an jedem ihrer Geburtstage mit dabei. Seine Frau scheint nichts zu ahnen, verlassen wird er sie wohl auch nicht. Meine Freundin will sich aber nicht von ihm trennen, irgendwie hat sie sich damit arrangiert. Sie spricht immer von Liebe. Er übrigens auch.«

»Hm, super«, platzt Johanna kopfschüttelnd heraus. »Seine Frau würde das bestimmt anders nennen. Typisch Mann. Die sind doch eh alle untreu«, flucht sie und steckt sich zur Beruhigung ein Stück knusprigen Fisch in den Mund.

»Frauen sind doch auch nicht besser«, wirft Conny ein. »Die sind nur raffinierter im Vertuschen.«

Johanna unterbricht genervt: »Glaube ich nicht, Conny. Männer gehen ganz sicher öfter fremd.«

»Also, mein Bauchgefühl sagt mir, dass Frauen es ähnlich oft tun, nur eher die Klappe halten, weil eine Frau mit vielen Lovern …«

»Eben«, mischt sich Sybille ein. »Aber die Kerle sind tolle Hechte, wenn sie Eroberungen sammeln. Wir leben im 21. Jahrhundert und sind immer noch nicht bei der sexuellen Gleichberechtigung angekommen.«

»Also, ich will Treue, aber ich bin auch überzeugt, dass das nicht auf Dauer klappt.« Johanna wirkt nachdenklich.

»Laut Statistik ist das wohl wirklich ein Trend«, wirft Lisa ein. »Gunter Schmidt, bei dem ich hier am UKE in Hamburg Sexualwissenschaften studiert habe, hat mal sinngemäß geschrieben, dass Partnerschaften in den letzten dreißig Jahren kürzer, aber treuer geworden sind.«

»Na, dann ist das ja wohl kein Kunststück. Aber sag mal, Johanna, wenn du dich schon so aufregst, wo fängt denn für dich Untreue an?«, will Sybille wissen. »Ist das nicht für jeden unterschiedlich?«

»Also, für mich ist das ganz klar: eben wenn was passiert. Was Körperliches halt«, antwortet Johanna.

»Wie, etwa schon beim Küssen?«, hakt Sybille nach.

»Na klar. Für mich geht das gar nicht. Küssen ist doch voll intim.«

»Du würdest dich von deinem Freund trennen, nur weil der auf 'ner Party völlig betrunken mit einer anderen geknutscht hat, auch wenn das Ganze völlig bedeutungslos war?«

»Ja, das geht für mich zu weit.«

»Wow! Nur gucken, nicht anfassen, was?«, meint Conny.

»Genau, da hört's auf. Schluss mit lustig«, unterstreicht Johanna energisch.

»Ach, Mädels, das ist so leicht gesagt. Wenn es dann passiert, sieht es doch ganz anders aus«, wirft Conny ein.

Sybille nickt: »Lässt sich hier bei Pommes leicht drüber quatschen. Aber ich finde das echt schräg, Johanna. So eine blöde

Knutscherei fändest du echt schlimmer, als wenn dein Freund sich beim Onanieren eine andere vorstellt?«

»Ja«, bestätigt Johanna.

Sybille bleibt hartnäckig: »Und es würde dich auch nicht stören, wenn er in eine Kollegin verliebt wäre, die er so heiß findet, dass er an sie denkt, wenn er mit dir schläft?« Johanna: »Stören würde mich das schon, aber das ist nicht untreu für mich. Da ist doch nix passiert.«

»O Gott, ich bekomme schon bei der Vorstellung Herzrasen. Das geht doch gar nicht. Das ist voll wie benutzt zu werden«, entgegnet Conny.

»Tja, die Gedanken sind frei«, grinst Sybille. »Man muss ja nicht alles wissen.«

»Dass du kein Engel bist, ist mir schon klar. Stille Wasser sind tief, ne?« Conny knufft Sybille in die Seite und fügt schelmisch hinzu: »Wer von uns noch nie untreue Gedanken hatte, werfe den ersten Stein … Oh, Leute, wir müssen los, wir haben uns verquatscht.«

Beim Zahlen kommentiert Sybille abschließend: »Spannend, Lisa, womit du dich beruflich so beschäftigen darfst. Das sind Themen, über die man viel zu selten spricht. Morgen wieder gleicher Ort, gleiche Zeit?«

Ja – die Damen werden sich wiedersehen, um bei Fish & Chips in der Mittagspause weiter in das Mysterium der Liebe vorzudringen … mitten im Leben!

VORGESCHMACK

If you love somebody, set them free.
Sting

Haben Sie kurz Zeit? Dürfen wir Sie mal eben mit ein paar scheinbar haltlosen Behauptungen reizen? Ja? Wunderbar, dann legen wir gleich los:

Treue ist Liebe – Untreue auch!
Untreue ist statistisch ebenso normal wie Treue.
Es ist jedem Menschen möglich, mehrere andere Menschen gleichzeitig zu lieben.
Definitionen von Untreue gibt es so viele, wie es Menschen gibt.
Die meisten Menschen halten sich für treuer, als sie sind.
Kein Mensch kann sich in Sachen Treue mit einer Amöbe messen – das sollte zu denken geben.

Es soll möglich sein, offener zu lieben … Das hat man mal irgendwo gehört oder gelesen, aber als Option wahrgenommen hat man es nicht. In der Beziehungsleitkultur der Monogamie werden andere Modelle als nicht lebbar abgeurteilt, nach dem Motto: »Die freie Liebe ist gescheitert!« Tja – ist sie das?

Wir haben sie seit längerer Zeit beobachtet und verraten Ihnen ein Geheimnis: Sie treibt sich herum, sie zieht um die Häuser, sie lebt da, wo keiner sie vermuten würde. Sie ist ein Kind der Freiheit, und das spüren wir auch, wenn sie uns richtig erwischt!

Wenn wir verliebt sind, dann scheint alles möglich. Es herrscht ein Gefühl der Freiheit und Grenzenlosigkeit, das uns glauben lässt, der Horizont sei nur einen Schritt entfernt. Dieses Gefühl trägt uns durch jede Minute des Tages. Wir haben uns in jemand anderem und damit eine Erweiterung unserer selbst gefunden: Das Wir, nach dem wir uns vielleicht schon lange gesehnt haben, ist plötzlich Wirklichkeit. Ein Blick aus den Augen des geliebten Menschen verleiht uns Flügel, und wir spüren, wer und warum wir sind.

Was dann einsetzt, ist ein leiser, vollkommen unschuldiger Impuls des Festhaltens am frisch erblühten Glück. Augenblick, verweile doch! Ebendieser Impuls dreht dem ganzen Zauber über kurz oder lang ziemlich zuverlässig den Saft ab. Mit einem Mal geht es um Festhalten, um »Verträge« und Sicherheit, denn unser Garten Eden (und das ist er ohne Zweifel) soll natürlich ewig blühen. Haben wir nämlich unser »Ich« auf ein »Wir« erweitert, hängen wir daran fast so wie an unserem Leben.

Wer dies für übertrieben hält, ist vermutlich noch nie betrogen worden. Es gibt wenige Erlebnisse, die von Betroffenen als vernichtender und qualvoller erlebt werden. Der Seitensprung des Partners ist für den Großteil der Betrogenen ein Fall ins Bodenlose, ein Trauma, das viele niemals überwinden. Oft bleibt das Erlebte unverarbeitet an ihnen haften und begleitet sie in weitere Beziehungen. Der Realitätsverlust, den der Betrogene erlebt, ähnelt einer Psychose. Unsere Welt reißt entzwei und uns selbst gleich mitten durch, und nichts und niemand kann diesen gähnenden Abgrund schließen. Absturz ins Nichts, Trennung, Bauchlandung, Ende der Durchsage!

Es ist verständlich, dass wir uns eine solche Erfahrung gerne ersparen möchte. Also schwören wir einander vorsorglich die Treue und erwarten, dass dieser Deal bis auf Widerruf Bestand hat. Nur übersehen wir dabei eine winzige, aber bedeutsame Kleinigkeit: Wir begegnen unserem Schicksal oft auf ebendem Weg, den wir gewählt haben, um ihm zu entfliehen!

Mit einem distanzierten Blick auf die Sache mit der Treue und der Liebe wird schnell das Dilemma deutlich, in dem die Liebe in unserer Gesellschaft steckt. Noch vor zwei bis drei Jahrzehnten waren Beziehungen laut einer Studie der Universität Hamburg untreuer, aber dafür dauerhafter. Wer heutzutage bei Menschen auf Partnersuche nachfragt, bekommt Treue zuverlässig als höchstes Gut für die künftige Beziehung genannt. Wer hingegen langjährig gebundene Paare befragt, wird Treue oft nicht mal in den Top Ten der Erfolgsfaktoren vorfinden.

Unsere Beziehungen ächzen unter der Last der Ansprüche, die wir an sie stellen und die an der Realität vorbeizugehen scheinen. Nun ist die Frage berechtigt, ob dieses Dilemma wirklich neueren Datums ist oder ob dieser Konflikt zwischen Hirn, Herz und Hose nicht seit Urzeiten zum menschlichen Dasein dazugehört. Unsere Antwort ist ein entschiedenes »beides«!

Natürlich gibt es im Menschen widerstreitende Stimmen. Sogar die moderne Forschung teilt unser Gehirn in drei Teile ein: Hirn, Herz und Hose heißen dort nur anders, nämlich Neocortex, limbisches System und Stammhirn. Jeder Teil hat ganz andere Aufgaben, und es gibt durchaus Kompetenzgerangel im Kopf des Homo sapiens. Wenn wir den vernunftbegabten Teil entscheiden lassen, sagt der vielleicht entschlossen: »Treue«, aber sehr viel weiter unten werden ganz andere Entscheidungen getroffen, und es gelten völlig andere »Werte«. Unter Umständen nimmt das Stammhirn bei der Arbeit am Fortbestand der Art den Wunsch nach Treue von oben kaum wahr, geschweige denn ernst, und so passiert zwei angeblich vernunftgeleiteten Wesen das, was nicht passieren darf.

Diese innere Dreifaltigkeit gibt es also seit Menschengedenken, aber der Umgang mit dieser Tatsache war noch bis vor zwei-, dreihundert Jahren ein völlig anderer. Bis zum Zeitalter der Romantik war nie in großem Maßstab versucht worden, eine gesellschaftliche Institution wie die Ehe mit einem Gefühl wie der Liebe zusammenzubringen.

Die Idee der Treue, also der Zuverlässigkeit und Sicherheit, ist für eine Wirtschaftsgemeinschaft, wie es die Ehe stets war, sehr sinnvoll, denn die Werte, die dort geschaffen wurden, waren auf Verlässlichkeit angewiesen. Ein Gefühl hingegen konservieren zu wollen, widerspricht seinem Wesen, denn schon im Wort Emotion steckt die Beweglichkeit. Und was sich bewegt, bringt Veränderungen und damit Risiko mit sich, nicht Festigkeit und Halt.

Man könnte also sagen, Liebe und Treue beißen sich irgendwie!

Sind Sie noch da? Reden Sie noch mit uns? Phantastisch!

Vielleicht dürfen wir uns kurz vorstellen, bevor wir auf den restlichen Seiten dieses Buches die Thesen einer freiheitlich gedachten Liebe mit Leben füllen und klarmachen, dass wir trotzdem viel von intelligenter, individueller Treue halten und Fremdgängerei wie auch Eifersucht für tragische Übel der Monogamie.

Lisa Fischbach – freut mich! Holger Lendt – angenehm!

Wir haben uns in unserem Leben bereits früh und eingehend mit dem Thema Liebe und Partnerschaft beschäftigt. Beide erlebten wir als Kinder äußerst stabile eheliche Bilderbuchverhältnisse zu Hause. Wir fanden in unseren Eltern beste Voraussetzungen dafür, Monogamie unhinterfragt als Selbstverständlichkeit zu sehen. Tatsächlich entwickelten wir aber völlig unabhängig voneinander vor dem Hintergrund dieser recht luxuriös bereiteten Nestwärme die Neugier für den Blick über den Tellerrand. Daheim konnten wir lernen, dass Beziehungen auch mit bewusstem Bemühen zu tun haben und nicht bezugsfertig vom Himmel fallen, sondern ein recht arbeitsintensives Gemüse sind. Beide empfanden wir die Liebesbeziehung als Königsdisziplin des menschlichen Miteinanders und entwickelten entsprechende Wertehaltungen. Als wir später Beziehungen beobachten konnten, die so ganz anders zu funktionieren schienen – wo es nämlich möglich war, dass zwei Liebende im Streit urplötzlich in Hass und Abwertung verfielen –, interessierte es uns umso mehr, wie es zu einer solchen Entwicklung kommen kann. Deshalb trafen wir beide recht früh den Entschluss, Psychologie zu studieren und unser leidenschaftliches Interesse für Herzensdinge zum Beruf zu machen. Im Studium der Sexualwissenschaften lernten wir uns kennen und stellten bald fest, dass uns das Ungewöhnliche nie schockierte, sondern als Bezugspunkt für das gemeinhin Normale interessierte – man könnte sagen: Nichts Menschliches ist uns fremd –, auch wenn es uns und unseren Werten nicht entsprechen sollte. So können wir noch heute vieles erst einmal vorurteilsfrei betrachten. Gerade Extreme helfen uns häufig dabei, grundlegende Prinzipien zu verstehen. Das betrifft auch das Thema Treue.

Untreue ist zum Beispiel gar keine pathologische Ausnahme

und ist es in der Menschheitsgeschichte nie gewesen. Wir möchten in diesem Buch deshalb eine Perspektive »gegen« die Monogamie entwickeln, die sich nicht gegen die Monogamie an sich richtet, sondern gegen das hochproblematische Dogma, das aus ihr gemacht wurde.

Wir tun dabei etwas, das wir im Kontext einer Paarberatung nur sehr begrenzt tun können: Wir ergreifen Partei und beziehen eine Position, um einen wichtigen Gedankengang ausführlicher darzustellen, der für viele gewinnbringend sein könnte.

Wenn Menschen, die durch die Untreue ihrer Partner tief verletzt wurden, einzeln oder als Paar zu uns kommen, steht meist der Schmerz im Vordergrund. In solchen Fällen ist es wichtig zu verstehen, dass Liebe und der Wunsch nach Treue fast automatisch Hand in Hand gehen; der Betroffene soll das eigene Selbstwertgefühl in einem Scherbenhaufen wiederfinden, was in diesem Stadium eine Grundsatzdiskussion über die Treue an sich ziemlich absurd erscheinen ließe. Dennoch ist es wichtig zu erkennen, dass an der höchst leidvollen Situation vor allem die Umstände schuld sind und dass es etliche Paare oder sogar ganze Kulturen gab und gibt, die Eifersucht völlig anders bewerten und offen mit anderen Partnern Umgang pflegen. Wir kennen Paare, die genussvoll, einvernehmlich und geplant Hochverrat am Treueideal begehen und damit sehr zufrieden leben.

Langfristig wäre es die beste aller Lösungen festzustellen, wes Geistes Kind zwei Menschen sind, und dann – so unabhängig wie möglich von den eigenen Konditionierungen – ein individuelles Arrangement für die Untreuesehnsüchte und Sicherheitsbedürfnisse des jeweiligen Paares zu finden. Für solche Überlegungen ist inmitten der Katastrophe allerdings nur selten Raum. Darum haben wir uns dazu entschlossen, die weitaus weniger bekannten Möglichkeiten, Liebe zu leben, in einem Buch darzustellen, das geduldig wartet, etappenweise gelesen und verdaut werden kann und auch mal an die Wand geworfen werden darf. Werfen Sie, wir halten das aus!

Da alle Welt glaubt, dass Liebe durch Untreue zerstört wird, möchten wir zeigen, dass die Liebe über der Diskussion von Treue und Untreue erhaben ist. Wir wollen einen anderen Zugang zu dieser wundervollen Kraft aufzeigen. Einladen möchten wir alle, die sich in ihrem Leben schon von der Liebe geadelt, verwundet, verraten und verkauft oder im Stich gelassen fühlten, die in ihr ein unerreichbares Ideal sehen, die bereits mit ihr experimentiert haben, die anders über sie denken oder sie schlichtweg nicht begreifen können. Sie sind willkommene Leser dieses Buches. Wir möchten zeigen, dass Untreue normal ist, dass das Dogma der Treue Menschen und Beziehungen auf dem Gewissen hat, obwohl die Treue einen wundervollen Kern hat und würden dann gerne gemeinsam mit Ihnen konstruktiv über die Liebe grübeln, streiten und herumspinnen.

Wir würden uns freuen, wenn Sie uns beim Denken helfen könnten, denn eines sei vorab gesagt: Am Ende eines Buches könnte man gleich wieder von vorne beginnen, weil Wissen sich entwickelt, wenn es angewendet wird. Wir hoffen, Sie können unsere Gedanken brauchen, wenn Sie der Liebe mal wieder in die Arme laufen. Allerdings bräuchte dieses Büchlein dafür noch etwas mehr Zeit mit Ihnen, als für das Lesen dieser ersten Seiten notwendig war. Zeit ist kostbar – wollen Sie investieren?

1 UNTREUE

Die Macht darf nur insoweit von mir fordern,
dass ich ein sittlicher Mensch sei, als sie selbst sittlich
das ist, als sie nicht Macht ist.
Johann Heinrich Pestalozzi

Herzen in Not – Liebe und Sicherheit

Fear can stop you loving
Love can stop your fear ...
Morcheeba, »Fear and Love«

Ich liebe dich! Dieser schlichte Satz ist wahrscheinlich das Schönste und Wichtigste, was ein Mensch dem anderen sagen kann. Er ist das »Sesam öffne dich« des Herzens und weckt ganze Gebirge von Assoziationen: Glück, Zärtlichkeit, Harmonie, Intimität, Vertrauen, Hoffnung, Ankommen, Öffnung, Tiefe, Hingabe, Erotik, Sinnlichkeit, Leichtigkeit, Verspieltheit, Erhabenheit, Einvernehmlichkeit, Glaube und natürlich Treue!

Und wir wollen lieben! Wir sehnen uns danach, dass die Liebe unser Leben adelt und uns die Vollkommenheit unseres Daseins spüren lässt, die wir im Alltagsgrau so oft aus dem Blick verlieren. Wenn im Film geliebt wird, wird die Musik schöner, die Farben werden bunt und hell, und die Perspektive verändert sich. Und das entspricht auch unserer eigenen Erfahrung. Nur zu verständlich, dass wir am liebsten dauernd und für den Rest unseres Lebens lieben wollen, wenn es irgendwie möglich ist.

Natürlich ist das nicht ganz so einfach, denn wir können das Gefühl der Liebe weder aktiv hervorrufen, noch können wir es festhalten – und das Schlimmste ist, dass dies ebenso für den Menschen gilt, den wir lieben!

Es ist logisch – da, wo wir lieben, wollen wir auch geliebt werden. Da, wo wir jetzt geliebt werden, wollen wir auch in Zukunft geliebt werden. Und weil die Liebe so selten und kostbar ist, hängen wir an dem einen Menschen, mit dem wir sie erleben. Was könnte da schlimmer sein als der Verlust der Exklusivität?

Wir können sicherlich akzeptieren, wenn eine Liebe mitunter unglücklich ist, wenn es mal rau statt zärtlich zugeht, wenn es mal

Missklänge in der Harmonie der Seelen gibt ... aber Untreue wird als der Dolchstoß in das Herz unserer Beziehung empfunden. Wir können mit fast allem anderen besser umgehen als mit dem Verlust der Treue.

Obwohl uns allen die Treue so wichtig ist, ist in der Liebe heutzutage irgendwie der Wurm drin. Wir beraten seit Jahren partnersuchende Singles. Dabei haben wir mehr als einmal erlebt, dass diejenigen, die Treue großschreiben, parallel mehrere vielversprechende Partneroptionen daten – eine Art Untreue vor der Beziehung! Überhaupt wird derzeit viel hintergangen. Seitensprungagenturen im Internet werden offen im Fernsehen beworben und boomen. Man darf getrost davon ausgehen, dass der Grund dafür in der regen Nachfrage beider Geschlechter liegt. Daneben gibt es diverse Sexkontaktseiten ganz unterschiedlichen Niveaus.

Dafür, dass unsere Gesellschaft angeblich alle sexuellen Freiheiten genießt, wird noch sehr viel Sexuelles voreinander versteckt. Auch die angeblich sexuell Befreiten scheinen sich nicht wirklich frei zu fühlen. Ich – Holger Lendt – treffe zum Beispiel einen alten Bekannten – einen ausgemachten Schürzenjäger –, und man plaudert. Mir wird (ohne Not) versichert, dass es nun in Richtung Sesshaftigkeit mit seiner einzig Richtigen gehe. »Mann« sei ruhiger geworden. Am Abend auf Recherche in einer Sexkontaktbörse sehe ich dann zufällig das Bild vom Schürzenjäger a. D. im gut frequentierten Single-Profil (!) von »Loverboy2000«.

In unserer Gesellschaft geht offensichtlich mehr, als wir gerne zugeben wollen, und irgendwie auch nicht. Es gibt sie tatsächlich, die frei flottierenden Lustbarkeiten auf Sexpartys oder -messen und in Swingerclubs, und das reiben uns die Medien ungefragt als neue Standards unter die Nasen. Wer Sex und Lust nicht ganz hoch hängt, muss sich schon fast schlecht fühlen. Weil sich damit einfach gut Kasse machen lässt, werden wir medial versext, was unsere Wahrnehmung des tatsächlichen Geschehens aufs Glatteis führt. Die Beschreibung »oversexed and underfucked« versucht sich dem Phänomen zu nähern, denn gerade in diesem Bereich ist den Tatsachen auf seriöserem Wege gar nicht so leicht beizukommen.

In der Sexualforschung ist es ein offenes Geheimnis, dass Statistiken über sexuelle Gewohnheiten mit besonderer Vorsicht genossen werden müssen. Hier wird so viel kleingeredet oder aufgeblasen, geschönt oder weggelassen und natürlich auch unterschiedlich gefragt, dass Statistiken zum Thema Untreue sehr unterschiedliche Ergebnisse zutage fördern. Spitzenwerte finden sich im Fachbuch »Systemische Paartherapie« von Arnold Retzer, einem der führenden deutschen Sexual- und Paarberater. Diese durchaus ernst zu nehmenden Angaben behaupten, dass neun von zehn Männern und drei von vier Frauen mindestens einmal in einer festen Beziehung untreu waren und dass jede zweite Ehe von Untreue betroffen ist. Dabei sollten wir noch wissen, dass Singles auf Partnersuche nach den zahlenmäßig umfangreichen Untersuchungen der Online-Partnervermittlung Elitepartner.de zu 90 Prozent Treue als wichtigste Anforderung an eine Beziehung stellen. Auch Menschen in Beziehungen halten sie für wichtig – und die sollten es ja größtenteils von sich selber besser wissen, wenn Retzers Zahlen bezüglich der Untreue stimmen.

Hören wir uns eigentlich selbst nicht zu?

Anstatt unsere sexuellen Freiheiten als wundervolle Errungenschaften zu feiern, werden nach wie vor »Realität« und »Anspruch« fein getrennt gehalten. Widersprüchliches wird dabei gern verschwiegen, obwohl unser Liebesleben zum Bersten voll davon ist. Der scheinbar biedere Nachbar führt heimliche Mehrfachbeziehungen mit sadomasochistischem Touch, während das attraktive Pärchen, das sich vor uns schwülstig-erotisch auf der Tanzfläche inszeniert, nach der Heimkehr gähnend nebeneinander ins Bett fällt, gelangweilt und erschöpft vom Vorgaukeln einer sexuell aktiven Partnerschaft.

Damit das Monogamie-Ideal nicht der allgegenwärtigen Realität zum Opfer fällt, benutzt Homo sapiens offenbar irgendeinen sagenhaften Dämmstoff, der die lichtvolle Idee von der eher morastigen Lebenserfahrung getrennt hält.

Nicht verschwiegen werden sollen allerdings auch diejenigen, denen die Treue rein »technisch« gesprochen gelingt. Manchen Menschen bedeutet Sex nun mal nicht so viel, oder sie sind emotional nicht so leicht entflammbar. Ihnen fehlt in ihrer Beziehung nichts oder nur wenig aufgrund der Treuemaxime. Sie richten ihre Bedürfnisse exklusiv auf den Partner und erleben diese durch ihn auch als ausreichend erfüllt. Die Frage ist jedoch, wie viele sind das, und wie viele bleiben es ein Leben lang? Und wenn wir tiefer schauen, wie viele Phantasien gibt es dann bei diesen erfolgreich treuen Partnern, die ihre Sprengkraft manches Mal nur deshalb nicht entfalten, weil die Kontrolle stärker ist als die Sehnsucht nach mehr? Wir haben nicht vor, in diesem Buch, das sich viel mit Moral beschäftigen wird, selber moralische Urteile zu fällen. Es ist aber unser Interesse zu zeigen, dass Monogamie nur eine Option ist und beileibe keine selbstverständliche, auch wenn sie es in unserer Gesellschaft leider immer noch ist. Wer Monogamie wählt, wählt automatisch Verzicht, es sei denn, er könnte behaupten, vollkommen frei von geheimen Sehnsüchten nach Anderen zu sein. Nach unserer Erfahrung sind das die allerwenigsten, und darum klappt die Monogamie eben sehr oft nicht mal in technischer Hinsicht. Wir werden deshalb etwas Zeit damit verbringen müssen, die Monogamie zu demontieren – in jeder Hinsicht. Die Absicht dahinter ist keineswegs der Wunsch nach einer Bekehrung zu offeneren Liebesmodellen, denn wir glauben daran, dass Menschen stets ihre eigenen Entscheidungen treffen sollten, wenn sie es darauf anlegen, glücklich zu sein. Was wir hingegen bezwecken wollen, ist, einen großen geistigen Abstand zu dem meistpraktizierten Partnerschaftsmodell herzustellen, ja durchaus ein Misstrauen zu säen, denn nur so können Monogamie und die traditionelle Variante von Treue zu dem werden, was sie sind: nicht mehr als eine Option unter sehr, sehr vielen.

Zutiefst verletzte Partner sitzen immer wieder in unseren Paarberatungen, die in diesem Setting – fast wahnsinnig vor Eifersucht – ihre Partner an den Fremdgeh-Pranger stellen wollen. Das wäre nur zu verständlich, aber leider erzählt ein erschreckend hoher Anteil dieser Klienten nach einiger Zeit, meist in Einzelgesprächen oder nach der erfolgten Trennung, dass natürlich auch sie bereits Verhältnisse hatten – sehr gerne auch mal in ebendieser Beziehung, in manchen Fällen sogar während der Beratung!

Sie müssen wie Feuer und Wasser sein, vollkommen unvereinbar, wenn wir beides geistig derart zwanghaft getrennt halten müssen, vollkommen voneinander gespalten: Realität und Ideal. Untreue und Treue. Neugier und Sicherheit. Sind sie das wirklich?

Wir glauben, »fast«! Es gibt einen sehr gesunden Kern in der Idee der emotionalen und erotischen Exklusivität, aber dieser wird stark überlagert von kulturellen Prägungen, und auf diesem Nährboden wächst wiederum eine neurotische Angst um das eigene Besitztum Partner. Während Furcht eine natürliche Reaktion angesichts realer Bedrohungen darstellt, ist diese neurotische Angst eine Kopfgeburt. Sie plant, hypnotisiert befürchtete Albträume herbei, engt uns ein, und sie bringt uns dazu, angstbesetzte Situationen, Menschen oder sogar Ideen zu vermeiden.

Die Liebe ist paradoxerweise eigentlich eine Antithese zu dieser Art, die Welt zu sehen. Die Liebe öffnet uns innerlich, anstatt uns zu verschließen. Sie verbindet uns mit der Welt auf neue Weise über eine veränderte Wahrnehmung. Der Genuss einer Liebe ist unter anderem deshalb so sinnstiftend, weil er unsere Sinne schärft, die weder Zukunft noch Vergangenheit kennen, sondern nur das Hier und Jetzt.

Die Freiheit, die wir durch die Liebe empfinden, ist vor allem die Freiheit von unserem taktierenden, planenden Alltags-Ich, das überall ist, aber nicht im gegenwärtigen Augenblick. Man könnte es von daher auch anders sehen. Je mehr wir planen, desto weniger »sinn-voll« und erfüllend wird unser Leben sein. Je mehr wir uns auf das Risiko Liebe und Lust einlassen, desto weniger können wir voraussagen, was passieren wird. Liebe einfangen und konservieren zu wollen ist prinzipiell unmöglich. Es ähnelt dem Versuch, einen quirligen Gebirgsbach im Aquarium nach Hause tragen zu wollen – wir können das Wasser mitnehmen, aber das wichtigste Element wird fehlen: »der Fluss«.

Liebe und Sicherheitsbedürfnisse können wir meist nur individuell auszubalancieren versuchen, und auch dieses Buch bietet keine einfache Lösung des Dilemmas. Allerdings hätten wir eine »merk-würdige« Idee für eine Synthese in die Diskussion einzubringen.

Bevor wir diesen Gedanken aber entwickeln, möchten wir uns um den besagten Dämmstoff kümmern, der verhindert, dass die widersprüchlichen Teile unseres Selbst aufeinanderprallen und Funken schlagen. Wir glauben, dass wir diese Funken dringend für ein reinigendes Feuerchen brauchen, denn in der Liebe liegen unsere größten Hoffnungen direkt neben unserem größten Leid und dazwischen viel geistiges Heile-Welt-Gerümpel, das uns die Sicht versperrt. Die Vermeidung oder Unterdrückung von Ideen ist diesem wichtigen Thema und unserer globalisierten Zeit nicht mehr angemessen, denn eines muss uns klar sein: Es sterben Menschen an der Monogamie! Eifersucht enthält ein gigantisches Gewaltpotenzial.

Darüber hinaus zerbrechen tausendfach Beziehungen, »nur« weil es Augenblicke gab, in denen die Sehnsucht nach einer anderen Quelle für Liebe oder Sex doch die Selbstkontrolle eines Partners überrumpelte. Als Menschen sind wir durchaus involviert, wenn wir immer wieder Paaren helfen sollen, denen unter dem Paradigma der Monogamie schlichtweg kaum zu helfen ist, ohne dass dieses Paradigma beschädigt wird.

In Zeiten des Wandels trotz gangbarer Alternativen auf alten Mustern zu beharren rächt sich meistens langfristig. Was aus unserer Sicht gefragt wäre, ist eine Idee zum Sinn der Unternehmung Liebe und Treue. Wir werden ein paar größere Schleifen ziehen, denn das Thema Liebe kann ein umfangreicheres Update vertragen, und die Wurzeln unserer Konditionierung reichen tief, sodass wir auf dem Weg zu einer einigermaßen freien Entscheidung schon ein bisschen buddeln müssen. Wer glaubt, Treue sei das Normalste auf der Welt und dem Wesen des Menschen eigen, quasi naturgegeben, der wird sich von einigen Überzeugungen verabschieden müssen, um sich frei zu machen und für neue Horizonte zu öffnen. Das mag mit Widerständen, ärgerlichen Gefühlen und zähem Ringen in inneren Konflikten verbunden sein – wie sie auch viele unserer Klienten durchmachen. Aber wir hoffen, wir versöhnen Sie letztlich mit neuen Erkenntnissen, Anregungen und produktiven Perspektiven, die wiederum überraschend romantisch sein werden, denn dies ist kein

Leitfaden zum Fremdgehen, sondern vielmehr ein Buch über die Liebe!

Wir könnten jetzt schon feststellen, dass der Mensch nicht treu ist. Allerdings könnte man das entschuldigen wollen, weil man meint, dass früher alles besser war, Gott es anders gewollt hätte oder wir gegen unsere eigentlich monogame Natur handeln. Wir wollen dem nun etwas detaillierter widersprechen und uns zunächst mit der letzten Idee befassen, denn biologische Begründungen liegen gerade wieder voll im Trend. Zu Gott und der angeblich guten alten Zeit kommen wir dann später noch zurück.

BIOLOGISCHES

Die Sache mit den Bienen und den Blumen – Gruppensex im Höhenflug

Zerstöre keinem Kinde sein buntes Kartenschloss,
reiß nur des Irrtums Binde, dem Mann von starker
Seele los.
Friedrich Schiller

Es ist ein Tag wie aus dem Lehrbuch der Romantik, und er wird für zwei Menschen ein Leben lang das Sinnbild für den Mythos ihrer Liebe sein. Ein junges Pärchen wandert frisch verliebt durch Wald und Flur. Die ganze Natur scheint sich im Rhythmus ihrer Herzen zu wiegen. Postkartenmotive hier und dort – Bilder von einer Welt, wie sie sein sollte. Nur leider ist sie anders, sobald wir genauer hinschauen. Die Natur ist einfach nicht idyllisch. Hier herrscht Fressen und Gefressenwerden, und das, was wir als lieblichen Gesang wahrnehmen, ist für die jeweiligen Vögel wüstes Gepöbel vom obersten Ast. Wir mögen Treue und Monogamie für gottgegeben und natürlich halten, aber je mehr geistige Klöppeldeckchen die Forschung lüftet, umso liederlicher erscheint Mutter Natur.

Um die ganze Pflanzenwelt sollten wir bei unserer Suche nach Treue schon mal einen großen Bogen machen. Die Eiche treibt es entweder mit sich selbst (Selbstbestäubung) oder »lässt jeden ran«, dessen Samen gerade geflogen kommen. Auch die Rose fragt die Biene nicht, von wem sie den Pollenfleck am Kragen hat, bevor sie sich befruchten lässt. Trotzdem schenken wir weiter Rosen zum Valentinstag und empfinden die Eiche als Symbol für Verlässlichkeit.

Wenn wir bei den Tieren entwicklungsgeschichtlich ganz weit vorne anfangen, treffen wir zunächst äußerst treue Lebewesen. Amöben und viele andere weniger komplex konstruierte Tierchen sind treu wie Gold. Das ist weniger ihrem Wesen geschuldet als der Tatsache, dass sie gar keinen Sex kennen. Pantoffeltierchen legen sich hingegen bereits mit ihren Mundfeldern zusammen, streifen dort die Härchen ab und verschmelzen miteinander. Das klingt nach Entkleiden und romantischen Küssen, ist aber wahlloser genetischer Datentransfer in schlechten Zeiten und wird mit jedem x-beliebigen Pantoffelhelden betrieben. Sobald der Sex auf diesem Planeten auftauchte, gesellte sich offenbar gleich die Untreue dazu.

Bienenköniginnen lassen sich im inzestuösen Gruppensex im Höhenflug von bis zu zwanzig ihrer Söhne nacheinander begatten. Wer dieses zweifelhaften Glückes teilhaftig wurde, stirbt direkt danach oder wird von seinen Schwestern erstochen. Und es gibt noch weitere Gräuel unter den Kerbtieren zu berichten, die immerhin über 80 Prozent aller Tierarten stellen. Grillenweibchen sammeln Männer und verzehren ihre Partner stückweise, die Fangschrecken tun dies gleich ganz während der Paarung: Lebenslange Treue ist hiermit auf männlicher Seite garantiert.

Aber wie sieht es bei den angeblich höher entwickelten Lebewesen aus? Vögel gelten seit alters als Sinnbild der Monogamie und der aufopfernden Jungenaufzucht. Im Orient ist die Nachtigall, die mit unermesslicher Kunstfertigkeit für ihre Rose singt, ein Inbegriff der Liebeslyrik. Tatsächlich sind bei den meisten Arten aber nicht nur die Männchen Hahn im Korb, sondern sogar die Weibchen halten zielgerichtet nach anderen Samenspendern Ausschau. Interessante Entdeckungen wurden möglich, als Forscher begannen, sich als Gendetektive zu betätigen. Etwa 18 Prozent der Gelege von Amseln und anderen Arten waren Kuckuckseier – ohne vom Kuckuck zu sein. Jedes fünfte Weibchen zog, unschuldig mit ihrem Gatten zwitschernd, die Eier eines anderen Männchens auf. Wir ahnen langsam, warum die Amseln und Co. auch nach erfolgreicher Brautwerbung weitersingen, oder?

Sicher geht es zunächst um das Anlocken von Weibchen, aber selbst wenn das Männchen eine Partnerin gefunden hat und diese im heimatlichen Nest weiß, singt es weiter. Wer möglichst lautstark und variantenreich singt, der protzt mit seiner blendenden

Verfassung nicht nur vor den Weibchen, sondern zeigt auch den Kerlen, was Sache ist. Dummerweise folgt unter Umständen das eigene Weibchen währenddessen dem Ruf anderer Männchen. Vogelgesang ähnelt also eher dem Battle-Rap als dem Minnesang. Modern formuliert, »disst Mann« die Konkurrenz und »macht auf Posen in mächtig dicken Hosen«.

Wir sehen, dass die sexuelle Fortpflanzung generell diverse Probleme erzeugt. Man mag sich fragen, warum sich die Natur von der Vermehrung durch Ableger und Ähnliches entfernt hat. Eine ästhetisch unerträgliche, aber moderne Variante gibt die Antwort: als Kriegslist gegen Parasiten. Sie und wir tragen etwa sieben Kilo davon mit uns durchs Leben und müssen durch Genaustausch verhindern, dass unser Körpersaftladen völlig überrannt wird. Was Romeo und Julia trieb, war demnach eine Art Wurmkur potenziellen Nachwuchses. Ein widerwärtiges Detail und kein gutes Argument für Treue! David P. Barash, Professor der Psychologie, und seine Frau, die Psychiaterin Judith Eve Lipton, legen in ihrem Buch »The Myth of Monogamie« ausführlich dar, dass Monogamie vor allem unter Säugern sehr selten ist. Inzwischen lösen Gentests nur noch dann ein großes Hallo aus, wenn sie die Treue (!) von Tierarten nachweisen. Man könnte also sagen, dass es im Tierreich zwar durchaus echte Lebenspartnerschaften gibt, dass aber nur bei ganz wenigen Arten auch die sexuelle Treue anhand von Vaterschaftstests belegt werden kann. Wenn die Forschung also genauer hinschaut, verkrümelt sich das Bild einer naturgegebenen Treue schnell und nachhaltig.

Da der Mensch für sich natürlich beansprucht, *über* dem Tierreich zu stehen, wollen wir uns nun diesem vernunftbegabten Affen biologisch annähern und schauen, ob wir auf diese Weise dem »Mythos Monomensch« ebenso leicht die Luft rauslassen können wie den treuen Vögeln.

Caveman – Homo sapiens und die bucklige Verwandtschaft

Am Anfang lebte der Mensch am Baum,
doch verändert hat er sich seit damals kaum.
Er geht zwar aufrecht, und er fliegt ins All,
doch er ist noch immer im Neandertal.
EAV, »Neandertal«

Durch die Brille der Monogamie betrachtet, herrscht auch in der Ordnung der Primaten Unordnung. Wenn wir nun die Geschichte mit der Evolution für glaubwürdiger halten als die mit dem von Gott beatmeten Lehmklumpen, gehört der Mensch »tierisch gesehen« zu den sogenannten Trockennasenaffen.

Auch hier gibt es herzlich wenig Arten, die sich einander in Treue zugetan sind. Wie bei den Schwänen gibt es zum Beispiel bei den Weißhandgibbons Paare, die es oft bis zur Silberhochzeit schaffen, aber wenn die Herren Gibbon mal die Vaterschaftstests der Wissenschaftler gesehen hätten, wüssten auch sie vom sexuell aufgeschlossenen Wesen ihrer Partnerinnen.

Am nächsten verwandt sind wir allerdings nicht mit den Gibbons, sondern den Bonobos, einer Unterart der Schimpansen. Wenn wir uns also fragen, was die Natur bei uns in Sachen Treue vorgesehen hatte, bekommen wir hier sehr erhellende Hinweise. Die Aussagekraft ist zwar beschränkt, aber die Richtung ist interessant.

Das Paarungs- und Sexualverhalten der Bonobos als freizügig zu bezeichnen wäre – vorsichtig formuliert – eine höfliche Untertreibung. Hier gibt es keine Rangordnung, die sonst so oft das sexuelle »Wer-mit-wem« in der Gruppe reglementiert. Hier treibt es buchstäblich jeder mit allen. Oralsex gehört dabei ebenso zum Verhaltensrepertoire wie gegenseitige Masturbation, Sex in der angeblich rein menschlichen Missionarsstellung, Zungenküsse, Penisfechten zwischen Männchen (ja – das ist genau das, was Sie jetzt denken) und Weibchen, die ihre lustvollsten Zonen aneinanderreiben. Der Begriff Quickie wäre allerdings für die meisten dieser sexuellen Interaktionen noch die reine Schmeichelei, da sie im Schnitt 13 Sekunden dauern. Im Gegensatz zu den größeren und aggressiveren Schimpansen sind die Bonobos eher scheu und friedfertig. Schon auf dem Weg zu einem Futterplatz wird verhandelt, wer wie viel essen darf – Zahlungs- oder Kommunikationsmittel ist dabei wiederum Sex. Man kann hier von einer großen sozialen Intelligenz sprechen, die keinen zu kurz kommen lässt und die zu großen Teilen auf den entspannenden Effekt sexueller Aktivitäten zurückzuführen ist.

Darüber hinaus gibt es noch andere Anhaltspunkte für unsere natürliche Ausstattung in Sachen Treue, angefangen bei der überlegenen Körpergröße und größeren körperlichen Aggressivität der Männchen, die vor allem bei Arten mit Vielweiberei auftaucht, über die Größe der männlichen Geschlechtsorgane, die zeigt, dass Sperma von möglichen Vorgängern mittels Masse verdrängt werden soll, bis hin zum Vorhandensein sogenannter Killerspermien, die es auch beim Menschen gibt und die mit dem Auftrag »Suchen und Zerstören« nach den Spermien anderer Artgenossen fahnden, um diese dann außer Gefecht zu setzen. Man sieht, die Sache mit der Konkurrenz oder Eifersucht geht bis hinunter in die kleinsten Details unseres biologischen Liebeslebens.

Wären diese Mechanismen nötig, wenn unsere evolutionäre Vergangenheit von beschaulicher Treue bestimmt gewesen wäre? Sie werden an der fehlenden Antwort merken, dass diese Frage rhetorisch war.

Wenn wir uns nun dem Thema Liebe biologisch annähern, lässt sich auch hier nur wenig Romantisch-Monogames finden. Tiefe Bindungsmuster lassen sich – wie Sexualität – laut Wissenschaftlern auf hormonelle Vorgänge reduzieren. Allerdings sollte man dazu wissen, dass sich zwar durch Liebe bestimmte Hormone verstärkt bilden, sich Liebe aber im Gegensatz zum Sextrieb bislang nicht durch Hormongabe erzeugen lässt.

Aus einem biologischen Blickwinkel betrachtet, sind lebenslange Partnerschaften aus Liebe unter Humanoiden biologisch gesehen unnötig – im Gegenteil: Um einen Genpool frisch zu halten und genügend Mutationen zu erzeugen, die die Art insgesamt stabilisieren, ist häufiger Partnerwechsel eine ratsamere Strategie als Treue. Benötigt wird nur eine Bindungsdauer, die gerade solange hält, bis ein Kleinkind aus dem Gröbsten raus ist. Vielleicht zeigt sich ebendies ja in der nachlassenden Verliebtheit und dem klassischen verflixten siebten (Trennungs-)Jahr?

Wir sollten allerdings unterscheiden zwischen sexueller und emotionaler Untreue beziehungsweise wechselnder Partnerbindung. Für die Gene mag es gesund sein, mal vom Nachbarpapa ergänzt zu werden, für die Aufzucht eines solchen vielversprechenden Gencocktails sind sicherlich stabile Bindungen zu festen Bezugspersonen sinnvoll. Damit taucht nun zum ersten Mal der zentrale Widerspruch auf, der Untreue überhaupt zum Problem macht und uns noch einige Seiten lang in Atem halten wird. Die Bindung zwischen den Eltern ist wichtig für den Nachwuchs, der nicht voll einsatzbereit zur Welt kommt, wie die meisten Insekten. Im Falle des Trockennasenaffen Mensch haben wir es mit der unreifsten Lebensform überhaupt zu tun, wenn es um die Neugeborenen geht. Nichts Hilfloseres in der Natur als ein neugeborenes Menschenbaby! Die Festplatte ist so offen wie sonst nirgends in der Natur, und das macht uns so abhängig davon, dass uns jemand in jahrelanger Kleinarbeit die Software auf-»spielt«. Dieses Bedürfnis nach geneigten »Informatikern« (also Eltern) wird natürlich bedroht, wenn Mama und Papa lustig mit anderen gegengeschlechtlichen ArtgenossInnen durch das Laubwerk springen. Es ist traurige Realität, dass unter Scheidungen vor allem die Kinder sehr nachhaltig leiden, aber die Natur hatte oftmals Schlimmeres vorgesehen, denn wenn im Gorillaharem der Herrscher wechselt, bringt er oft den gesamten Nachwuchs der Vorgänger um. Die Kinder profitieren erwiesenermaßen selten von der Untreue der Eltern. Die Art durch verschiedene (evolutions-)biologische Faktoren insgesamt schon. Bleibt die Frage zu klären, inwieweit sich Untreue für die beteiligten Individuen auszahlt. Darauf werden wir später noch zurückkommen.

So weit wollen wir als erstes Ergebnis festhalten: Unsere nächsten Verwandten aus dem Tierreich sind sehr sexuelle Wesen. Bei

Arten, die zu festen Bindungen neigen, kommt es fast ausnahmslos zur sexuellen Untreue, die evolutionsbiologisch sehr sinnvoll für die genetische Vielfalt ist. Trotzdem gibt es in jedem Individuum die zwei widerstreitenden Teile, die man als sexuelle und emotionale Bindung bezeichnen könnte. Im Falle des Menschen kommt mit der Großhirnrinde sogar eine dritte, biologisch gut abgrenzbare Ebene verkomplizierend hinzu. In ebendiesem Spannungsfeld bewegen wir uns bei jeder Diskussion um Monogamie oder Untreue. Und: Wenn wir uns die biologische Hardware des Homo sapiens ansehen wollen, bekommen wir sie leider nie in der Urform dargereicht, sondern immer nur mit bereits installiertem Betriebssystem, genannt: Kultur.

Unsere Gehirne – aller guten Dinge sind drei!

So wie die Verrücktheit, in einem höhern Sinn,
der Anfang aller Weisheit ist, so ist Schizophrenie
der Anfang aller Kunst, aller Phantasie.
Hermann Hesse, »Der Steppenwolf«

Schon bei den alten Griechen wurden mit Eros, Philia und Agape drei Arten der Liebe unterschieden, die man auch in modernen Konzepten immer wieder findet. Man könnte diese »drei Lieben« auch mit Leidenschaft, Freundschaft und Partnerschaft bezeichnen, wie es unser Kollege Michael Mary tut. Grob vereinfachend, lassen sich diese drei Lieben drei Abschnitten des Gehirns zuordnen. Im Stammhirn geht es hauptsächlich um Erregungszustände und körperliche Funktionen, was für die Leidenschaft am wichtigsten ist. Im limbischen System werden hauptsächlich Gefühle empfunden, was Grundvoraussetzung für die emotionale, freundschaftliche Liebe ist. Im Großhirn sitzen Sprache, Vernunft und Planung, und wer Partnerschaft im Sinne eines produktiven Teams begreift, der sieht ihren Sitz sicherlich hier. Wir nennen diese Dreifaltigkeit des instinktiv-körperlichen, emotional-fühlenden und mental-denkenden Liebens in unserem Beziehungsmodell Triple Bind schlicht Bauch, Herz und Kopf.

Inzwischen ist auch die moderne Hirnforschung so weit, um zu erkennen, dass unsere Vernunft herzlich wenig zu sagen hat und wir sehr viel stärker von unten nach oben regiert werden als andersherum. In diesen Kreisen spricht niemand mehr vom freien Willen.

Fragen wir uns nach der natürlichen Ausstattung des Menschen in Bezug auf Treue oder Untreue, dann bleibt festzustellen, dass wir gleichzeitig drei Meistern dienen. Unserem Bauch – einem mächtigen, schnellen, instinktiven und sehr egoistischen Teil –, unserem Herzen – einem emotionalen Ich, das nach der Verbindung zu einem Du sucht – und dem Kopf – einem etwas abgehobeneren Prinzip der abstrakten Ziele und Werte, die über das menschliche Einzelwesen hinausgehen.

Kommen wir jetzt zu der Frage der Biologen, was ein einzelnes Weibchen davon hat, wenn es sexuell untreu wird. Da wird viel diskutiert und nach evolutionärem Nutzen gefragt. Es gibt auch plausible Erklärungen – eine ist das »Shopping for good genes«. Dennoch: Die Wissenschaft hat viele Jahre gebraucht, um sich einzugestehen, dass so intelligente Tiere wie Delfine vermutlich zu zweckfreiem Spielen in der Lage sind. Lange und geradezu verzweifelt wurde nach etwas »Sinnvollerem« gesucht als der Befriedigung des Spieltriebes. Wenn wir uns also fragen, was ein Weibchen vom Sex mit fremden Männchen hat, wäre eine furchtbar simple Antwort: Spaß!

So schockierend es sein mag – wir sagen es auf unseren Seminaren mitunter den erstaunten Herren deutlich ins Gesicht: Auch Frauen mögen Sex – zumindest solchen von guter Qualität! Meistens übernimmt diesen Part des Vortrags der weibliche Teil unseres Teams, was die Glaubwürdigkeit stark erhöht, denn sonst würde das gerne mal als männliche Wunschvorstellung des Coaches abgetan werden.

Frauen und Männer haben beide ein Stamm- oder Reptilienhirn, und das geht keine tieferen Bindungen ein, sondern urteilt nach purem Eigennutzen. Das Triebleben ist auch in anderen Hirnteilen ansässig, aber das Prinzip des Egoismus kommt hier am deutlichsten zum Tragen. Wenn es also um die sexuelle Untreue geht, dann sind wir dafür gut ausgerüstet, denn auch wenn unser Säugerhirn eine exklusive, persönliche Bindung will, tickt unser evolutionäres Erdgeschoss anders.

Seien wir ehrlich: Kaum ein Mann wird scharf durch den Gedanken, dass sich mit der reizenden Frau, mit der er gerade flirtet, eine weitere Möglichkeit eröffnet, seine Nachkommenschaft zu vergrößern. Die meisten Männer haben da kurzfristigere Lustinteressen, die durch den Gedanken an reizende, brabbelnde Babys tendenziell gestört werden, wobei sie diese aber oft auf diesem Wege unfreiwillig produzieren.

Dem Individuum muss keinerlei Nutzen ins Auge springen, außer der Befriedigung eines sehr ursprünglichen und äußerst natürlichen Bedürfnisses, damit sich Folgen im Sinne der Arterhaltung einstellen. Die Natur ist wahnsinnig effektiv. Ein (scheinbar) einfacher Trieb tut es äußerst zuverlässig, und den haben offensichtlich alle weiblichen Lebewesen genauso wie die männlichen.

Sooft in den letzten Jahren von Comedians und Wissenschaftlern nämlich auch das Gegenteil behauptet wurde: Die angeblich biologisch bedingten Unterschiede zwischen Mann und Weib halten einer tiefer gehenden Untersuchung kaum stand. Ein selten besonnener Artikel zu dieser unpopulären Position fand sich 2007 im ZEIT-Magazin mit dem vielsagenden Titel: »Frauen sind auch nur Männer.« Dort wurden, dem Mainstream zum Trotz, sehr ausführliche Untersuchungen aufgeführt, die zeigen, dass kein Forscher anhand eines Gehirns sagen könnte, ob dieses einst von einem Mann oder einer Frau durch die Welt getragen wurde. Die angeblich so massiven Geschlechterunterschiede sind rein statistischer Natur und so dünn, dass sie je nach Forscher auch mal ganz verschwinden. Die meisten wollen aber gemütliche Klischees bestätigt sehen, obwohl wissenschaftlich gilt, was der Kabarettist und Autor Dieter Nuhr in dem Satz zusammenfasste: »In Sachen Primitivität herrscht völlige Emanzipation!« Wir wollen diese hochinteressante Diskussion über Hormone und Co. hier nicht weiter vertiefen, sondern es mit den Worten Alice Schwarzers halten: »Frauen sind nicht etwa die besseren Menschen, sie hatten bisher nur nicht so viel Gelegenheit, sich die Hände schmutzig zu machen.« Chauvinismus ist nicht an ein Geschlecht gebunden und keine Frage der Biologie.

Fassen wir unseren Exkurs in die Natur an dieser Stelle zusammen. Das Tier Mensch ist Teil der Natur und ist, wie seine näheren Verwandten auch, ein sexuell sehr aktives Wesen. Es dürfte seit jeher ebenso zur sexuellen Untreue geneigt haben wie zu festen Partnerschaften mit emotionaler Bindung – meist gleichzeitig und von der Seite der Weibchen aus ebenso wie von den Männchen. Darum sollte für eine erfolgreiche Haltung beides in ausreichendem Maße zur Verfügung gestellt werden. Das Problem ist, dass das Mensch bis zur Unkenntlichkeit domestiziert wurde, sodass es quasi keinerlei Studien über die Wildformen gibt. Es zeigt oft äußerst unnatürliche Verhaltensweisen, die eindeutig durch Lernprozesse seines Großhirns verursacht werden, die es selbst gerne voller Stolz als Erziehung, Religion oder Kultur versteht und die besonders starken Einfluss nehmen auf die Gestaltung von Paarungsverhalten und Liebesleben. Diesen wichtigen Faktoren wollen wir uns im Weiteren zuwenden.

Vereinsmatratzen und tolle Hechte – wir sind nicht emanzipiert

Niemand ist den Frauen gegenüber aggressiver und herablassender als ein Mann, der seiner Männlichkeit nicht ganz sicher ist!
Simone de Beauvoir

Dossie Easton erzählt in ihrem ebenso empfehlenswerten wie provokanten Klassiker »The Ethical Slut« (Die ethische Schlampe) folgende Geschichte: »Eine Freundin von ihr entschied sich damals in den Siebzigern, mit dem zu experimentieren, von dem es hieß, das es die Phantasie jedes Mannes sei. Sie saß eines Nachts geduldig in einer Single-Bar, wurde von vielen Männern angesprochen, bis einer erschien, den sie attraktiv fand, und sie begann zu flirten. Er fragte, ob er ihr einen Drink spendieren dürfe, und sie fragte ihn freundlich, ob er mit zu ihr nach Hause kommen wolle, um zu ficken (Entschuldigung, aber im Englischen steht wirklich ›fuck‹). Er verschluckte seine Eiswürfel. Es brauchte einige Minuten, bis der arme Kerl wieder zusammenhängend sprechen konnte, und als sie schließlich bei ihr waren, stellte er fest, dass er ›impotent‹ war. Die beiden erlebten zusammen eine perfekte, liebevolle Massage.«[1]

Wir sind uns nicht sicher, ob das Szenario vierzig Jahre später völlig anders aussähe. Nach Einsicht diverser Umfragen und Ratgeber zum Thema Flirten und Daten sagen wir: nein! Da wird als Regel für Frauen ausgegeben, bloß nicht beim ersten Date über das Küssen hinauszugehen, denn mehr mache jede Chance auf was Ernstes mit großer Wahrscheinlichkeit zunichte. Warum, mag man sich fragen. Hört man den Männern in solchen Umfragen zu, dann haben sie nichts dagegen, wenn beide beim ersten Date deutlich persönlicher werden. Jedoch kommen solche Frauen nicht so richtig für eine langfristige Partnerschaft und große Liebe infrage. Irgendwie ist das billig, und Frau muss es Männern schwer machen, damit sie sich die Zähne ausbeißen und sich als große Jäger fühlen können. Das steigert den Wert der Frau. Ganz schön doppelbödig und hinderlich diese Spielchen, oder?

Wir haben gesehen, dass unsere Biologie eigentlich sexuelle Offenherzigkeit für beide Geschlechter nahelegt. Da wir in einer so säkularisierten, aufgeklärten und emanzipierten Zeit leben, sollte es doch eigentlich eine Kleinigkeit sein, wenn eine Frau auszieht, um Männerträume Wirklichkeit werden zu lassen, die ja letztlich nicht so weit ab von denen der Frauen liegen dürften, wenn wir uns mal die Gemeinsamkeiten der Geschlechter auf Stammhirnebene ins Gedächtnis rufen.

Auch der Film »Tootsie« enthält so einige erhellende Szenen. Als Frau verkleidet, erfährt der Schauspieler Michael Dorsey diverse Sexismen der Gesellschaft am eigenen Leib. Er verliebt sich in eine attraktive Kollegin. »Unter Frauen« gesteht sie ihm, dass sie manchmal davon träumt, ein attraktiver Mann käme auf einer Party direkt und selbstbewusst auf sie zu und würde ihr auf charmante Art gestehen, dass er sie interessant fände und mit ihr schlafen wolle – einfach so. Gehört, getan! Auf der nächsten Party begegnet er ihr als (für sie ja unbekannter) Mann und zitiert sie fast wörtlich. Dass ihr Drink sein Behältnis daraufhin sehr plötzlich in Richtung seines Gesichts verlässt, ist wenig überraschend, denn unter realen Umständen gibt sich seine angeblich hinreißend offene Kollegin eben doch als »anständige junge Frau« und hinterlässt den charmanten Eroberer als begossenen Pudel.

Warum liegen zwischen dem, was sich auch Frauen durchaus manchmal wünschen, und dem, was zwischen den Geschlechtern möglich ist, immer noch Welten?

Weil wir eben nicht emanzipiert sind! Frau Schwarzer und ihre Mitstreiterinnen haben sich sicherlich nicht umsonst abgerackert, aber es gibt nach wie vor zweierlei Maß, mit dem sexuell initiative Menschen beurteilt werden. Senftöpfchen, Schlampe, Allmende, Flittchen – es existieren viele wenig schmeichelhafte Bezeichnungen für erotisch selbstbewusste und aktive Frauen, die sich tatsächlich das Recht auf eine abwechslungsreiche und selbstbestimmte Sexualität nehmen. Männer hingegen, die das Gleiche tun, bekommen nach wie vor eher Titel verliehen wie Casanova, Don Juan oder Frauenheld, denen das Negative irgendwie abgeht. Man-eater ist noch einer der wenigen Ausdrücke, die der Frau eine Position der Stärke zugestehen und sie nicht zum schmuddeligen Sexspielzeug im Spiel zwischen heiliger Madonna und verachteter Hure degradieren. In diesem Wort kommt zur Abwechslung mal die Angst der Männer deutlicher zum Tragen, die sich hinter der ganzen Frauenverächtlichkeit verbirgt und die auch in der Geschichte von Dossie Easton sichtbar wird. Der Mann, der so mir nichts, dir nichts zur Verwirklichung einer Männerphantasie geladen wird, kann im Bett plötzlich nicht mehr seinen Mann stehen, weil in diesem Kontakt offensichtlich sie die dominante Rolle einnimmt.

Männer glauben meist, nur Männer zu sein, wenn sie der erlernten und meist sehr eng beschriebenen Rolle entsprechen. Da dieses Selbstbild mit Überlegenheit und Autonomie zu tun hat, setzen Männer viel daran, sich gegenüber einer Frau so zu fühlen. Also stellen sie gerne Situationen her, die sie dominant und autonom erscheinen lassen. Frauen wird hingegen meist von Kindheit an gelehrt, Beziehungen herzustellen, und sie mögen entsprechend auch ein bisschen Beziehung um den Sex herum. Wir glauben, dass es den Männern ganz ähnlich geht – nur braucht es eben ganz verschiedene Situationen.

Ein romantisches Dinner entspricht mehr dem emotionalen Drehbuch der Frau, das schnelle, unpersönliche Ran-an-den-Feind der Idee, die Männer von sich haben. Sie erobern, was sie wollen, und das ist eine rein körperliche Angelegenheit ohne Gefühle.

Die Pornografie unserer Tage bringt es auf den Punkt! Früher gab es selbst in männertypischer Pornografie noch einen Hauch von hanebüchener Geschichte drum herum. Der optisch belanglose Postbote klingelt. Die Dame des Hauses öffnet lasziv und in seidener Reizwäsche, Nylons und Stiletto-Pumps daherstöckelnd die Tür (denn in dieser Montur pflegt sie täglich sowohl die Gläser zu spülen als auch sich sinnfrei alleine vor dem Spiegel zu räkeln). Der Dialog beschränkt sich in etwa auf: »Hier ein Paket«, der Blick der Frau wandert auf den leicht gewölbten Schritt des Mannes, sie kniet sich nieder und antwortet ebenso schlagfertig wie schwer atmend: »Das sehe ich, darf ich es aufmachen?« Der Rest der Geschichte soll hier nicht weiter aufgeblasen werden.

Da sogar diese einleitende Minute meist überspult wurde und das besondere Talent der meisten Darsteller eher im Halten von Erektionen bestand als im Halten von mitreißenden Monologen, sind viele der heutigen Pornos absolut handlungsfrei. Wenn doch eine Handlung im Kopulationskino vorkommt, dann geht es etwa darum, dass ein Mann vollkommen überraschte Frauen auf der Straße anspricht und diese dann für etwas Geld zu Hause nach allen Regeln der Kunst vor der Kamera zur Schau stellt. Manchmal wird die Frau auch vorher als Inbegriff der sexuellen Anziehungskraft in Nahaufnahme präsentiert. Dann folgen alle möglichen sexuellen Praktiken, die schnell an Härte zunehmen. Dieser Tage ist a2m, also »ass to mouth«, sehr angesagt, was bedeutet, ohne Schnitt vom Anal- zum Oralverkehr überzugehen. Was mag der Sinn dieser Unternehmung sein, die keinen eigentlichen Lustgewinn bietet?

Die Demonstration von Macht durch die Erniedrigung der Frau! Die bildschöne Frau vom Anfang macht besinnungslos vor gespielter Lust jeden Blödsinn mit, lässt sich in alle Öffnungen schauen und leckt sich am Ende noch schnurrend die Lippen, wenn der Herr sie in Standardmanier mit dem Ergebnis seiner Lust im Gesicht bekleckert.

Dieses Szenario hilft dem Mann, sich sexuell frei und souverän zu fühlen, indem er die Frau symbolisch unten hält. Dass dieser Zustand äußerst zerbrechlich ist, zeigt das Beispiel oben: Wenn nun das Happy End in der zeitgenössischen Pornografie so aussieht, dann sollten wir uns fragen, was dahintersteckt. Das Wort Ejakulation (lat. hinauswerfen) deutet es an: Der Mann wirft seine Lust hinaus. Dass Männer nicht versöhnt mit ihrer Lust sind, zeigt sich daran, dass die Frau, nachdem der Mann in oder auf ihr zu Ende masturbiert hat, entsorgt wird wie ein schmutziges Taschentuch.

Es ist naheliegend, wie sich dies psychologisch entwickelt hat: Kleine Jungs zelebrieren ihre Lust meist nicht genüsslich und langsam, sondern eher heimlich und schnell. Da sich ab der Pubertät mit der Ejakulation auch ein Ergebnis ihrer Lust einstellt, wird damit das Taschentuch, die Socke oder was auch immer zur Entsorgung dient, zu einer Art schmutzigem Geheimnis vor den Eltern.

Wenn aus solchen Jungs nun Männer werden und diese ihre Phantasien ausleben, dann ist es nur wahrscheinlich, dass ein Teil dabei auch Rebellion gegen das Versteckspielen der eigenen Kindheit ist. Der Mann zeigt sich im Porno also trotzig-offen von seiner animalischen Seite, und deshalb muss die Darstellung dem entsprechen. Es scheint aber so zu sein, dass der Mann dabei eingeholt wird von seinem Schuldgefühl und dass sein Sperma ihn selber anekelt. Im Porno für Heteromänner kommt es unter weiblichen Darstellerinnen regelmäßig zum sogenannten Snowballing zwischen Frauen, also der Übergabe von »Sie wissen schon« von Mund zu Mund. Nie ist aber zu sehen, dass ein Mann von seiner Partnerin einen solchen »Kuss« bekommt, nachdem er sie besudelt hat. Genau das ist aber die sinnliche Komponente, die das Snowballing für manche Paare in der Realität mitunter reizvoll macht, denn hier gilt es als Beweis äußerster Intimität und gegenseitiger Vertrautheit.

In diesem Bild wird das Dilemma symbolisch auf den Punkt gebracht, das uns in diesem Buch beschäftigt: Wohin bloß mit der ganzen verdammten Lust? Und wie kann sie so gelebt werden, dass sie nicht zerstörerisch für Beziehungen oder Beteiligte ist?

Sie wird vom Mann während des Aktes auf die Frau »geschoben« und bleibt dort als sichtbare Befleckung haften. So wie reale Beziehungen durch Sex mit anderen zerbrechen, scheint der virtuelle Männersex im Porno sogar durch minimale Emotionen bedroht zu sein.

Die Männer sind hirnlos Rammelnde, die Frauen besinnungslos Stöhnende – das ist der Standardentwurf der Pornografie, wie ihn unser Professor Gunter Schmidt in einem seiner Seminare zusammenfasste. Dass dies für keines der Geschlechter ein Kompliment darstellt, geht nur wenigen auf. Man kann sich von dieser Art der Darstellung nämlich auch als Mann beleidigt fühlen. Es geht dabei nicht um die moralische oder psychologische Verurteilung ungewöhnlicher Praktiken oder ihre explizite Darstellung, sondern um die Eintönigkeit, den Einzug der Gewalt und das Erzeugen von Entfremdung zwischen den Geschlechtern, was eine tiefere Wertschätzung zwischen Mann und Frau für eine offen gelebte Sexualität verhindert. Der normale Porno ist eine klassische Nichtbefreiung unter kapitalistischen Vorzeichen, weil er Ideen wachruft und Drehbücher in den Köpfen der Männer hinterlässt, die einer gelebten Sexualität im Wege stehen.

Es scheint genauso zu kommen, wie es Volkmer Sigusch in seinem Buch »Neosexualitäten« prognostiziert: Um die Erregung weiter zu steigern, nachdem eigentlich alles Sexuelle gezeigt worden ist, wird Gewalt ein immer stärkeres Element in den Darstellungen.

Die allgegenwärtige Gewalt in Form der Diskriminierung der Frauen ist aus unserer Sicht deshalb so problematisch, weil sie verhindert, was sich Tootsie und seine Kollegin gewünscht haben: das unbeschwerte, freie Genießen von sexuellen Begegnungen in einer offenen Gesellschaft. Und wir werden das Thema Treue und Untreue vermutlich nicht in den Griff bekommen, wenn wir im Grunde immer noch kein Bild von einer menschenfreundlichen Sexualität entwickelt haben.

Ein besonders drastisches Beispiel für den tiefen Fall einer Heiligen zur Hure lieferte ein junger, sehr eifersüchtiger Klient arabischer Herkunft, mit dem Holger Lendt über dieses Thema sprach. Der Mann erzählte davon, dass alle Frauen Schlampen seien, bis auf seine derzeitige Freundin. Wenig später rief er besagte Freundin an, und es stellte sich heraus, dass sie mit einem Bekannten im Theater gewesen war. Nachdem zuerst die Frau mit verbaler und danach das Telefon mit handfester Gewalt zum Schweigen gebracht wurden, rannte er, laut »Schlampe« schreiend, aus dem Zimmer. Damit war auch die letzte heilige Madonna aus seiner Welt verschwunden. Gott sei Dank kam es unter diesen Umständen nicht zu einer weiteren Gewalttat im Namen der Treue!

Wegen genau dieser Unfähigkeit vieler Männer, mit ihren eigenen Phantasien und Gelüsten ins Reine zu kommen, riskieren Frauen auch nach der Erfindung von Pille (und Kondom) immer noch mehr als die Männer, wenn sie sich auf ein abwechslungsreiches Sexleben einlassen – nämlich ihren Ruf, der direkt mit ihrem Wert auf dem Partnermarkt zusammenhängt.

Wenn eine Frau denn alle erotischen Phantasien eines Mannes wahr werden lässt und er sie danach dafür verachtet, zeigt das, wie fremd und widerwärtig ihm seine eigene Sexualität ist, die er jetzt dem Objekt Frau zuschiebt. Man sagt den Frauen nach, dass sie nicht wüssten, was sie wollen – aus dieser Perspektive wissen es die Männer auch nicht. Für Partnerschaften kommen nur die reservierten, braven Frauen infrage. Den richtig guten Sex haben die Männer aber lieber mit der verruchten Hure. Das heißt, dass solche Kerle die Wahl haben zwischen der Liebe mit einer blutleeren Heiligen oder der heißen Affäre mit einem billigen Flittchen. Eine beliebte Lösung des Konfliktes ist, das eine UND das andere parallel zu haben, und das heißt Untreue gegenüber der Heiligen und Unfreiheit mit der Hure! Und auch den Frauen bleibt in diesem Weltbild nur die Wahl zwischen Pest und Cholera. Also, liebe (Mit-)Männer – den Quatsch habt Ihr selbst verzapft, darum bitte nicht beschweren!

Die Damen wiederum sollten überlegen, ob sie diesen menschenfeindlichen Blödsinn nach wie vor mitmachen wollen oder mutig genug sind, sich ihre Rollen selbst zu schreiben, denn es sind nicht nur die Männer, die diese Klischees mittragen. Frauen, die sich eine abenteuerlichere Sexualität versagen, verachten häufig ihre »freieren Schwestern«, die sie an die eigenen Möglichkeiten und Sehnsüchte erinnern. Judith Butler, die große und schlaue Feministin, schrieb in ihrem Standardwerk »Das Unbehagen der Geschlechter«, dass der Mann sich nicht so sehr von der Frau abzugrenzen habe, damit er sich als Mann fühlen könne, sondern vom schwulen Mann. Dieser sei das Antibild für den echten Kerl, da er Werte und Möglichkeiten verkörpere, von denen kein Mann wirklich frei sein könne. Das Gleiche gilt aus unserer Sicht für viele der »moralisch einwandfreien Madonnen«, die sich über den »billigen Look« von »der da« aufregen, weil sie vermuten, dass diese Geschlechtsgenossin unter Umständen das lebt, was ihnen selber in stillen, aber heißen Momenten durch den Kopf geht. Der kesse Spruch »Gute Mädchen kommen in den Himmel, böse Mädchen kommen überall hin«, fasst das treffend zusammen.

In den Sexualwissenschaften gilt es jedenfalls aus oben genannten Gründen als Tatsache, dass Frauen grundsätzlich unter- und Männer übertreiben, wenn es um statistische Maßzahlen ihres Liebeslebens geht. Viele Forscher gehen deshalb auch davon aus, dass der Prozentsatz der Untreuen bei Männern und Frauen etwa gleich groß ist. Nur findet eben kein offener Dialog darüber statt, dass Frauen »Sex pur« ebenso attraktiv finden können wie Männer, und männlicher Lust mit Zärtlichkeit und Liebe oft mehr gedient ist als mit Strapsgürtel und sexuellem Zirkeltraining.

Stattdessen kommt es zur Trennung zwischen Frauen und Männern und zwischen emotionaler und körperlicher Liebe. Damit tut sich eine moralische Kluft auf, die eigentlich nicht zwischen den Geschlechtern verläuft, sondern quer durch beide hindurch, genau zwischen Herz und Hose. Danach ist die Hose irgendwie weniger wert als das Herz. Gefühle sind edler, und die Hose kann sich nur frei fühlen, wenn sie die Gefühle beiseitelässt.

Wie wir gesehen haben, ist es nicht in unserer Biologie begründet, dass Frauen mit den angeblich edlen Gefühlen identifiziert sind und Männer mit dem Triebleben. Frauen haben zum Teil sehr explizite sexuelle Wünsche und Phantasien, mitunter sogar harte. Zwar hört man öfter im weiblichen Bekanntenkreis oder unter Klientinnen, dass ihnen Sex nicht so »wichtig« ist wie Intimität, emotionale Nähe und Zärtlichkeit. Das trifft besonders für langjährige Beziehungen zu. Was aber sicher gilt, ist, dass es eben nicht die eine typisch weibliche Lust gibt und die Bandbreite an sexuellen Wünschen und Intensität stärker variiert, als mancher Mann zu hoffen wagen würde und manche Frau zu wissen glaubt. Stellt sich die Frage, ob sexuelle Lust von Frauen nur aufgrund des geringer vorhandenen Testosterons angeblich weniger stark ausgeprägt ist als bei Männern oder zu großen Teilen dadurch, dass sie kulturell weniger anerkannt und gesellschaftsfähig ist.

Da Frauen zudem rein technisch sexuell potenter sind als Männer, muss jeder Mann »auf sich aufpassen«, wenn er mit einer Frau zusammenkommt. Eine Frau, die sexuell richtig in Fahrt kommt, ist für das männliche Bedürfnis nach Autonomie und Dominanz brandgefährlich. Um Schrammen im Selbstverständnis zu vermeiden, haben die Männer einst diese Einteilung erfunden, die aus Frauen Damen ohne Unterleiber macht und aus Männern emotionale Idioten.

Diese Unterteilung ist nicht frauenfeindlich oder männerfeindlich, sondern menschenfeindlich, denn sie wird uns nicht in unserer Gesamtheit gerecht. Chauvinismus kennt kein Geschlecht und ist vor allem ein kulturelles Problem.

Wenn wir uns also fragen, warum wir so schwer treu sein können, stoßen wir automatisch auf unser Triebleben, denn der Geist ist monogamiewillig, doch das Fleisch ist schwach. Es gibt zwar einen großen Anteil von Seitensprüngen, bei denen auch Liebe im Spiel ist, aber ausschlaggebend ist doch meist das Sexuelle. Der Satz »Liebling, es war doch nur Sex« zeigt, dass der Sex nicht so viel wert ist wie die emotionale Liebe. Trotzdem ist selbst bei der Liebe zu einem Dritten das entscheidende Kriterium, ob mit ihm Sex stattgefunden hat oder ob es »nur eine Liebelei« war.

Woher kommt in einer aufgeklärten, postmodernen Gesellschaft dieser Wertekanon, der uns sowohl den Sex als auch die Liebe so erschwert, dass wir permanent mit der Untreue zu kämpfen haben?

Wir können so atheistisch sein, wie wir wollen – das Erbe der Religionen wiegt schwerer und steckt tiefer in uns, als wir denken. Wir wollen uns jetzt deshalb mit dem Thema Treue, Sexualität und Liebesidealen in den Religionen befassen. Es war nicht immer alles so leibfeindlich wie heute, aber der Exkurs wird spätestens beim Christentum zeigen, dass dieser Glaube ganz ausschlaggebend dafür war, einen Keil zwischen Geist und Gefühl auf der einen Seite und Körperlichkeit und Sinneslust auf der anderen zu treiben.

GÖTTLICHES

Die große Mutter –
als die Welt noch den Frauen lauschte

Das ewig Weibliche zieht uns hinan.
Johann Wolfgang von Goethe, »Faust II«

»O Göttin!« war vor etwa 10 000 Jahren wohl ein sehr viel weiter verbreiteter Ausruf als »O Gott!«. Die Idee, dass eine männliche Energie oder Wesenheit ein Universum hätte kreieren oder auch nur federführend leiten können, hätte damals sicherlich für große Belustigung gesorgt. Über viele Jahrtausende gab es Matriarchate, und diese Gesellschaftsform war so anders, dass wir sie heute nicht mal erforschen können, ohne dabei blödsinnige Interpretationen des Erforschten zu machen. Es beginnt schon mit dem Begriff. Die Matriarchats-Forscherin Heide Göttner-Abendroth schreibt dazu: »(Der Begriff Matriarchat) ist nicht, gegen den Anschein, die Parallele zum Begriff Patriarchat, denn ›arche‹ heißt im Griechischen sowohl ›Herrschaft‹ wie ›Anfang‹, wobei die zweite Bedeutung die ältere ist. … Übersetzen wir es differenzierter, so heißt Patriarchat … klarerweise ›Herrschaft der Väter‹, aber Matriarchat … heißt ›am Anfang die Mütter‹. Und das trifft die Sache.«[2]

Es war sicher keine schlechte Zeit damals. Mutter Natur war allumfassend und alleinerziehend, denn ein Vater Staat fehlte. Die Erde war die große Ernährerin, auf deren Schoß sich die Menschen wie ihre Kinder fühlen konnten.

Wenn unsere Ur^{X}-Großeltern ihrer Welt begegneten, geschah das noch auf Augenhöhe mit ihren anderen Bewohnern. Diese Welt war voll von lebendiger Magie, und das Wunder des Lebens fand im Schoß der Frauen statt und nicht in den allmächtigen Testikeln des Mannes, wie es seit vielen Jahrhunderten die Kirche suggeriert. Auch hier finden wir übrigens wieder eine heilige

Dreifaltigkeit. Es gab die junge, jagende Göttin im Himmel, die besagten, pummeligen, »erotischen« Fruchtbarkeitskräfte auf Erden und die große, greise Göttin der Unterwelt, die das Leben in den Tod hinabzog und es von dort aus wieder auferstehen ließ. Der männliche Held repräsentierte die Sterblichen und war Gefährte und Geliebter der Göttin, wurde ihr geopfert und durch sie wiedergeboren.

Wie lebte es sich in der Zeit dieser Göttinnen? Wir können es erahnen, wenn wir uns heute existierende matriarchale Kulturen anschauen, die auf fast allen Kontinenten anzutreffen sind. Kämpfe gab es nur selten, und wenn, dann übernahmen die Männer kurzfristig mehr Verantwortung, da sie sich besser zum Verhauen ungezogener Nachbarschaft eigneten als die Frauen. Sonst waren die Frauen tonangebend. Nur war ihre Herrschaft keine! Es ist auch klar – und es ist mehr als ein Wortspiel –, dass Frauen nicht HERRschen.

Die Matriarchin einer Sippe verwaltete den Besitz, von dem alle lebten, und war vor allem spirituell von gewaltiger Bedeutung. Für uns, die wir im Patriarchat erzogen sind, ist es kaum nachzuvollziehen, dass eine Gesellschaft ohne Machtstrukturen auskommen kann und dabei innerlich noch sehr viel stabiler ist, als unsere Gesellschaften es heute sind. Es wurde auf gleichmäßige Verteilung des Besitzes geachtet, nicht auf die Anhäufung von Gütern bei einigen wenigen – ein kapitalistischer Albtraum. Das politische System muss uns heute fast absurd vorkommen: Es wurden weder Befehle gegeben, noch wurde Gehorsam verlangt. Eine Polizei existierte nicht. Zu jedem Amt gab es zwei Personen, die in gegenseitiger Kontrolle und ohne wesentliche Privilegien zur Absprache verpflichtet waren. Meist repräsentierten die Männer die Gruppe nach außen, die Frauen nach innen, allerdings waren die Männer nur Verkünder von Beschlüssen, keine Entscheider! Alle Entscheidungen wurden über lange Zeit in der Gruppe diskutiert, bis es zu einem echten Konsens kam. Die Matriarchin war in dieser Diskussion so etwas wie die Leitkuh in einer Elefantenherde: Sie hatte natürliche Autorität durch Wesen und Lebenserfahrung.

Für unsere kleine Geschichte der Untreue ist besonders wichtig, dass in den meisten Matriarchaten der Clan oberste Priorität hat und die biologische Vaterschaft neben der sozialen Vaterschaft zweitrangig ist. Alle Kinder bleiben bei der Mutter, egal, wer der biologische Vater ist, und wachsen in der großen Sippe der Mutter auf, mit ihren Onkeln als männlichen Bezugspersonen. Ein gewichtiges Argument in Sachen Eifersucht für die Männer, denn ihr Nachwuchs wurde eh von einer anderen Sippe versorgt, sodass ein Vaterschaftstest wenig sinnvoll gewesen wäre. Auch der Mann gehörte – unabhängig von seinen Partnerinnen – weiter seinem eigenen Clan an. Produktionsgemeinschaft und Liebe wurden klar getrennt.

In einigen heute existierenden Matriarchaten, wie bei den Mosuo in China, funktioniert die Sexualität immer noch so, dass sich Männer und Frauen tagsüber mit Blicken anflirten und dann einen dreifachen Händedruck austauschen, der – erwidert – ein Date für die Nacht besiegelt. Jede erwachsene Frau hat einen eigenen Raum im Sippenhaus und kann dann durch einen gesonderten Eingang ihren nächtlichen Besuch empfangen. Männer dürfen klopfen, aber nicht, wenn bereits ein Hut am Haken vor der Tür hängt, denn das ist das Zeichen für »Besetzt«. Wenn es nichts Ernstes ist, dann hat der Mann vor Tagesanbruch wieder – von der Sippe ungesehen – zu verschwinden und zu seiner Sippe zurückzukehren. Die sexuelle Erfahrung selbst recht junger Menschen dürfte weit über dem Durchschnitt dessen liegen, was in unseren Breiten üblich ist. Stellen Sie sich vor, Sie hätten eine Gesellschaftsform, die Ihnen im Alter von 30 Jahren schon um die 50 Liebespartner beschert hätte – und kein Hahn würde danach krähen!

Aber auch in dieser Kultur gibt es lebenslange Partnerschaften, sodass die gleichen »Paare« über lange Zeit in Form einer Besuchsehe immer wieder zueinanderfinden. Über den Wechsel von Liebhabern oder mehrere zeitgleiche Verhältnisse wird sich dort aber trotzdem niemand beschweren. Sexualität und sogar die Zeugung werden von sozialen Strukturen und Ansprüchen also vollständig getrennt gelebt. In manchen dieser Kulturen gibt es weder ein

Wort für Sexualität, noch wird der Art des Geschlechts eine große Bedeutung eingeräumt. Alle sind in erster Linie Menschen!

Die junge, moderne Rugeshi Ana äußert sich in dem Buch »Das Paradies ist weiblich« dem Journalisten Ricardo Coler gegenüber zum Thema Liebe wie folgt: »Liebe und Lebensgemeinschaft, das geht für mich nicht zusammen. Für mich ist die Liebe das Einzige, was mich an einen Mann binden kann. Meine Kultur erlaubt mir das, ohne dass ich auf andere Dinge Rücksicht nehmen muss. Ich verstehe nicht, wie meine Freundinnen diese Freiheit aufgeben und so denken können, wie sie denken. Sie heiraten, weil sie eine Familie haben wollen. Ich hingegen glaube, die beste Art eine Familie zu haben ist, gerade nicht zu heiraten.«[3]

Dies ist keine Einzelmeinung. Die Matriarchin Tsunami Ana hat sogar ein perfides »Herrschaftsmittel« für ihre Zwecke instrumentalisiert: »Ich bin die Mutter, und wenn sie nicht hören wollen, dann drohe ich ihnen mit der Ehe … Ich sage ihnen, wenn sie mir nicht gehorchen, werde ich dafür sorgen, dass sie heiraten. Das erschreckt sie und wirkt immer.«[4]

Für viele Frauen in unserer Kultur wäre es vielleicht ein geheimer Wunschtraum, nach einer Liebesnacht den Herrn nicht noch beim Frühstück neben sich zu haben und nach Belieben wählen zu dürfen. In den Originalkulturen ist es aber nicht so, dass die Paare sich nur in den Nächten sehen – sie verbringen die Zeit auch auf Festen und im Dorfalltag miteinander, wenn sie mögen, und die Kinder kennen oft auch ihre Väter. Die Liebe dieser zwei Menschen wird jedoch nicht durch alltägliche Aufgaben belastet, denn diese werden von den jeweiligen Sippen übernommen. Viele Eltern oder gar Alleinerziehende heutzutage werden bei diesem Gedanken feuchte Augen bekommen, weil ihnen klar ist, welche Entlastung eine solche Sozialstruktur bedeuten würde. Die Versorgung des Nachwuchses ist vollkommen gesichert, kostenlose Babysitter sind reichlich vorhanden. »Eine Frau bekommt ihr Kind und bleibt fast ein Jahr bei ihm. Sie gibt ihm zu essen und beschäftigt sich mit ihm. Wenn es Zeit wird, zur Arbeit zurückzukehren, übergibt sie den Sprössling der Großmutter. Und die älteren Tanten sind ja auch noch da. Die Mutter kann in ihren gewohnten Alltag zurückkehren, und das Kind wächst trotzdem im häuslichen Umfeld auf.«[5] Viele moderne Paare in unseren Breiten entdecken vielleicht nicht nur aufgrund von Geldmangel oder aus Zufall die Großelterngeneration als Babysitter wieder.

Die Frauen der Mosuo sind überaus arbeitsame Wesen, während die Männer ein ziemlich bequemes Leben haben, wie es scheint. Die Logik ist dabei wohl: Nimm für die Arbeit keinen Mann, wenn du auch eine Frau haben kannst.

Die Mosuo leben weit abgeschieden im heutigen China. Da mag man ihre Lebensweise als unmodern und für die globalisierte Welt ungeeignet abtun. Deshalb sei kurz auf die Minangkabau in Sumatra hingewiesen. Diese Bevölkerungsgruppe zählt nach wie vor über sechs Millionen Köpfe und lebt trotzdem weiterhin ihre »unbeherrschbare« Gesellschaftsstruktur. Die jungen Männer und Frauen gehen zum großen Teil zur Ausbildung in modernen Berufen in die Großstädte, kehren aber oft nach Hause zurück, und ihr Besitz kommt wieder der Sippe zugute.

Ein erheiterndes Detail, das zeigt, wie widerstandsfähig Matriarchate gegenüber Missionierungsversuchen sein können, ist, dass die Minangkabau offiziell Muslime sind. Als der Islam diese Gesellschaft mit Feuer und Schwert eroberte, gelang es den Minangkabau, die Muftis und ihre reichlich patriarchale Lebensweise ins Leere laufen zu lassen. Das matriarchale Gesetz ihrer alten Lebensweise, das »Adat«, wurde beibehalten und die Behauptung aufgestellt: »Adat basiert auf Islam und Islam auf Adat.« Wer den Islam kennt, bemerkt allerdings die marginalen Abweichungen zwischen den Ideen: »Am Anfang die Frau« und »Die Frau folgt dem Manne in gebührendem Abstand«.

Für uns ist interessant, dass in diesen Lebensformen fast immer Liebe und Versorgungsgemeinschaft getrennt werden. Es gibt Strukturen zum Zusammenleben, und es gibt Freiräume, in denen die Liebe tun kann, was sie will. Wir werden vermutlich keine Sippen und riesige Langhäuser mehr zusammenzimmern, aber praktische Lebenspartnerschaft und Liebesbeziehungen getrennt voneinander zu leben, das lässt sich auch hierzulande machen, wie einige Beispiele aus der Schwulenszene zeigen, wo es einen Partner für den Alltag gibt und dann noch so viele »Besuchsehen« nebenbei, wie die eigene Libido und das Herz begehren. Auch polyamore Menschen kennen solche Modelle.

Schauen wir uns also die Zeit der großen Muttergöttinnen und die aus ihnen hervorgehenden Matriarchate an, so finden wir einen hochinteressanten Gegenentwurf für fast alles, was wir heute für selbstverständlich nehmen. Da alles Lebendige göttlich war, konnte man es nicht besitzen. Eifersucht gab einen Menschen der Lächerlichkeit preis. Ländereien wurden von den Frauen verwaltet und blieben bei der Sippe. Menschen gegenüber wurde Individualität geachtet, und es gab keine Herrschaft, sondern eine Konsensdemokratie, in der Entscheidungen so lange ausgehandelt wurden, bis alle zufrieden waren. Sexualität wurde oft als so selbstverständlich hingenommen, dass es nicht einmal einen Begriff dafür gab. Da die Kinder einer Frau bei ihrer Sippe aufwuchsen, war das persönliche Investment weder für Mann noch Frau besonders groß. Die Beziehungen konnten sein, was immer sie wollten. Zum Teil hielten solche Besuchsehen sogar ein Leben lang! Wenn Sie also dieses Buch erworben haben, um Liebesbeziehungen frei und ungezwungen mit festen oder wechselnden Partnern zu leben – fahren Sie nach China oder Sumatra. Dort wird dieser Lebensstil seit Jahrhunderten von Millionen von Menschen gegen alle anderen Konkurrenzprodukte verteidigt – übrigens auch von den Männern, die sich sehr wohlzufühlen scheinen!

Wer also behauptet, dass Eifersucht etwas dem Menschen natürlich Innewohnendes sei, der frage mal bitte in einem der Matriarchate nach. Dort gibt es zwar neben der Lust auf Sexualität auch den Wunsch nach tiefer Bindung, aber die Dramen der Eifersucht, die wir später noch genauer beleuchten werden und die durch alle anderen großen Religionen stark gefördert wurden und werden, sind dort vollkommen unbekannt. Entweder sind also in Dutzenden von kleinen Kulturen über die Welt verteilt genetisch defekte Humanoide zusammengekommen, oder Eifersucht und Besitzansprüche gehören eben nicht zur genetischen Grundausstattung der aufrechten Trockennasenaffen.

Polytheistische Religionen – Vielgötterei

Das Schlimmste ist für ihn (Jesus) die Zersplitterung der ganzen Religionen. Er sagt, die Menschen machen einen großen Fehler, wenn sie eine gute Idee mit einer Glaubensstruktur versauen ... Ideen machen weniger Ärger ... sie lassen sich leichter ändern.
Der 13. Apostel im Film »Dogma«

Er war ein Lustmolch reinsten Wassers! Er stieg wirklich allem nach, was er kriegen konnte, und das war eine ganze Menge. Schließlich war er das ranghöchste Männchen seiner Zeit und hatte etliche Tricks auf Lager. Dutzendweise verführte er, zum Teil verkleidet, Göttinnen, Halbgöttinnen, Nymphen und Sterbliche und nahm es dabei weder mit Alter noch Geschlecht so ganz genau. Ausgerechnet seine große Langzeitliebe war der schöne Königssohn Ganymed, den er entführte. Seine Frau Hera, die gleichzeitig seine Schwester war, war sicherlich die »meistgehörnte Frau des griechischen Universums«.

Moralisch-monogam betrachtet, kann man die Ehe von Zeus und Hera getrost als Sauhaufen bezeichnen, denn der Herr der Götterwelt war wahrlich berühmt für seine erotischen Eskapaden und die entsprechend große Schar unehelicher Nachkommen.

Auf dem Olymp und in den griechischen Sagen wimmelt es von Geschichten über Untreue und Eifersucht. Wie man am Beispiel Heras sieht, wurde damit anders umgegangen als in der Welt des Matriarchats. Wenn man das Bildnis von Hera mit den kleinen drallen Fruchtbarkeitsgöttinnen vergleicht, dann sieht man die stark beschnittene Erotik. Sie erscheint in Darstellungen zeitgemäß züchtig und galt als Schutzherrin (ja – da ist das Wort Herrin angebracht) der Ehe, Niederkunft und Hochzeitsnacht. An ihrem Erscheinungsbild erkennt man, dass die Ehe nicht als Ort großer erotischer Happenings geplant gewesen zu sein scheint. Eine Frau in monogamer Ehe (mit Zeus als Mann – sehr witzig!) hatte also ihre Sexualität zu verbergen und nur dem Einen zugänglich zu machen. Sie war Besitztum »ihres Mannes« geworden, und wie man an dieser Formulierung erkennen kann, war er auch das ihre. Hera war bekannt dafür, wegen Zeus' Eskapaden mit ihm zu streiten oder zu schmollen. Sie griff ihn aber nie offen an, denn schließlich war er der Herr über Blitz und Donner. Man sieht, dass hier die Unterdrückung durch Androhung oder Ausübung von Gewalt bereits ein selbstverständliches Mittel in Beziehungen geworden war. Auch ihr Name, der auf die weibliche Form von »Herr« zurückgeht, zeigt, dass sie eine patriarchale Frau war. Die laszivere Form der Weiblichkeit holte sich Zeus eben woanders. Hera brachte mehrere Kinder zur Welt, die ausnahmslos von Zeus stammten. Damit haben wir eines der ersten Bilder von der selbst-beherrschten Frau, die eifersüchtig-nörgelnd in Einehe mit einem Wolllüstling als Mann lebt – ein Vorbild auf Chefebene.

Aber wie kam die Menschheit eigentlich auf den seltsamen Gedanken, die Annehmlichkeiten des Matriarchats zu verlassen? Für unser Anliegen ist dies durchaus von Bedeutung, denn es war Menschen über Jahrtausende hin möglich, in sexuell unverkrampften »Ausgleichsgesellschaften« zu leben. Da dort weder Eifersucht noch Besitzdenken eine nennenswerte Rolle spielten, sollten wir uns fragen, was die Menschen dazu bringen konnte, diesen recht erfreulichen Zustand aufzugeben. Die möglichen Antworten darauf zeigen auch viel über das Wesen der Monogamie und der Eifersucht.

Es gibt dazu zwei Theorien. Die erste besagt, dass durch bessere Arbeitsteilung die Männer immer mehr Überschuss erzeugten und so Besitz sammelten, dass sie sich dagegen wehrten, das Erzeugte in das Besitztum des Clans einfließen zu lassen, und es stattdessen an einen Stammhalter übergeben wollten. Aus diesem

Grunde wurde es notwendig, die Frauen zu kontrollieren, um zu wissen, ob der Stammhalter von ihnen war – eine Entwicklung, die so gar nicht der Logik des matriarchalen Lebens entsprach.

Die zweite Theorie halten wir für wahrscheinlicher: Krieg! Im Krieg kämpften meist die Männer, und Krieg benötigt Befehlsstrukturen. Da mit mehr Menschen auf Mutter Erde immer öfter Kriege entstanden, wurde der Zustand »Männer an die Macht« häufiger, und es ist denkbar, dass nach dem Krieg ein Potentat seine Potenz nicht wieder an die Matriarchin abgeben wollte. Vielleicht erzeugten die Kerle dann auch Kriege, um sich Macht zuzuschanzen? Ein absurder Gedanke? So etwas würde es heute niemals geben?

Da wird ein ominöser Zustand der Bedrohung von machtinteressierten Individuen heraufbeschworen und rechtfertigt anschließend die Umverteilung von Macht und die verschärfte Kontrolle freier Menschen. Wenn ein einziges Völkchen mit dem Kriegführen beginnt, verteidigt sich auch ein Matriarchat mit patriarchalen Mitteln – Gewalt scheint nach Pariarchat zu schreien und vice versa. Wenn einmal Herrschaft Einzug gehalten hat und Mittel vorhanden sind, Menschen zu etwas zu zwingen, dann braucht es einige Weisheit und Zeit, um diese zurückzugeben! In dieser Theorie ist Gewalt das Hauptargument. Wir sehen, dass Gewalt und Besitz sich gegenseitig hervorbringen und die Liebe in ein völlig anderes Fahrwasser verfrachten.

Die egalitäre Gesellschaft war in der Antike zwar bereits verloren, aber die alten Griechen hatten durch die Eskapaden ihrer religiösen Leitfigur in Sachen Sex und Partnerschaft immerhin noch einige Privilegien und Freiheiten, nach dem Motto: Wenn es unsere Götter tun, dürfen wir das auch. Die höchst menschliche Fehlbarkeit des himmlischen Personals dürfte sich auf eine Kultur eher entspannend auswirken, und tatsächlich finden wir im alten Griechenland einen recht freien Umgang mit Sex und Liebeleien. Lustknaben und -mädchen, Trinkspiele mit kunstvoll ritualisiertem Erbrechen, die dem Komasaufen heutiger Jugendlicher durchaus das Wasser reichen konnten, und auch das pfundweise

Vertilgen kostbarer Nahrungsmittel gehörten dazu. Wir werden noch auf die ursprüngliche Bedeutung der Orgie zu sprechen kommen, aber auch in dieser Form erfüllte sie für das Triebleben eine wichtige Funktion – selbst wenn man nicht zu den Kreisen gehörte, die sich eine Orgie leisten konnten: Sex war nicht schmutzig und wurde auch aus Gründen des reinen Lustgewinns miteinander geteilt.

Ansonsten kommt noch ein subtiler, aber wichtiger Effekt in der Religion der Griechen zum Tragen, den alle polytheistischen Ansätze zwangsläufig haben: Zu vielen Göttern kann man keine monogame Beziehung aufbauen. Der Mensch ist in solchen Glaubenssystemen immer mit der Aufgabe konfrontiert, vielfach zu lieben. Trotzdem ist ab hier der westlichen Menschheit das Bild des Mannes als unbeherrschte Wildsau neben der tugendsamen Matrone als Normalität eingepflanzt. Sie ist Besitztum, er zwingt sie mit seinem Donner, ihre »berechtigte« Eifersucht im Zaum zu halten. In einer Vielgötterei mussten die Menschen mit dem Dienst an und der Liebe zu mehreren Göttern umgehen. Und das gefiel dem großen Boss so ganz und gar nicht! Lassen Sie uns jetzt auf ein paar monotheistische Hühneraugen treten und schauen, wie sich der Allmächtige so als Treuevorbild macht.

Du sollst keine Götter neben mir haben – Gebote eines eifersüchtigen Gottes

Wer die Bibel nicht symbolisch liest, ertrinkt in Blut und Wahnsinn.
Eugen Drewermann

Gott war Einzelkind – und Vollwaise! Schon der Kabarettist und Autor Matthias Beltz, von dem diese Beobachtung stammt, verdächtigte Gott deshalb, ein Neider zu sein. Auch wir denken, dass keine Religionsform Eifersucht, Besitzdenken, Neid und Rachsucht so nahelegt wie die Eingötterei der drei abrahamitischen Glaubenssysteme von Juden, Christen und Muslimen. Egal, ob wir ihn Jahwe, Gott oder Allah nennen – gemeint ist derselbe, was das »Mein-Gott-ist-viel-stärker-als-deiner«-Gehaue in Jerusalem umso unfassbarer macht. Um an dieser Stelle nicht auszuufern, macht es Sinn, sich vor allem im Alten Testament umzusehen, weil es allen drei Konfessionen gemeinsam ist und mit ihm die so wesentliche Austreibung der alten Vielgötterei stattfand. Finden wir dort also wirklich den Glauben der Treue, Liebe und Monogamie?

Wir meinen, nein! Und wir würden diese infame Behauptung gerne begründen, denn unsere romantischen Phantasien und Ansprüche an uns, unsere Partner, kurz an die Liebe, wurzeln in genau dieser Weltsicht – egal, ob wir uns für religiös halten oder nicht.

Also, Gott und seine Gebote: Was möchte der Herr eigentlich von uns, seinen geschöpften Ebenbildern? Im ersten Gebot geht es nicht um uns, sondern um ihn selbst. Im zweiten auch und bei den Juden sogar noch im dritten! Er fordert, dass seine Geschöpften keine anderen Götter neben ihm haben sollen. Wir kommen hier bereits intellektuell ins Stolpern. Stellen Sie sich vor, da sitzt jemand allein mit Ihnen auf einer einsamen Insel und sagt: Sprich mit keinem anderen! Entweder halluziniert sich dieser Jemand seine Konkurrenz zusammen, oder er weiß etwas, was er Sie nicht wissen lassen möchte. In dem Fall hätte Gott sich die Schöpfungsgeschichte ausgedacht, und es gäbe doch noch andere Götter neben ihm. Auf jeden Fall zeigt Gott statt souveräner Gelassenheit als Vorbild für liebende Beziehungen ein gerüttelt Maß an Eifer- und Rachsucht.

In 2 Moses 20 steht es ohne Weichzeichner: »Denn ich … bin ein eifersüchtiger Gott: Bei denen, die mir feind sind, verfolge ich die Schuld der Väter an den Söhnen, an der dritten und vierten Generation.«

Sollten Sie als Christ deshalb jemals kalte Füße bekommen, diskutieren Sie Ihre Zweifel »um Gottes willen« nicht mit einem Glaubensbruder, denn Gott gibt (5 Moses 13) auch klare, konstruktive Hinweise zum Umgang mit Individuen, die einen ermuntern, zu einer anderen Glaubensrichtung überzutreten. Sollte es auch der beste Freund sein, die eigene Frau, der Bruder, Sohn oder Tochter: »so willige nicht darein. ... (du) sollst dich seiner nicht erbarmen ... sondern sollst ihn erwürgen. Deine Hand soll die erste über ihm sein, dass man ihn töte ... man soll ihn zu Tode steinigen, denn er hat dich wollen verführen«.

Wenn Sie also mit einem wirklich (!) bibeltreuen Christen/Juden/Muslim in interreligiösen Dialog treten, wird es das Letzte sein, was Sie auf Erden tun, bevor die Flammen der Gehenna Sie verzehren! Dieses Vorgehen des Vereinsaustritts nach dem Nur-mit-den-Füßen-voraus-Prinzip kennt man heutzutage gut von der Mafia.

Also – Gott ist schon mal eifersüchtig, ohne dass er einen Grund dazu mit erschaffen hätte (na gut, es war kein Geniestreich, damals Luzifer rauszuschmeißen, das hat ihm Presse, einen eigenen Wirkbereich und bei einigen wenigen sogar Sympathien eingebracht). Schauen wir uns aber nun an, wie er die Sache mit der monogamen Liebe unter seinen Geschöpften in der guten alten Zeit auf Erden gedeichselt hat.

Einigen jüdischen Schriften zufolge ging es gleich beim ersten Anlauf gründlich in die Hose. Gott stellte Adam zunächst eine ebenbürtige Partnerin zur Seite, die nicht aus seinen Körperteilen geklont, sondern aus demselben Lehm gebacken war wie er – Lilith! Das Problem an Lilith war, dass sie sich Adams schlichtem Verständnis der Ehe nicht fügen wollte. Will sagen, sie wollte sich weder intellektuell noch sexuell unterordnen und flog dafür aus dem Paradies. Und was tun unsichere Männer gerne, wenn sie abblitzen? Richtig, sie rufen: »Schlampe!« und zerstreuen sich mit einer anderen. Diese andere war dann die uns bekannte Eva, eine Art Lilith mit Wegfahrsperre. Lilith wird seitdem nur noch in wenigen Übersetzungen der Bibel überhaupt erwähnt (und dort stattdessen eher als »der Kobold« oder »das Nachtgespenst« bezeichnet, 34 Jesaja 14) und dann als Kinder mordende, Männern den Samen aussaugende Dämonin (die göttliche Version der »Schlampe«) in der Wüste. So weit zu den Folgen von Adams schlechter Presse. Feministinnen erklären Lilith deshalb gerne zu einer Ikone der Emanzipation und behaupten, dass das ganze Dilemma der Schöpfung aus der Ungleichheit zwischen Adam und Eva stamme, die so nie geplant gewesen war.

Natürlich gibt es auch noch das Gebot, nicht die Ehe zu brechen, aber man sieht am Beispiel Liliths und vieler, die noch folgten, was daraus wurde. Denn wenn nun eine Ehe jemals gottgewollt war, dann die zwischen Lilith und Adam. Nachdem Gott beim Versöhnen der beiden kläglich versagte, sorgte er trotzdem eilends für Ersatz in Form von Eva – und hiermit haben wir die erste Scheidung beziehungsweise den ersten Fall von Untreue.

Gleich bei Abraham ging es weiter. Abrahams Frau Sara schenkte ihm keine Kinder, und prompt kam ihr die sehr unromantische, aber praktische Idee, ihre Sklavin Hagar zur Leihmutter zu machen. Obwohl Gott Abraham gerade eine gewaltige Zahl von Nachkommen in Aussicht gestellt hatte und in seiner großen Liebe zu seinen Geschöpften direkt neben ihm Sodom und Gomorra inklusive der darin wohnhaften, sündigen Menschlein in Rauch aufgehen ließ, funkte er bei diesem Arrangement nicht dazwischen und strafte dafür weder Abraham noch Sara. Auch der Patriarch Jakob schwängerte wenig später ungestraft gleich vier Frauen.

Wir sehen also, dass die Sache mit Lilith Folgen hatte. Da Eva nur das Rippchen Adams war, waren ihre Töchter eben Menschen zweiter Klasse. Männer haben nun mal mehr als eine Rippe – da sollen die Weiber nicht murren, wenn sie eine unter vielen sind. Es ist deshalb auch nur logisch, wenn bei wechselndem Sexualkontakt die Frau die Besudelte ist und nicht der ebenso mehrfach verwendete Mann.

So geregelt in 5 Moses 24: »Wenn jemand eine Frau zur Ehe nimmt und … er etwas Schändliches an ihr gefunden hat und er einen Scheidebrief schreibt … und wenn sie dann … hingeht und wird eines andern Frau … und dieser andere Mann ihrer auch überdrüssig wird … so kann sie ihr erster Mann, der sie entließ, nicht wieder zur Frau nehmen, nachdem sie unrein geworden ist – denn solches ist ein Gräuel vor dem Herrn –, damit du nicht Sünde über das Land bringst.«

Sex mit der Ex ist also eine Sünde für das ganze Land!

Hier wird deutlich eine Grundrichtung erkennbar, oder? Die Frau ist beweglicher Privatbesitz des Mannes, und wenn sie nicht mehr zur Einrichtung passt, wird nicht die Tapete, sondern die Frau gewechselt. Wir sehen hier, wie tief und in gegenseitiger Ehrerbietung eine Ehe in Gott gegründet war: Überdrüssig? Mach Schluss per SMS! Die Sache mit Eva und dem Apfel rechtfertigt natürlich alle Schmach an allen Frauen, bis in alle Ewigkeit. In 1 Moses 3 stellt der liebe Gott die Sache ja auch gleich klar: »Dein Verlangen soll nach deinem Manne sein, und er soll dein Herr sein.« Sehr praktisch, oder frei nach dem Kabarettisten Hagen Rether: »Die ganzen Religionen sind ein einziger feuchter Männertraum.«

Auch die sogenannte Leviratsehe (5 Moses 25) ist denn eher praktisch als romantisch. Hier wird verfügt, dass ein Mann seine Schwägerin im Falle, dass sein Bruder kinderlos stirbt (was natürlich meint, dass er keinen Stammhalter hinterlassen hat, Mädchen zählen da nicht), heiraten und schwängern soll. Sollte der Schwager aber Gründe haben (von Liebe ist ja nie die Rede!), diesem alten Brauch nicht nachzukommen, hat seine Schwägerin statt eines Kindes das Recht, ihn öffentlich anzuspucken. Erheiternderweise hatte der Herr in 3 Moses 20 auch gesagt, dass es eine schändliche Tat sei, wenn jemand seines Bruders Weib nimmt und dass diese Ehe kinderlos bleibt. Da steht sich der große Boss mal wieder selbst auf den Füßen.

An gleicher Stelle findet sich übrigens auch der lange Strafenkatalog für etliche Arten von Nichtmonogamie. Die Liste der Vergehen ist variantenreich, die immer gleiche Strafe in den simplen Worten »und ihr Blut sei auf ihnen« zusammengefasst. Wer die Ehe bricht mit der Frau seines Nächsten oder irgendwelchen näheren Verwandten, der muss ebenso »ausgemerzt« werden wie Homosexuelle und Zoophile beiderlei Geschlechts (die Tiere sollen auch erwürgt werden!). Übrigens – sollten Sie in Ihrer Ehe jemals während der Menstruation »beieinandergelegen haben«, so erstatten Sie bitte Selbstanzeige bei einem Pastor Ihrer Wahl, und nehmen Sie einen Sack Steine mit!

Ausgerechnet der »Liebling Gottes« – das ist die Bedeutung des

Namen David – ging in seinem Begehren über Leichen wie kaum ein anderer. Nicht nur, dass er Bath Seba, eine verheiratete Frau, zu sich nahm und schwängerte, er machte sich danach auch sein Amt als König zunutze und ließ ihren Mann, einen seiner ergebensten Gefolgsleute, dort in den Krieg ziehen, wo er am härtesten war, und gab Befehl, ihn im Kampf allein zu lassen, damit er durch Feindeshand entsorgt würde. Mord auf Umwegen und aus niedrigen Motiven. Danach nahm David Bath Seba zu sich. Und auch hier straft Gott nicht etwa David oder Bath Seba, sondern ihr Kind (2 Samuel 11-12)! Nachdem er das unschuldige Kind der beiden hatte qualvoll sterben lassen, wurde das zweite Kind dieser äußerst unheiligen Familie der große König Salomon, der dann mit 1000 Frauen, Sklavinnen und Konkubinen der unangefochtene Spitzenreiter der Bibel in Sachen Nichtmonogamie wurde.

Im Orient herrschte damals wie heute übrigens eine sogenannte Schamkultur. Der Begriff der Ehre wird dort anders aufgefasst und ist sehr viel mehr vom Bild abhängig, das sich andere von uns machen, als in unserer westlichen Schuldkultur. Scham lässt sich offensichtlich besser vererben als Schuld und macht irgendwie in vielen Fällen unentspannter.

Man erlebt ja oft, dass verdrießliche einsame Männer aufblühen, wenn sie Kinder bekommen. Als Gott noch in fortgeschrittenem Alter Vater wird, kann man schon so etwas wie Milde feststellen.

In Bezug auf die Regeln seines Herrn Papa wurde Herr Jesus leider nicht wirklich entspannter, sondern verlagerte die Übeltaten ins Geistige. Wer ein Weib nur mit Begehren ansah, der hatte schon die Ehe mit ihr (!) gebrochen. Wer sich scheiden ließ oder eine Geschiedene zur Frau nahm, sündigte ebenfalls. Allerdings müssen diese armen Sünder laut Jesus nicht mehr »mit ihrem Blut bedeckt werden«, da hat sich was getan im Hause Gott und Sohn. Im Falle einer Ehebrecherin, die in flagranti ertappt wurde, rettete Jesus (Johannes 8) diese dann auch folgerichtig vor der Steinigung mit dem bekannten Satz: »Wer unter euch ohne Fehl ist, der werfe den ersten Stein.«

Zusammenfassen lässt sich das Kapitel »Treue und Liebe unter einem eifersüchtigen Gott« am besten mit einem Wort: Scheinheiligkeit! Vom ersten, na gut, vom sechsten Tag der Schöpfung an versagte das System Monogamie bei den Geschöpfen nach seinem Ebenbild spektakulär. Den Strafen, die Gott dabei ebenso üppig wie einfallslos im Stil der Herzkönigin bei »Alice im Wunderland« (Kopf ab! Kopf ab!) verhängte, entgingen aber alle seine Lieblinge. Er sinnflutete, schlachtete ab und ließ sengendes Pech und Schwefel auf seine Ebenbilder regnen. Aber den Monarchen David, den feige morden lassenden Wüstling, hinterließ er uns nicht als Opfer einer königlichen Steinigung, sondern als seinen Liebling. »Schwamm drüber« ist seitdem auch die Devise der Kirchen dieses Gottes, zum Beispiel bei Prozessen wegen pädophiler Neigungen ihres fehlbaren Bodenpersonals.

Ein Wortspielchen sei uns noch gegönnt. Das Wort Bigotterie, dessen Herkunft etwas umstritten ist, könnte man eigentlich auch erklären wie den Begriff Bisexualität. Der Bisexuelle begehrt zwei Geschlechter, der Bigotte liebt zwei Götter oder, biblisch ausgedrückt, »dient zwei Herren« – seinem Trieb und den edlen Weisungen des Gottes, der mit seinem alltäglichen Leben nichts zu tun hat. Die Hingabe an Gott sitzt im Neocortex und auf der Kirchenbank, während das Stammhirn des Menschen wild um sich schwängernd durch das wahre Leben und die Bibel geht. Wir finden nur, Gott sollte sich nicht über unsere scheinbare Fehlbarkeit beklagen – er hat uns schließlich nicht besser gebacken bekommen, und das angeblich nach seinem Vorbild!

P.S.
Um einer voreiligen Steinigung zu entgehen, bitten die offensichtlich gottlosen Urheber dieser satanischen Verse um Aufschub Ihres Urteils bis nach dem Lesen des gesamten Buches!

Leibfeindliches Liebesleben – Sexualerziehung à la Paulus von Tarsus

Ich finde, man sollte Gott als einen Segen betrachten und nicht als eine Bürde ... weißt du, ihr feiert euren Glauben nicht, ihr betrauert ihn.
»Die Muse« aus dem Film »Dogma«

Eigentlich hätte durch Jesu Opfertod eine große Freiheit ins Abendland einziehen können. Trotzdem hat sich das Christentum nicht gerade zu einem Nacktbadestrand sinnlicher Freiheit entwickelt, wo die einen ihre monogame Ehe haben und die anderen sich entspannt durcheinander vergnügen, wie sie mögen, weil sie sich auf das Opfer und die Liebe Jesu verlassen können. Es gab nach Jesus noch Menschen, die sich berufen sahen, sein Erbe zu verwalten. Die Sufis sagen in solchen Fällen gerne: »Wenn der Löwe tot ist, dürfen sich sogar die Schmeißfliegen ungestraft auf ihm tummeln.« Dieses neue, bürokratische Klein-Klein eines sexuellen How-to hat unsere Kultur und unser Empfinden leider nachhaltiger geprägt, als uns lieb sein sollte.

Deshalb sei hier der große erste Theologe des Neuen Testaments erwähnt, der »vom Saulus zum Paulus« der Christenheit. Als Psychologen würden wir ihn rigide nennen – auf Deutsch gesagt, war er ein ziemlich verkniffener, steifer Typ. Durch ein Erweckungserlebnis wurde er vom Christenhasser zum großen Missionar in Christi Namen bekehrt. Seine theoretische »Ausbildung« zum Apostel war dürftig. Paulus lehrte trotzdem selbstbewusst drauflos, obwohl er Jesus nie gesehen hatte, nur fünfzehn Tage bei Petrus war und ein bisschen Zeit mit Jakobus verbracht hatte. Auf dieser Basis wurden diverse christliche Lehrgebäude errichtet:

Paulus erwartete für sich und alle wahren Christen, direkt nach dem Tod das »Fleisch« abzulegen und aufzuerstehen, ähnlich wie Jesus. Er wollte deshalb seinen Körper »karmisch rein« halten, als Tempel Gottes. Wer sich fragt, wie das Christentum im Neuen

Testament zum instinktiven Teil des Menschen steht, der sei auf Galater 5 verwiesen.

»Die Werke des Fleisches sind deutlich erkennbar: Unzucht, Unsittlichkeit, ausschweifendes Leben, Götzendienst, Zauberei, Feindschaften, Streit, Eifersucht, Jähzorn, Eigennutz, Spaltungen, Parteiungen, Neid und Missgunst, Trink- und Essgelage und Ähnliches mehr. Ich wiederhole, was ich euch schon früher gesagt habe: Wer so etwas tut, wird das Reich Gottes nicht erben. … Die Frucht des Geistes aber ist Liebe, Freude, Friede, Langmut, Freundlichkeit, Güte, Treue, Sanftmut und Selbstbeherrschung; dem allem widerspricht das Gesetz nicht. Alle, die zu Christus Jesus gehören, haben das Fleisch und damit ihre Leidenschaften und Begierden gekreuzigt.«

Noch Fragen? Es geht darum, befreit zu werden von Stammhirn und Konsorten, die einen immer wieder auf den Teppich der irdischen Herkunft nageln. Die Empfehlung Paulus' lautet entsprechend, auf das Triebleben gänzlich zu verzichten. (1 Korinther 6) »Hütet euch vor der Unzucht! … wisst ihr nicht, dass euer Leib ein Tempel des Heiligen Geistes ist? … Ihr gehört nicht euch selbst.« Aha – der Leib ist Gottes Tempel. Wozu aber dann die Körpersaft-Sakristei im Keller des Heiligtums, und was tun mit ihr? Wer Einmotten nicht hinkriegt, muss drastischere Selbstverteidigungsmaßnahmen ergreifen – heiraten!

(1 Korinther 7) »Wegen der Gefahr der Unzucht soll aber jeder Mann seine Frau haben, und jede Frau soll ihren Mann haben. Der Mann soll seine Pflicht gegenüber der Frau erfüllen und ebenso die Frau gegenüber dem Mann. Nicht die Frau verfügt über ihren Leib, sondern der Mann. Ebenso verfügt nicht der Mann über seinen Leib, sondern die Frau.«

Wir können noch so aufgeklärt sein – tief in unserem Unbewussten sind all diese Glaubenssätze und Bilder der bösen Fleischeslust immer noch verankert und aktiv daran beteiligt, wenn wir uns um das brisante Thema Liebe, Sex und Partnerschaft Gedanken machen. Wer das nicht glaubt, der kann beim nächsten Small Talk mit Unbekannten einfach mal freundlich fragen, ob jemand heute noch gerne Sex hätte, oder in fröhlicher Plauderei das

Wort »Ficken« fallen lassen. Es wird bei Ihnen und den anderen für mehr Irritationen und rote Ohren sorgen, als wenn Sie nach Schnittchen gefragt oder das Wort »Sport« gebraucht hätten.

Also, Sex ist schmutzig und irgendwie nicht von Gott, sondern vom Teufel gegeben. Auf den sollten wir jetzt mal einen Blick werfen. Wenn wir nämlich genauer hinschauen, lässt das tief blicken, was die zusammengeklaute Autorität unserer Leitreligion und ihre größten Ängste angeht: Lebenslust und Selbstvertrauen!

Selbstbewusste Lebensfreude – das unsagbar Böse

The dehumanizing the victim makes things simpler ...
Disposable Heroes of Hiphoprisy, »The Language of Violence«

Ein schöner Tag im Franken des 8. Jahrhunderts. Ein Mann, eine Axt, eine Eiche. Aber es ist nicht irgendeine Eiche, und es ist auch nicht irgendein Mann. Vor allem geht es um mehr als Holzgewinnung oder Flurbereinigung im Vorgarten. Die scheinbare Heimwerkeridylle ist die dramatische Inszenierung eines göttlichen Duells. Eigentlich stehen sich hier in der Eiche und dem Axt schwingenden Missionar Bonifazius der seit Jahrhunderten ungeschlagene Lokalmatador »Donnergott Thor« und der exotische Herausforderer »Ich-bin-der-einzige-Gott« gegenüber. Natürlich erwarten die Heiden, dass das Menschlein gleich durch einen Blitz ihres Gottes in ein klägliches Häuflein Streugut verwandelt wird. Aber es folgt nur ein menschlicher Kraftakt, der beweist, dass vor dem orientalischen Obergott sogar der mächtige Thor kuscht. Aus Thors Massivholzimmobilie, Marke Eiche rustikal, wurde wenig später das Chorgestühl einer Kapelle, und aus den Heiden wurden Christen.

Nach ebendiesem Schema sind Besatzer und Eroberer immer vorgegangen. Um ihre Überlegenheit zu zeigen, suchen sie sich die heiligsten Objekte oder Kraftplätze der Vorgängerreligion und bauen auf oder am besten aus ihren »Trümmern« einen neuen Tempel. Das zeigt ihre Allmacht, zerstört den alten Kultplatz und verleibt sich gleichzeitig seine Kraft ein – und das funktioniert auch phantastisch mit den Göttern konkurrierender Glaubenssysteme.

Auftritt Satan! Wir haben ihn bislang ziemlich ignoriert, weil sich Gott im Alten Testament noch gerne selber die Finger schmutzig machte, um Mensch und Dämon mit schwarzer Pädagogik zu erziehen. Der Teufel gab mit Eva und dem »verbotenen Kernobst« nur den Startschuss zum menschlichen Elend und taucht danach nicht mehr besonders oft auf. Das Neue Testament steht für die Liebe Christi. Wurde Satan deshalb arbeitslos? Nein! Insgeheim ist er das einzig sinnige Argument für das religiöse Treiben, nachdem Gott seine Massenvernichtungswaffen ruhen lässt und wir uns die Hölle nur noch selber machen.

Ohne Teufel und jähzornigen Gott im Nacken und mit der Liebe und Vergebung Christi im Rücken könnte man sich auf diverse Ablenkungen vom tätigen Glauben einlassen. Damit das nicht passiert, wird all das, was einen da ablenkt, als Teufelszeug gebrandmarkt. Logisch sind auch dafür wieder mentale Verrenkungen nötig. Die fesche Frau Müller, die Herrn Meier davon abhält, sein Fleisch zu kreuzigen, ist vielleicht sehr monogam an ihren Mann gebunden. Der hat in ihr eine angenehme Möglichkeit gefunden, die Entweihung seines Körpertempels durch Unzucht abzuwehren. Trotzdem muss Frau Müller irgendwie vom Teufel sein … oder ist es die Begierde von Herrn Meier selber? Wie kommt die in den meierschen Tempel Gottes, und warum wäre der Sex keine Sünde, wenn er mit Frau Meier passiert? All das muss doch irgendwie mit dem Teufel zugehen!

Wenn man vom Teufel spricht, redet man über eine charismatische, facettenreiche Persönlichkeit. Das könnte daher kommen, dass es »den Teufel« eigentlich nie gegeben hat. Davon zeugen auch die vielen Spitznamen, die die Menschen diesem Wesen gegeben haben. Teufel, Satan, Beelzebub, Baal, Mephisto oder die Schlange sind die bekannteren davon. Und wenn untreuen Menschen eine Begegnung mit dieser Chimäre prophezeit wird, sollten wir schauen, aus was sie eigentlich zusammengelötet wurde.

Namen sind verräterisch, sie entlarven und zeigen, wes Geistes Kind ihre Träger sind – nomen est omen. Die Namen des Teufels führen uns denn auch mitten in die Götterwelt der anderen alten Religionen.

Im alten Syrien wurden mit Baal (Herr oder Meister) verschiedene Götter angesprochen. Vor allem aber ein sehr beliebter Fruchtbarkeitsgott, der Macht über Wind, Wolken und Regen hatte – wichtige Fähigkeiten in Gebieten häufiger Dürreperioden. Vonseiten der Christen hieß es nun aber bald, die Anhänger Baals opferten Kinder. In 4 Mose 25 vernichtet Gott deshalb auch 24 000 Israeliten, weil sie sich mit der weiblichen Anhängerschaft des Baal vergnügten und an deren Gottesdiensten teilnahmen. Interessant ist, dass Gott wohl früher selber Baal (Herr) Jahwe genannt und sein Regen gepriesen wurde.

Wie wir sehen, passiert dem freundlichen Baal das Gleiche wie Thors Eiche: Ein beliebter lokaler Gott wird durch Rufmord aus dem Feld geschlagen, und seitdem ist er ein dreigesichtiger, christlicher Tierdämon, der als der oberste König der Hölle gilt – ein weiter Weg.

Ein anderer Baal war ein weissagender Stadtgott der Philister. Die Christen verballhornten seinen Namen Baal Zebul (erhabener Fürst) zum Spottnamen Baal Zebub (Herr der Fliegen), und so wurde auch aus diesem netten Gott von nebenan ein Dämon der Christenheit – Beelzebub.

Der Name Satan kommt vom Wort Ankläger. Im Judentum gibt es übrigens keinen klassischen Satan als Gottes Widersacher, was ja auch unlogisch ist, da er ebenfalls sein Geschöpf ist. Dort ist Satan ein Engel, der Missstände anklagt, also den Advocatus Diaboli gibt. Das sieht man in der Bibel anhand der Geschichte von Hiob. Hiob wird von Gott als Beispiel an Frömmigkeit gelobt, und »der Satan« behauptet, das sei nur deshalb so, weil Gott es ihm gut gehen ließe. Danach erlaubt Gott Satan, Hiob durch Leid zu prüfen. Es stellt sich heraus, dass Hiob ein wahrer Gläubiger ist. Überhaupt ist Satan jemand, der durch seine Verführungskünste letztlich die »Spreu vom Weizen trennt«. Er tut damit natürlich nur Gottes Werk. Würde man Satan nach seiner Aufgabe fragen, dann würde er vielleicht so etwas sagen wie: »Es ist ein schmutziger Job, aber einer muss ihn ja machen!«

Wir glauben, dass ein guter Freund der ist, der nicht zu allem Ja und Amen sagt, sondern uns auch in wichtigen Punkten infrage stellt. Demnach wären Gott und Satan dicke Freunde. Ähnlich wurde das Verhältnis zwischen Judas und Jesus im Skandalfilm »Die letzte Versuchung Christi« dargestellt. Judas war Jesus der liebste Jünger und der Einzige, der entschlossen genug war, die historische Schuld des Verrats zu ertragen. Die dreißig Silberlinge hätten da nicht viel geholfen.

In Goethes Faust finden wir in dem Teufel Mephisto denn auch einen Geist, der »stets verneint«, aber dadurch, dass er das Böse will, nur Gutes schafft. Auch Mephisto hat, bevor er sich an Faust versucht, zunächst eine Absprache mit »dem Alten«. Das Wort Teufel, das vom griechischen Diabolos kommt, was Durcheinanderwerfer und Verwirrer meint, zeigt, dass wir im Teufel vor allem einen Unruhestifter finden. Einen, der göttliche Ordnung nachhaltig hinterfragt und vorübergehend durcheinanderwürfeln kann.

Wir meinen, diese Namenswahl ist kein Zufall, denn vor dem Chaos fürchten sich alle Despoten. Dieses chaotische Element finden wir auch in der Fleischeslust – einer extrem anarchistischen Lebenskraft, die sich um keine etablierte Ordnung schert. Ihr wohnt etwas Verneinendes, Verwirrendes inne. Der lustvolle Egoismus unseres Stammhirns steht christlichen Werthaltungen konträr entgegen. Er wird gesellschaftlich immer noch klar negativ bewertet.

Kommen wir zur Schlange, dann sehen wir, dass sie mit Fruchtbarkeit, Lebenskraft, Weisheit und dem Licht in Verbindung steht. In Mittelamerika finden sich beim zentralen Gott Quetzalcoatl, der Federschlange, sogar geradezu erschreckende Parallelen zum Leben Jesu. Er lebte zwar von Anbeginn der Zeiten, wurde aber vor seiner Inkarnation als Mensch von seiner Mutter Chimalman jungfräulich (!) durch das Verschlucken eines Edelsteins empfangen. Quetzalcoatl wird mit der Sonne und dem Morgenstern in Verbindung gebracht. Auch Jesus wurde übrigens früher Morgenstern oder Luzifer, das heißt Lichtbringer, genannt – ein weiterer

Name des Teufels. Quetzalcoatl opferte sich für die Menschheit durch Selbstverbrennung, so wie Jesus durch das Kreuz.

Bei den Griechen galt die Schlange ebenfalls als heilig. Durch ihre Häutungen war sie ein Symbol für Unsterblichkeit, Erneuerung, Hellsichtigkeit und Heilkraft. Wir kennen die Schlange des Äskulap vom Apothekenzeichen. Im Garten der Hesperiden beschützte eine vielköpfige Schlange einen Wunderbaum mit goldenen Äpfeln, die den Göttern ewige Jugend verliehen. Dieses Szenario wird Christen bekannt vorkommen, nur mit einer ganz anderen Besetzung.

Wer Yoga betreibt, wird von der Kundalini-Schlange gehört haben. Diese liegt zusammengerollt im Beckenboden des Menschen (eine ganz teuflische Stelle) und symbolisiert die stärkste feinstoffliche Kraft, die sozusagen als Verbindungsstück zum Grobstofflichen fungiert. Ziel der Yogis ist es, die Energie der Schlange vorsichtig durch den Körper zu lenken. Wenn sie sich jedoch unkontrolliert entlädt, soll das bis zu leicht psychotischen Zuständen führen. In der katholischen Kirche würde hier der Exorzist gerufen – in Indien käme der Yogi, um die Lebenskraft auf ihren Weg zu führen.

Werfen wir zum Abschluss noch einen Blick auf das Äußere des Teufels. In der bekanntesten bildlichen Darstellung finden wir nämlich einen weiteren entthronten Helden vor. Gehörnt, mit Ziegenbart, bocksbeinig und gespaltenen Hufen – das ist der früher hoch beliebte Hirtengott Pan. Pan stand Pate für so Furcht einflößende Dinge wie Musik, Tanz und Fröhlichkeit. Er muss den Kirchenvätern des Mittelalters wirklich Angst gemacht haben. Tanz, Musik und Frohsinn schaffen nämlich eine so konkrete Lebensfreude, dass es danach schwierig wird, die heiteren Schäfchen in Reih und Glied zu bringen. Forschungen zur Heilkraft von Klängen und Bewegung sowie Hundertschaften von Musik- und TanztherapeutInnen geben dem recht. Eine Klientin, die mit einer sexuellen Blockade in unsere Praxis kam, beschrieb sich als extrem leidenschaftlich auf dem Parkett und nannte Tanzen »vertikalen Sex« – teuflisch, teuflisch!

Wir sehen also: Das, was wir unter anderem Teufel nennen, ist eine bunte Patchworkdecke aus göttlichen Stoffen, die über das angeblich Böse gebreitet wurde. Unter dieser Decke finden wir Weisheit, Fruchtbarkeit, Selbstbewusstsein und vor allem Lebenslust und Fröhlichkeit. Wir meinen, dass die Kirche all das nie brauchen konnte. Wer will schon neugierige, mutige Schafe hüten? Es braucht ein paar Ängste als Schäferhunde, damit die Herde kuscht! Das schweißt zusammen, bringt auf Linie, hält Hierarchien und Machtverhältnisse stabil! Jesus ist aber für unsere Sünden gestorben, und demnach sind wir eigentlich frei wie die Vögel, oder? Aber weil Macht Angst braucht, wurde sie gezüchtet – sie steckt uns immer noch in den Knochen und macht sich breit in unserem Liebesleben. Eine echte Kirche der Liebe wäre ein ganz, ganz anderer Ort. Was wäre passiert, wenn sich Papst und Popen auf Augenhöhe mit den Leuten um ein erfülltes Leben hier wie da bemüht hätten, wenn die Körpersäfte und unser tierisches Erbe als ebenso erhaben wie die Vernunft gehandelt worden wären? Stellen Sie sich mal einen Gottesdienst mit Pater Pan vor! Statt Kreuzigung des Fleisches Fleischeslust pur und göttliches Chaos! Wenn Ihnen da spontan kein Bild kommt (oder Sie dieses Bild etwas verschreckt), gedulden Sie sich noch etwas – wir werden später über göttliche Ekstase sprechen. Zunächst soll es darum gehen, was der wirkliche Grund für tatsächlich teuflisches Treiben ist – es ist eine Art psychologisches Grundgesetz.

Jekyll und Hyde – wenn Es wirklich böse wird

Das Böse ist bloß eine Fiktion. »Mächte der Finsternis« haben niemals und nirgendwo existiert, es sei denn als geistige Viren in unseren Köpfen.
Michael Schmidt-Salomon, »Jenseits von Gut und Böse«

Jeffrey war ein äußerst schüchterner und verschlossener Junge, dabei war er recht gut aussehend und hätte durchaus Chancen bei Mädchen oder Jungen gehabt. Jeffrey hatte als erwachsener Mann mit mindestens 17 Männern und Jungen Sex. Allerdings gab er ihnen dafür Schlafmittel, bohrte dann teilweise Löcher in ihre Köpfe, um ihnen Säure ins Gehirn injizieren zu können, in der irrigen Hoffnung, sie so in willfährige Sexzombies verwandeln zu können. Er hatte Sex mit ihren Leichen, aß sie, fotografierte sich dabei und bewahrte Teile von ihnen in seiner Tiefkühltruhe auf. Er schrieb so als »das Monster von Milwaukee« amerikanische Kriminalgeschichte, wie bei uns Fritz Haarmann, »der Totmacher«, oder Armin Meiwes, »der Kannibale von Rotenburg«.

Es liegt nahe, hier zu sagen: »So sieht das Böse aus!« Interessanterweise meinen Bekannte oder Nachbarn von Triebtätern oder Amokläufern ziemlich übereinstimmend, dass diese immer »so nett« oder geradezu auffällig unauffällig waren.

Steckt dahinter ein System? Wir glauben, ja, und wollen kurz erklären, warum, denn daraus folgen für das Problem von Treue und Untreue wichtige Konsequenzen.

Eine sehr treffende Allegorie für unser Problem findet sich in der bekannten Kurzgeschichte von Dr. Jekyll und Mr Hyde. Dr. Jekyll ist ein ehrbarer Arzt, der von höchsten Idealen geleitet wird. Er experimentiert mit medizinischen Zaubertränken, um im Selbstversuch in sich das Gute vom Bösen zu trennen und dann Letzteres zu vernichten. Der Versuch gelingt und endet in einer Katastrophe. Durch die Trennung »entsteht« Mr Hyde – ein cholerischer, triebgesteuerter Wüstling, der sich in Kneipen herumtreibt, sich prügelt und sich in eine Prostituierte »verliebt«. Da Jekyll und Hyde denselben Körper bewohnen, sind die Folgen für beide verheerend, wie in einer Werwolfgeschichte. Jekyll versteht nur langsam, was sein anderes Ich so anrichtet, und will sich davon umso dringender befreien, was Hyde nur noch wilder, krimineller, gewalttätiger – ja, mächtiger macht. Die Geschichte endet mit dem Tod »der beiden«, denn nach alter Westernmanier scheint hier ein Körper zu klein für zwei so unterschiedliche Anteile.

In dieser Geschichte wird sichtbar, dass das Böse nur durch das Gute erschaffen wird. Es ist eigentlich egal, wer da von wem verdammt wird, wichtig ist die Art der Beziehung, die die Teile zueinander haben.

Wenn Menschen zu uns wegen einer Therapie kommen, dann haben sie meist ein Problem, das sie trotz wiederholter Versuche nicht loswerden konnten. Es ist so, als ob das Symptom (Kopfschmerzen, Orgasmusprobleme, Streitereien in der Partnerschaft, Schlafstörungen, Süchte, Zwänge etc.) einen eigenen Willen hätte und sich wehrt, wenn man es bekämpft. Das Frustrierende dabei ist, dass Symptome vernünftigen Argumenten überhaupt nicht zugänglich sind. Sonst hätte man das Problem ja auch mit einer Willensanstrengung selber lösen können. Aber das Großhirn hat dem Stammhirn leider ü-ber-haupt nichts zu sagen! Trotzdem gibt es Wege der Verständigung, die man nutzen kann.

Im Stamm- und Mittelhirn »spricht man eine andere Sprache« – die Sprache der Bilder und Symbole. Wer wie wir (Holger Lendt) mit therapeutischer Hypnose arbeitet, wird in der Trance sehr leicht Symbole oder sogenannte Stellvertreter für ein Symptom finden. Das Unbewusste zeigt eine Hemmung vielleicht als Affen, eine Schmerzattacke als Gespenst oder einen Tick als kleines, dämonisches Teufelchen. Dabei kann weder der Therapeut noch der Klient voraussagen, welches Bild erscheinen wird, denn das ist hochindividuell. Was wir aber bislang noch nie erlebt haben, ist, dass jemand sein persönliches Teufelchen auf Anhieb sympathisch fand. Da wird dann oft erst mal ignoriert, geflüchtet, gehauen, geschossen oder mit dem Flammenwerfer drauflosgekokelt, was das Zeug hält. Aber leider – niemals lässt sich dadurch irgendetwas verbessern! Wer auf das Symbol seines Symptoms eindrischt, der wiederholt nur, was er im normalen Leben auch tut. Er arbeitet dagegen an und empfindet das Symptom als Feind. Und genau das gibt dem Symptom seine unheimliche Macht, hält es weiter getrennt vom Bewussten und macht es – so seltsam das klingt – sauer! Also – was tun?

Aufeinander zugehen! Es fühlt sich paradox an, aber den blöden Affen in ein Gespräch zu verwickeln, sich selber mal aus der Perspektive des unheimlichen Gespenstes zu betrachten oder dem fiesen Teufelchen ein Puppenbett zu basteln, damit es mal ausruhen kann, verändert die Situation meist innerhalb weniger Minuten dramatisch. Aus dämonischen Figuren werden weise Ratgeber, Püppchen oder eindeutig freundlich gesinnte »MitarbeiterInnen« im eigenen Innenleben. Sie sehen plötzlich auch viel menschlicher aus. Wer es in so einer hypnotischen Trance schafft, gut Freund zu werden mit seinem Quälgeist, wird einen ganz neuen Blick auf das Problem und seine Lösung bekommen, und oft bessert sich das Symptom danach sogar von allein auf magische Weise.

Warum? Weil wir uns dem scheinbar Bösen so nähern, als ob es zu irgendetwas gut wäre. Als ob es einen Sinn hätte. Als ob es nicht irgendwas Erschreckendes wäre, sondern nur ein ungeliebter Teil unserer selbst.

Nach fast zwei Jahrzehnten Arbeit mit schwer Drogenabhängigen kann der männliche Teil unseres AutorInnenteams feststellen, dass er es immer mit Menschen zu tun hatte. Auch wenn mitunter Mörder, Triebtäter, Dealer, Zuhälter und sehr oft Gewalttäter zu dieser Klientel gehörten, lernte er nie Monster kennen, nur furchtbare Taten, entgleiste Gefühle oder zerstörerische Gedankengänge. Diese Menschen wollen lachen, lieben und ein schönes Leben haben, wie völlig normale Leute oder wie der Buddha sagen würde: »Alle fühlenden Wesen streben nach Glück.«

Wenn wir das auf unser Thema anwenden, dann könnte man sagen, dass das Stammhirn unseren monogamen Werthaltungen einen Strich durch die Rechung macht, weil wir ihm nicht angemessen begegnen. Wer auf animalisches Begehren eindrischt, als käme es vom Satan und nicht vom eigenen Unbewussten, der züchtet in sich im schlimmsten Fall tatsächlich etwas ziemlich Übles.

Im Film »Bowling for Columbine« von Michael Moore, der den Amoklauf zweier Schüler an der Columbine Highschool im Jahr 1999 analysiert, geht er verschiedenen möglichen Ursachen nach. Etliche »ExpertInnen« sahen in schlechten Vorbildern die Ursache, wie dem Schock-Rocker Marilyn Manson, der sich natürlich hervorragend für so eine Hexenjagd eignet. Michael Moore interviewte ihn und stellte ihm die Frage, was er den beiden Amokschützen gesagt hätte. Die weise Antwort dieses »diabolischen« Mannes war sinngemäß: »Ich hätte ihnen kein einziges Wort gesagt, sondern zugehört, was sie zu sagen hatten, denn das war es, was keiner je getan hatte!«

Menschen, die nicht von anderen als wertvolle Individuen gewürdigt werden, gehen oft sehr, sehr seltsame Wege, um doch noch dazuzugehören oder ihrer tiefen Enttäuschung auf furchtbare Art Luft zu machen. Genauso verhalten sich auch Teile unserer selbst, die wir aus irgendwelchen Gründen verdammen. Wer seine Lust für gefährlich hält, wird nicht enttäuscht werden. Wer Lust für etwas Wunderschönes hält, hat ebenfalls gute Chancen dafür, Bestätigung zu finden. Eigentlich liegt es nicht so sehr an der Lust, sondern an der Art, wie wir uns zu ihr in Beziehung begeben. Gott und Teufel, Treue und Untreue an einen Tisch zu setzen wäre die Maßnahme der Wahl, um den Kampf zu beenden. Das halten wir für die einzig vernünftige Teufelsaustreibung, oder um es mit einem netten Therapeutenspruch zu sagen: Gespenster sterben am Licht! Lassen Sie uns diesbezüglich kurz Licht machen im Dilemma des Hier und Jetzt.

Süchtige FremdgeherInnen – schwere Zeiten für Beziehungen

Die Männer, die mit ihren Frauen am besten auskommen, sind dieselben, die wissen, wie man ohne sie auskommt.
Charles Baudelaire

Was müsste man tun, um es Menschen so schwer wie möglich zu machen, dass sie miteinander glückliche Beziehungen führen? Wir hätten ein paar Ideen:

Man müsste die Bedeutung einer Beziehung so übertreiben, dass alle angsterfüllt an die Sache herangehen. Man müsste eine vollkommen unrealistische Erwartungshaltung fördern, also unendliches Glück in Aussicht stellen und unangenehme Seiten verschweigen. So gibt es niemals positive Überraschungen, sondern nur negative. Diese Enttäuschungen müssten dann dadurch erklärt werden, dass es nicht »der« oder »die Richtige« war, sonst hätte es geklappt. Man müsste so viele Ratschläge und Rezepte dafür geben, wie man eine Beziehung richtig führt, dass die Intuition der Menschen völlig verloren geht und sie verwirrt zurückbleiben. Man müsste immer wieder betonen, wie anders der andere ist, damit sie Gemeinsamkeiten übersehen, durch die sie eine Verbindung zueinander bekommen könnten. Man müsste ihr Selbstbewusstsein schwächen, damit sie sich unwert fühlen, mit dem anderen zusammenzukommen. Man müsste ihnen raten, deshalb eine Maske aufzusetzen, damit der andere sie nicht durchschaut, und ihnen beibringen, dass sie so, wie sie sind, den anderen nicht verdienen. Wenn sie dann irgendwann anfangen zu glauben, dass die Maske wichtiger ist als sie selbst, sollte man ihnen sagen, dass die Maske des anderen niemals den Wert ihrer eigenen unterschreiten sollte. Man müsste sie mit Unsinn ablenken, damit sie sich nicht erinnern, wie schön sie wirklich sind, sondern sich hinter ihrer Maske einsam, isoliert und sehnsüchtig fühlen. So steigt der Wunsch nach einer Beziehung, danach, sich endlich mal ohne Maske sehen zu lassen, immer weiter an, während die Angst davor, die Maske wirklich abzunehmen, ständig größer wird. Man müsste ihnen dauernd andere Masken vorführen, damit sie sich ständig fragen, ob der andere auch wirklich die beste Alternative ist, und sie Ausschau nach weiteren Partnern halten.

Welcher Sadist könnte und würde so etwas Furchtbares tun? Antwort: wir alle – mit vereinten Kräften! Was wir momentan mit gemeinsamen Anstrengungen in Sachen Liebe an Tragödien zustande bringen, ist faszinierend und höchst problematisch.

Aufklärung und Wissenschaft haben Gott und viele religiöse Tugenden im Laufe der Jahrhunderte in die Enge, wenn nicht gar ausgetrieben. Die Logik von Vergeistigung und Entsagung ist uns deshalb auch weitgehend fremd geworden. Der Kapitalismus als Leitidee verlangt nämlich das Gegenteil der Entsagung von uns: ungebremsten Konsum und Götzenanbetung (haben Sie schon mal eine Horde Männer bewundernd um eine aufgemotzte Harley stehen sehen?)! Das Zurückstellen von Bedürfnissen wäre ein echtes Problem für den Kapitalismus, also predigt die Werbung mehr und mehr frühere Sünden als Tugend. »Macht süchtig« gilt inzwischen als Qualitätsmerkmal für Produkte! Sex ist auch ein riesiges Verkaufsargument und wird uns immer offensichtlicher unter die Nase gerieben. Wenn wir uns mal auf eine beliebige Straße stellen und geistig sämtliche Werbung auszublenden versuchen, bemerken wir vielleicht, in was für einer Suppe von Suggestionen wir täglich eingeweicht werden. Das Problem ist, dass die Werbung mit ihren Bildern in der Sprache des Unbewussten sendet und das Bewusste mühelos umgeht. Wir können Werbung so dämlich finden, wie wir möchten, sie wirkt trotzdem.

Das bedeutet für unser Thema Treue und Untreue eine ganze Menge. Wer den ganzen Tag von den Kollegen aus der Werbung unterhalb des eigenen Radars beschossen wird, kann mit Auswirkungen rechnen, die sein Selbstwertgefühl, seine Idee von Genuss, Erfüllung und auch Beziehungen betreffen. All das und mehr wird aber nicht in Ihrem, sondern im Sinne der Konzerne manipuliert.

Haben Sie sich mal in aller Ruhe eine moderne Frauenzeitschrift angeschaut (Männerzeitschriften funktionieren natürlich genauso)? Da heißt es auf Seite 8 »Die neue XY-Diät« (Übersetzung der Botschaft ans Unterbewusste: Bist du nicht schon wieder zu fett geworden?), auf der nächsten »Finde dich selbst durch Yoga« (Übersetzung: Wenn du nur mehr bei dir selber wärst, könntest du dich endlich lieben), danach »Unwiderstehliche Naschereien selbstgemacht« (Übersetzung: Greif zu und genieß das Leben – du hast es dir verdient), gefolgt von einer sechsseitigen Fotoserie mit magersüchtigen Modells, denen die Beine übrigens gerne um 10 bis 20 Prozent im Photoshop verlängert werden, sodass sie Standards setzen, die keine lebende Frau jemals erreichen wird (Übersetzung: Du wirst niemals wirklich dazugehören … schäm dich!), und dann kommt noch ein Interview mit »Hollywoods sexiest Schauspielerin ever«, die zwischen Hochglanzporträts im lasziven Look als total natürlich geblieben beschrieben wird (Übersetzung: Siehste! Alles geht, wenn frau nur will – dass du weniger erreicht hast, liegt an dir, du taube Nuss).

Das Ganze ist widersprüchlich angelegt, und was nachhaltig wirkt, ist das, was zwischen den Zeilen steht: Wichtig ist, was uns sichtbar aufwertet in der gesellschaftlichen Hierarchie. Eben weil die Botschaften widersprüchlich sind, ist es unmöglich, ihnen gerecht zu werden, und so bekommen wir unausweichlich dieses leise nagende Gefühl der Unzulänglichkeit, das wir uns oft nicht mal erklären können. Einmal entwurzelt, fühlen wir uns hohl, einsam und sind damit anfällig für weitere Einflüsterungen von außen. Wir folgen dann viel eher der Logik: »Renn schneller, dann bekommst du das, was dich endlich zufrieden macht.«

Auch in der Liebe kommen wir weg von uns. Vor dreißig Jahren waren die Jugendlichen mit technischen Fragen zur Aufklärung beschäftigt wie: »Kann ich vom Küssen schwanger werden?« Es ist wundervoll, dass wir das überwunden haben, aber die neuen Fragen gehen nun in Richtung Performance im Bett. Die Frage: »Sehen meine Brüste gut aus, wenn wir es in der Missionarsstellung tun, oder sollte ich sie besser festhalten, damit sie nicht zu viel dabei wackeln?«, lässt erahnen, wie genussvoll der Sex wird, wenn auch der letzte Winkel des Trieblebens ausgeleuchtet und mit Vorgaben vollgestopft ist. Was bei uns mit denen passiert, die keine gute Performance bieten, wird zur besten Sendezeit im Fernsehen vorgeführt. Ein Mann wird johlend beklatscht, wenn er im Fernsehen die Darbietungen hoffnungsvoller Musiker mit fachlich sinnfreien Sprüchen wie: »Das klingt, als ob sie dir den Arsch zugenäht haben und die Scheiße jetzt oben rauskommt!«, kommentiert.

Da werden Standards für den Umgang mit Menschen gesetzt, die sich direkt auf unser Beziehungsleben auswirken. Eine Gesellschaft lebt mehr und mehr im Jugendwahn und scheint auch psychologisch die Pubertät zum Dauerzustand erklärt zu haben. Logisch – aus jeder Ecke kommt ein neuer Trend, zu dem man sich verhalten muss, und so fühlen sich viele ein Leben lang so unsicher wie ein Zwölfjähriger, der nicht weiß, was er zur nächsten Party anziehen soll. Das Selbstwertgefühl ist dermaßen abhängig von Äußerlichkeiten und dem Applaus, den wir dafür bekommen, dass wir extrem verletzbar geworden sind.

Wir können Zusammenhalt entweder durch gemeinsame Vorlieben und Interessen oder gemeinsame Gegner schaffen – Letzteres ist sehr viel leichter, und das ganze Läster-TV basiert auf dieser Variante. Wir lachen über alles und jeden, und das umso lauter, je größer unsere Angst ist, irgendwann durch einen dummen Fehler auf der anderen Seite der ausgestreckten Zeigefinger zu stehen.

Gibt es da keine Gegenbewegungen? Doch – immer wieder! Aber leider gibt es wirklich nichts, das der Kapitalismus sich nicht einverleiben, entschärfen, verkaufen und bis zur Inhaltsleere verflachen könnte. Sex wurde von den Hippies tatsächlich befreit, aber bald für die Werbung genutzt und zur Leistungsschau erhoben. Auch vom Ideal der Bewusstseinserweiterung erinnert man nicht mehr viel, aber die weiten Schlabberkleidchen gibt es immer mal wieder auf Laufstegen oder dem Grabbeltisch zu kaufen, wenn der Hippie-Look wieder »totaaaal in« ist. Wer dann geschmückt mit den Attributen dieser Ära durch die Straßen läuft, hat aber zumeist keine Ahnung von den psycholytischen Drogen, die für die verworren-knalligen Muster auf seinem Shirt verantwortlich zeichnen. Nach freier Liebe sollten Sie im kichernden Pulk junger Hippie-Imitationen lieber gar nicht fragen. Da wird kräftig pubertierend von monogamer Liebe geträumt. Die Idee des beginnenden Wassermannzeitalters gibt es im Kapitalismus also nur wenige Jahrzehnte nach ihrer Entstehung inflationär zu absoluter Bedeutungslosigkeit aufgeblasen in den gängigen Läden von der Stange.

Statt Gott definiert jetzt also die Marktlogik unsere Welt. Die böse Lust gibt es offiziell nicht mehr, stattdessen ist sie zu Markte getragen, als Ware ausgeschlachtet und vollkommen banalisiert worden. Das Gleiche passiert mit allen anderen Unruhestiftern. Sie werden mit in Talkshows empfangen, kopiert und dann bis zur Bedeutungslosigkeit entstellt verhökert.

Narzissmus, Eitelkeit und histrionische Selbstdarstellung sind gängige Leitbilder geworden, denn sie dienen dem Verkauf. Aber diese Logik der Selbstdarstellung macht aus uns – auch uns selber gegenüber – Objekte. Wir spüren uns nicht mehr von innen, sondern »betrachten uns« wie ein Außenstehender und bewerten uns anhand von Kriterien, die nicht die unseren sind. Wir suchen den Partner fürs Leben, und damit wir uns »den besten leisten können«, müssen wir mit allen Mitteln an unserem eigenen Marktwert arbeiten. Wer sein Image dann für die Partnersuche »gepimpt« hat, der will natürlich auch das beste Liebesobjekt »erwerben«.

Wir haben also ein System religiöser Unterdrückung abgeschafft und sind in einer Gesellschaftsform gelandet, die Aldous Huxley in seinem Roman »Schöne neue Welt« hervorragend beschrieben hat. Wir werden nicht mehr totalitär unterdrückt, sondern auf unbewusster Ebene zu idealen Untertanen erzogen – leicht lenkbare Sklaven des Konsums, dic nichts mehr lieben als ihren goldenen Käfig und die nichts mehr fürchten als die Freiheit und den Blick nach innen. Keine guten Voraussetzungen für Partnerschaften, wenn wir uns schon selbst kaum aushalten ohne laufenden Fernseher, Musik im Ohr, Coffee to go oder uns selbst mit Arbeit zuzuschütten. Wie sollen wir uns mit einer immer kürzer werdenden Aufmerksamkeitsspanne und abnehmender Frustrationstoleranz noch den schwierigen Fragen einer Beziehung widmen? Und warum sollten wir viel Zeit in ein fragwürdiges Liebesobjekt investieren, wenn die Welt nur so wimmelt von attraktiveren Alternativen?

So sehr, wie uns eine tiefe Liebe infrage stellt, so sehr kann uns eine lockere Affäre in unserem Selbstwertgefühl bestätigen und stützen, ohne wirklich bedrohlich zu werden. Anstatt also eine Beziehung über längere Zeit intensiv in die Tiefe zu führen, führen wir viele kurze intensiv »in die Breite«. Fremdgehen bekommt da eine gewisse Logik. Wenn »alles geht«, warum nicht auch fremd? Wer das Fremdgehen für sich entdeckt hat, kann durchaus zu einem »süchtigen« Wiederholungstäter werden, denn zunächst fühlt sich eine Affäre sehr erfüllend an, aber dieses Gefühl lässt meist schnell nach. Nachschub gibt es ja immer – im Kapitalismus.

Seitdem Gott für tot erklärt wurde, ist auch die Magie aus unserem Leben verschwunden, und unser Dasein wird ersatzweise gefüllt mit unnützem oder sogar gefährlichem Plunder. Es mag nach den wenig respektvollen Kapiteln zum Thema Christenheit und Religion erstaunen, dass wir das nicht begrüßen. Ein physikalisches Gesetz lautet aber, dass in der Natur nichts verloren geht, und so scheint es auch oft in der Psychologie zu sein. Das menschliche Ur-Bedürfnis nach Magie und dem Wunderbaren, das über uns hinausreicht, ist ganz offensichtlich nicht verschwunden – es ist nur umgezogen. Der Esoterikmarkt boomt, Harry Potter und Vampirfilme sind hoch beliebt, und als letzte Bastion für besonders stark Vernünftelnde gibt es noch das Refugium der romantischen Partnersuche. Die Idee, dass es »da draußen« den »Einen« oder die »Eine« für jeden von uns gibt, ist wunderschön, aber sicherlich wenig vernünftig. Es entspricht weniger unserem Sinn für Realität, wenn wir alles daransetzen, diesen einen Seelenverwandten zu finden, als unserer tiefen Sehnsucht danach, von unserer Isolation erlöst zu werden, Teil von etwas Größerem zu werden, die Leere in uns gefüllt zu bekommen. Das Problem ist, dass das Ideal der romantischen Zweierbeziehung unseren Beziehungen deutlich geschadet hat. Wir würden sogar behaupten, dass es zu den Hauptverdächtigen gehört, wenn es um die Schuldfrage an der Untreue geht.

Das romantische Ideal macht untreu – das AMEFI-Dilemma

»Herrgott, Carolyn! Wann bist du nur so freudlos geworden? …
Was ist nur aus dem Mädchen geworden, das … aufs Dach unseres ersten Appartementhauses gerannt ist, um sich vor den Verkehrshubschraubern zu entblättern? Hast du sie etwa völlig vergessen? Ich nämlich nicht!«
»Lester, gleich verschüttest du das Bier über die Couch!«
Kevin Spacey, »American Beauty«

Vielleicht kennen Sie es schon, das Kunstwort AMEFI? Es wird mit einem Augenzwinkern verwendet, denn es hat einen ziemlich klinisch-kalten Klang, bezeichnet aber das Ideal dessen, was wir heutzutage als romantisch betrachten.

AMEFI steht für den Wunsch »Alles Mit Einem Für Immer«,

und die riesige Mehrheit der Menschen in unseren Breitengraden wünscht sich genau das. Einen einzigen Menschen, mit dem man in einer Partnerschaft alles teilen kann, und diese Beziehung dann ewig auf diesem Niveau zu führen. Das sind drei Wünsche auf einmal, und in der Kombination sind sie für Partnerschaften geradezu tödlich, weil es real existierenden Beziehungen prinzipiell unmöglich ist, all dies zu erfüllen. Wir können in diesen drei Wünschen übrigens auch die Wünsche unserer drei Gehirne wiedererkennen.

Unser Stammhirn will Erregung, Abwechslung, Leidenschaft – eben alles, was Spaß macht. Irgendwie ist es bezeichnend, dass dieser egoistischste Wunsch ganz vorne steht in einer Formulierung, die die Liebe betrifft.

»Mit Einem« meint die exklusive emotionale Bindung an einen Partner, und das entspricht unserem Herzen, unserem emotionalen Selbst. Diese beiden Wünsche in Kombination sind bereits – diplomatisch formuliert – leicht überfordernd, oder kennen Sie einen einzigen Menschen auf dieser Welt, der Ihnen in allem entspricht? Und eine weitere Frage sei erlaubt: Wäre so jemand für uns überhaupt reizvoll? Eben! Die Spannung zwischen zwei Menschen entsteht nämlich zu einem guten Teil aus der Andersartigkeit des anderen. Wir wollen eine gemeinsame Basis und obendrauf ein bisschen Spannung und Ergänzung.

Und nun wird es ganz bizarr. Dieser Zustand, der quasi nicht herstellbar ist, soll obendrein konserviert werden – für immer und ewig! Sie erinnern sich an unseren kleinen Vergleich mit dem Bach, den man versucht, im Aquarium nach Hause zu tragen? Eine reizende Idee – wer abgestandenes, fauliges Wasser will, ist damit gut beraten. Es gibt durchaus Ehen und Partnerschaften, denen etwas Vergleichbares passiert ist. Was als große Liebe zwischen zwei neugierigen Menschen begann, wechselte nach einigen Monaten die Farbe, später den Geschmack, dann die Form, und irgendwann stehen beide vor dem Paarberater und sagen Sätze wie: »Wir sind bis zur Unkenntlichkeit miteinander verheiratet!«

Im AMEFI sind wir auf der Suche nach dem vollkommenen Liebesobjekt, von dem unser Glück abhängt. Wenn unsere Liebe scheitert, muss es am Partner liegen, und der stürzt jetzt in unserer Achtung rasend schnell ins Bodenlose. Er ist falsch – er muss ausgetauscht werden, denn da draußen ist die Welt voller Alternativen, und da es ja nur »den Einen« gibt, ist ganz klar, dass wir mit dem hier nur unsere Zeit vertrödeln.

Auf diesem Boden wuchert natürlich auch die Untreue! Wir können und wollen alles haben. Wir probieren aus, aber wir binden uns nicht gerne, da uns der Partner ja vielleicht doch enttäuschen könnte. Oft haben wir nicht parallel mehrere Partner nebeneinander, sondern nacheinander. Willkommen in der Ex-und-hopp-Beziehungswelt!

Das AMEFI ist der Feind der Liebe, weil es völlig überzogene Erwartungen in uns pflanzt. Wir hinterfragen diesen Unsinn nicht, denn er passt zur schicken Anspruchshaltung eines modernen Konsumenten. Allerdings werden dadurch Menschen zu Objekten und damit ebenso austauschbar wie Computer. Das führt zu einem Beziehungsmodell, das aktuell das am weitesten verbreitete ist – der seriellen Monogamie.

Serielle Monogamie – Dauersingles mit Pausenbeziehungen

Der Beziehungsumsatz pro Leben steigt!
Uli Clement, »Wenn Liebe fremdgeht«

»Ich weiß auch nicht, was ich falsch mache!« Frau Fuchs sitzt bei uns in der Beratung für Singles. Sie ist Mitte dreißig, hat einen guten Beruf mit vernünftigem Einkommen, viele Hobbys, einen netten Freundeskreis, ist intelligent, selbstständig und macht einen attraktiven Eindruck. Nichts einfacher, als für diese Dame einen Mann zu finden, denken Sie? Stimmt – wenn Frau Fuchs nur nicht an chronischem AMEFI leiden würde!

Frau Fuchs hat bei uns ein »Rendezvous mit Rückmeldung« im Rahmen eines ganztägigen Singlecoachings gebucht: eine Bar nahe unserer Praxis. Lisa Fischbach an der Kamera und Holger Lendt am Tisch mit einer Dame, die er bis dahin nur aus dem Mailverkehr kannte. Ein Standardszenario der modernen Partnersuche. Wir simulieren, sehr nah an der Realität, was Frau Fuchs in den letzten Jahren dutzendweise erlebt hat – neuer Kerl, neues Glück … mal wieder. Allerdings ist diesmal schon von Anfang an klar, dass »aus uns« kein Paar wird. Wir wollen stattdessen das Dilemma von Frau Fuchs verstehen und die ersten Schritte auf einem neuen Weg mit ihr gehen.

Frau Fuchs ist seit etwa drei Jahren Single. Sie wünscht sich eine Familie und hört ihre biologische Uhr immer lauter und bedrohlicher ticken. Sie hatte schon ein paar Beziehungen, aber immer das Gefühl, nur Kompromisslösungen zu leben. »Es war einfach noch nicht der Richtige dabei«, sagt sie.

Der Richtige! Dieses Schreckgespenst durchgeistert das Leben vieler Singles. Auf der Suche nach ihrem Prinzen durchwaten viele Frauen ein von Fröschen übervölkertes Moor, das mit den Jahren mehr und mehr an die Sümpfe der Traurigkeit aus der »Unendlichen Geschichte« erinnert. Je tiefer man hineingeht, desto schwerer legt sich eine bleierne Melancholie auf das Gemüt, sodass es nur eine Frage der Zeit ist, wann man sich im kalten, schwarzen Schlamm versinken lässt – hoffnungslos und lebensmüde. Auch Frau Fuchs droht zu verzweifeln, und wir können ihren Schmerz gut verstehen. Allerdings haben wir bereits eine Ahnung, was Frau Fuchs tut, damit sie Single bleibt und mit Männern immer wieder sehr ähnliche frustrierende Erfahrungen macht.

Es gibt »zwei Sorten Männer«, denen sie begegnet. Die einen wollen sie und geben sich Mühe, ihre Gunst zu erwerben, aber sie findet diese Männer meist nur nett und nicht mehr. Ab und zu trifft sie aber auch die seltenere zweite Variante: Männer, die irgendwie souveräner wirken und wissen, was sie wollen – nur leider gehört Frau Fuchs selten dazu! Wenn doch, dann hat sich bislang stets »nur« eine kurzfristige, eher leidenschaftliche Liaison aus solchen Kontakten ergeben.

Wir sehen, dass bei Frau Fuchs Flirten eher ein Vorstellungsgespräch ist als ein Spiel mit Energien. Wir wissen nach kurzer Zeit viel von den Basisdaten Hobbys, Beruf, Familienstand etc. Ich – Holger Lendt – fühle mich freundlich analysiert, aber ich habe keine Ahnung, wie Frau Fuchs mich eigentlich findet, wie es sich anfühlen würde, mit ihr »zusammen zu sein«. Sie sammelt Daten über mich und reicht mir ihre Daten im fairen Austausch, aber wir haben eigentlich nur eine verbale Kontaktanzeige erstellt. Ich habe ihr auch kleine Einladungen zum »Spielen« gemacht, aber sie hat eher zurückhaltend reagiert. Es wird deutlich, dass Frau Fuchs sich und mich als Puzzlestücke begreift, die schauen müssen, ob sie zueinanderpassen – auch vom Marktwert her. Wir verhalten uns objekt-iv.

Was Frau Fuchs naturgemäß kaum sehen kann, ist, dass sie aus sich und mir Objekte macht. Objekte aber prüft man, man geht nicht in Kontakt mit ihnen. Sollte ein Mann sie nun interessant finden, wird ihn ihre prüfende Haltung eher verunsichern, und er wird entsprechend agieren. Frau Fuchs wäre demnach das wertvollere Liebesobjekt und hätte gewonnen – aber leider verliert sie dabei ihr Interesse am Gegenüber.

Wir meinen: Eine vernünftig geplante Partnerschaft entspricht der arrangierten Ehe aus alten Zeiten! Singles suchen heute oft so sachlich wie einst eine Eheanbahnerin und glauben, damit die besten Voraussetzungen für Schmetterlinge im Bauch zu schaffen! Vielleicht hätten zwei Menschen, die sich auf diese Weise begegnen, auch die Möglichkeit, ein tolles Paar zu werden, aber sie sind gar nicht bereit, das zu tun, was bei arrangierten Vernunftehen passiert, nämlich sich erst (!) zu binden und sich dann im Laufe von Jahren überraschen zu lassen, ob sich auch Gefühle einstellen, die über eine kollegiale Partnerschaft hinausgehen.

Frau Fuchs geht mit dem Verstand an die Sache heran, erwartet aber eine Wolke von Schmetterlingen! Wir müssen Frau Fuchs nun auf Video zeigen, dass sie in kleinen Szenen, in denen sie weniger kontrolliert, vielleicht sogar kurzzeitig verlegen reagiert hat, eher flirtet als sonst. Hier ist sie »an Deck«, wird körpersprachlich lebendig, agiert ganz kurz aus dem Bauch heraus, nimmt sich aber dann zurück – vermutlich um sich »nicht von falschen Gefühlen leiten zu lassen«! Wenn sie aber nicht ihr Herz sprechen lässt, wieso sollte das Herz ihres Gegenübers antworten? Wir bleiben beide vernünftig!

Männer, die Frau Fuchs toll finden, gleiten an ihr ab und sinken ihr zu Füßen – das sind »die Netten«, die sie aber nicht reizen. An Männern, die sich selbst toller finden als sie, perlt aber die verunsicherte Frau Fuchs ab und wird dann entsprechend nicht als die große Herausforderung empfunden. Vielleicht als nette Affärenpartnerin, aber nicht mehr! Wer »liebt«, verliert – sehr romantisch!

Die Marktlogik kennt nur Verlierer. Partner werden kritisch nach Verwertungslogik beurteilt und deshalb nur selten für gut befunden. Die Beziehung, die dann folgt, muss aber den AMEFI-Test bestehen und wird dabei fast sicher versagen. Nur wenige Menschen trennen sich irgendwann von diesem Ideal und schauen, was die Beziehung vielleicht zu bieten hat, wenn man sich zur Abwechslung an ihr orientiert. Die meisten aber werfen den Partner raus und nicht ihre Vorstellungen, wie die Liebe gefälligst zu sein hat – selbst wenn sie (wie Frau Fuchs) von sich selber sagen, dass sie dieses Gefühl eigentlich noch nie so richtig empfunden haben.

Wenn das Wort Treue sich ableitet von »stark« und »fest« und damit Zuverlässigkeit gemeint ist, dann sollten wir uns Gedanken machen, ob es von besonderer Stärke oder Zuverlässigkeit zeugt, wenn wir die Beziehungen wechseln, sobald der erste Glanz erloschen ist und der Partner zeigt, dass er ein Wesen ist, das nicht nach unseren Träumen geschnitzt wurde. Die Liebe hat vermutlich nie den Anspruch gehabt, zwei Menschen in trauter Zweisamkeit für ein ganzes Leben aneinanderzubinden. Liebe hat vor allem etwas mit Aufbruch zu tun und damit, dass zwei Individuen ihre Komfortzone fasziniert verlassen, um sich auf die Suche nach dem schillernden Möglichen zu machen, das die Luft erfüllt, wenn sie zusammenkommen.

Die besonders »ernsthaft suchenden« Frauen spielen eigentlich in einer Liga mit den Männern, die sie verachten, weil sie sie nach Abebben der ersten Leidenschaft verlassen. Die Männer wollten vielleicht Sex und Spaß, und wenn der nachlässt, wird die Partnerin ausgetauscht. Aber auch die Frauen wollen »nur das Eine«. Sicher – eine Familie zu wollen sieht moralisch besser aus und ist eine anspruchsvollere Zielsetzung. Letztlich ist dies aber auch nur ein Zweck, für den wir einen anderen Menschen als Mittel benötigen. Wenn der männliche Partner im AMEFI durchfällt, wird er genauso unerbittlich ausgetauscht wie die Frau vom Mann, wenn sie den unverbindlichen Sex mit ihrem »doofen Geklammere« verdirbt!

In beiden Fällen ist das Gegenüber Mittel und nicht Zweck! Ist das im Sinne der Liebe?

Das Schlimmste ist, das diese Art zu suchen nicht nur nicht liebevoll ist, sondern auch so oft fehlgeht. Man könnte sagen: Suchet, und ihr werdet suchen. Wer findet, muss nicht zwingenderweise vorher gesucht haben. Wer prüft, sucht nach Fehlern, und die wird er finden. Den anderen in seinem So-Sein wird er dabei verpassen.

Wenn Sie glauben, das sei übertrieben, dann haben Sie noch nicht mit anhören müssen, dass sich angeblich verzweifelt Suchende – besonders Frauen – mitunter von »echt faszinierenden Männern« trennen, weil diese sich auf einem Geschäftsempfang nicht adäquat zu benehmen wussten oder nicht ins gleiche Horn stoßen wie der Freundeskreis, wenn es um Musikgeschmack und Modefragen geht. Manchmal weht ein wahrlich eisiger Wind durch unsere Praxis, und es ist logisch, dass die Menschen deshalb frieren! Noch mal – Chauvinismus ist keine Frage des Geschlechts, und die Damen haben im Zuge der Emanzipation ähnliche Hire-and-Fire-Qualitäten erworben wie die Männer.

KULTURELLES

Ekstase als Weg zum Heiligen – die alten Kulte

Wir sind keine menschlichen Wesen, die eine spirituelle Erfahrung machen, wir sind spirituelle Wesen, die eine menschliche Erfahrung machen!
Wayne Dyer

O Gott … *seufz* … ja … komm … *tiefes Atmen* mein Gott … bitte … (gedehnt) Oooh maaiiin GOTTTT!

Quizfrage: Haben Sie jetzt spontan eher an ein Gebet in der Kirchenbank gedacht oder an einen Livemitschnitt aus dem Schlafzimmer des jungen Pärchens aus Ihrer Nachbarschaft? Wir vermuten, dass die meisten hier eher bei einer profanen Deutung gelandet sind und nicht bei einer religiösen, und das hat mehrere Gründe.

Wir beten nur noch selten, und wenn, dann vermutlich nicht mit der in der Eingangszeile angedeuteten Inbrunst. Aber glauben Sie uns, es gibt Menschen, die so beten! Vermutlich gibt es jedoch sehr viel mehr Menschen, die mitten in heißester Leidenschaft einen ebensolchen religiösen Sprachduktus entwickeln und ihn voller Selbstvergessenheit zum Besten geben. Das Interessante ist, dass dabei ein »O Gott« dicht gefolgt auftreten kann von einem weniger spirituellen »Fick mich/Ich fick dich« bis hin zu äußerst profanen Flüchen. Da bekommen auch Körperteile eher animalisch-naturalistische Bezeichnungen und weniger klinisch-wissenschaftliche.

Wie erklären wir uns diese sexuell evozierten, unwillkürlichen Gottesanrufungen? Ganz sicher bringen wir normalerweise Sex und Gottesanbetung nicht in einen direkten Zusammenhang. Vielleicht liegen diese beiden aber viel, viel dichter beieinander, als wir das heute vermuten?

In der Menschheitsgeschichte gab es immer wieder Strömungen, die Sexualität und Spiritualität keineswegs so zwanghaft getrennt hielten wie unsere Leitreligion, sondern im Gegenteil beides untrennbar miteinander verwoben sahen. Es spricht einiges dafür. Wir sollten uns bewusst sein, dass Sexualität von der Natur als der Akt geplant war, der uns zur Fortpflanzung der Art verführen sollte. Wenn es einen schöpferischen Akt in unserem Leben gibt, dann den der Sexualität. Und wir als Gottes Ebenbilder beginnen eben zu beten, wenn wir selber schöpfen, denn Sex kann eine wahrhaft fundamentale Erfahrung sein.

Wenn es in der Bibel heißt, dass Abraham, Jakob oder wer auch immer sein Weib »erkannte«, dann steckt sogar darin ein Kern dessen, was sich in vielen alten orgiastischen Kulten zuhauf fand: ein Bewusstsein für die Göttlichkeit des menschlichen Körpers, seiner Energien und der mit ihm verbundenen Seele. Hätte Jakob sein Weib nicht auch beim Essen oder im Gespräch »erkennen« können? Mit den Worten: Ach, Lea, du bist's? Nein – die tiefe Begegnung, die Sexualität und Sinnlichkeit ermöglichen, eröffnen uns den Geliebten auf eine viel intimere und unmittelbarere Weise, da es für genussvollen Sex ein gerüttelt Maß an Hingabe aneinander braucht. Gerade diese Hingabe aber sollte der Bibel gemäß Gott allein vorbehalten bleiben und sich nicht frei zwischen zwei Gottesgeschöpfen hin- und herbewegen.

Ganz anders sah das im indischen Tantra, in den dionysischen Riten, im chinesischem Sex-Yoga und bei anderen orgiastischen Praktiken aus. Hier war der bewusste Gebrauch von Sinnlichkeit und sexueller Energie ein Fahrzeug zum Göttlichen! Wie weit das praktisch ging, ist natürlich eine heikle Deutungsfrage.

Wolfgang Schmidbauer behauptet in »Die heimliche Liebe«, dass es in der Kultur der Kelten einen allgemeinen Brauch gab, »nach dem zu bestimmten Nächten oft auch ganze Wochen lang alle sexuellen Ordnungen außer Kraft gesetzt waren in der magisch-frommen Absicht, die Kraft der Natur zu erneuern«. Nach Schmidbauer »durften, ja sollten jede Frau und jeder Mann für begrenzte Zeit mit jedem Mann und jeder Frau schlafen«.[6] Wenn wir hingegen das stark wissenschaftlich orientierte Buch »Die hohen Feste der Kelten« lesen, wird Sex praktisch nicht erwähnt. Da, wo Beweise fehlen, ergänzt oft die Phantasie des Betrachters.

Wir glauben, die Wahrheit liegt vermutlich irgendwo dazwischen. Vieles mag symbolisch gemeint sein, sicherlich sind aber einige Dinge auch sehr handfest und konkret gelebt worden. Da beispielsweise im antiken Griechenland, in Babylon und anderen Reichen viele Tempel selber Bordelle betrieben, kann man zumindest annehmen, dass das Bild des Menschen in diesen Zeiten weniger unterteilt war in ein geistig-edles »Oben« und ein weniger edles, sexuelles »Parterre«.

Der heute verrufene Begriff »Orgie« kommt vom griechischen »orgia«, und das bedeutet nicht etwa »lüsterner Sauhaufen«, sondern »heilige Handlung, geheimer Gottesdienst«. Die Orgia war dabei nicht irgendeine heilige Handlung, sondern ganz klar dem Dionysos gewidmet, dem Gott des Weines, des Rausches und der Fruchtbarkeit. Hier ist es zum Beispiel besonders schwierig zu beurteilen, wie konkret es sexuell ablief. In den Dionysien ging es laut Judith Behnks Diplomarbeit »Dionysos und seine Gefolgschaft« zwar hoch her, aber nach Männern und Frauen getrennt. Interessant ist hierbei trotzdem, dass ansonsten alle möglichen gesellschaftlichen Konventionen außer Kraft gesetzt wurden und die Teilnehmer der Dionysien versuchten, durch verschiedene Mittel einem Zustand des heiligen Wahnsinns nahe zu kommen, der als heilsam und göttlich empfunden wurde. Das Bedürfnis nach einem Verwischen der festgefügten Grenzen gesellschaftlicher Stände und auch der eigenen Identität war also mit Sicherheit ein wichtiger Motor des Geschehens. Dem Chaos, einer zügellosen Emotionalität und Triebhaftigkeit wurde die Möglichkeit gegeben, sich zu artikulieren, weil man ihnen zutraute, das Leben zu bereichern. Sich zu finden, indem man sich verliert ... das wird heute kaum noch jemand nachvollziehen können. Oder doch?

Auch im Tantrismus werden etablierte Regeln und Grenzen infrage gestellt und sollen überwunden werden. Die moderne Tantralehrerin Margot Anand, die dem sogenannten, hauptsächlich sexuell orientierten Neotantra im Westen stark Vorschub leistete, formuliert es in ihrem Klassiker »Tantra oder die Kunst der sexuellen Ekstase« so: »Die tantrische Sicht akzeptiert alles. Es gibt im Tantra nichts Verbotenes. Alles, was ein Mensch erfährt, ist eine Gelegenheit zum Wachsen.«[7]

Der Tantralehrer Daniel Odier, der seine Belehrungen laut eigener Aussage direkt von einer Eremitin in einer Hütte in der Wildnis des nordwestlichen Indiens erhielt, zitiert seine Lehrerin Devi im Buch: »Tantra – Eintauchen in die absolute Liebe« folgendermaßen: »Alle körperlichen und geistigen Vorgänge sind das Holz, das wir in das große Feuer legen, das unser Ich verzehrt und uns unmittelbar ins Absolute führt.«[8]

Zum großen Ritual der Vereinigung, das die tiefste Einweihung für einen Schüler ist, heißt es: »Es ist wichtig zu begreifen, dass die Initiation, die du von mir … empfängst, ebenso gut symbolisch vor sich gehen kann, ohne den geringsten Körperkontakt. Ihr Wert wäre derselbe. Man kann jeden tantrischen Weg in größter Keuschheit beschreiten.«[9]

Als es aber später zu diesem Ritual kommt, das Odiers »Ausbildung« abschließt, scheint es nicht bei einer rein symbolischen Vereinigung zu bleiben: »Das Streicheln, das zärtliche Beißen, das sanfte, verliebte Kneifen, der Gleichklang zwischen ihrem und meinem, vom Mund des anderen verschlungenen Geschlecht …«[10] scheint sehr realer Natur gewesen zu sein.

Und hinterlässt ihn in einem viele Tage dauernden Zustand der spirituellen Ekstase, den ihm Devi als den natürlichen Zustand des Menschen beschreibt: »Es ist eine Liebe, die weder Einschränkungen noch die extremen Spannungen der Leidenschaft kennt, eine Liebe ohne Manipulation und ohne das bedrängende Gefühl, einander auf Dauer zu gehören, Besitz des anderen zu sein. Es ist eine Liebe, die aufhört, genommen oder gegeben zu werden, um sich gänzlich vom Göttlichen überwältigen zu lassen.«[11]

Als sich die beiden später sehr liebevoll trennen, entdeckt Odier unten im Dorf, dass Devi auch noch andere Schüler im Geheimen hat. Man kann also auch hier davon ausgehen, dass es kein Monogamiekonzept gibt. Es macht auch keinen Sinn, da im

Tantrismus alles als göttlich betrachtet wird. Männer repräsentieren demnach die zentrale männliche Gottheit Shiva und Frauen seine göttliche Partnerin Shakti. In jedem menschlichen Liebespaar vereinigen sich Shiva und Shakti erneut, legen ihre Masken ab, um sich im Zustand der Ekstase zu vereinigen.

Der Begriff Ekstase kommt ebenfalls aus dem Griechischen und bedeutet übersetzt »aus sich heraustreten«. Sexualität wird also zu einem Vehikel, um das begrenzte Ich zu überschreiten und damit in einen anderen Seinszustand der Verzückung zu wechseln. Diese Funktion scheint das Wesentliche all dieser Kulte zu sein: das Aus-sich-Herauskommen, infolge dessen der Ekstatiker sich zunächst verliert, um sich dann später wiederzufinden.

Auch in der chinesisch-taoistischen Liebeskultur finden wir sehr ähnliche Motive. Es geht ganz klar um konkret praktizierten Sex. In den empfehlenswerten Büchern des chinesischen Autors Jolan Chang »Das Tao der Liebe« oder »Das Tao für liebende Paare« zitiert Chang diverse alte Schriften. In der bildreichen chinesischen Sprache ist dort etwa von den neun verschiedenen Arten des Stoßens die Rede (»verteile Streiche nach rechts und links, wie ein tapferer Krieger ... stoße... neckend flach wie ein Spatz, der die Reisreste in einer Schale aufpickt«[12]) oder von der Trankspende der drei Hügel (Lippen, Brüste und Vagina der Partnerin).

Die Bedeutung dieser Sexgymnastik, wie sie auch das Neotantra reichlich zu bieten hat, liegt aber jenseits eines erfüllten Liebeslebens. »Im alten China sah man die körperliche Liebe immer in Verbindung mit der Gesundheit. Alle alten Texte heben hervor, dass die Anwendung des Taos der Liebe das Entscheidende bei der Verlängerung des Lebens sei«,[13] schreibt Jolan Chang.

Die Taoisten waren Alchimisten und strebten nach Unsterblichkeit. So wie die ganze Kräuterkunde der Traditionellen Chinesischen Medizin durch äußere Essenzen das Leben der Unsterblichkeit näherbringen sollte, so war Sexualität ein Weg, die inneren Essenzen zu verfeinern. Ganz zentral war dabei die Verwandlung des männlichen Samens. Wie auch im Tantra galt der Samen als hochenergetische Substanz, deren Verlust den Mann schwächt.

Beide Traditionen entwickelten folgerichtig Methoden, mit denen ein Mann Sex ohne Samenverlust erleben konnte. Orgasmus, Erektion und Ejakulation sind nämlich keineswegs zwangsläufig miteinander verbunden. Das konnte inzwischen von vielen Sexualwissenschaftlern nachgewiesen werden. Dem Mann steht also die vollkommene sexuelle Ebenbürtigkeit mit der Frau offen, wenn er lernt, wie er »trockene Orgasmen« haben kann (das ist die westliche Formulierung ähnlicher Techniken aus medizinisch-praktischen Ratgebern wie »Jeder Mann kann« von Hartman und Fithian). Trockene Orgasmen haben für die meisten Männer, auch wenn sie keine indischen oder chinesischen Liebeskünste praktizieren und innere Alchimie betreiben wollen, etwas »Ganzheitlicheres« als der typisch genitale Orgasmus mit Ejakulation. Solche Tal- oder Ganzkörperorgasmen verbreiten ihre Energie im Körper so stark, dass das Erleben von Ekstase, die den Mann über seine Ich-Grenzen hinausträgt, viel wahrscheinlicher wird – wie im Tantra oder Tao der Liebe. Das aktiviert allerdings auch oft massive sexuelle Ängste, wie der Psychoanalytiker Michael Lukas Möller sie in seinem Klassiker »Die Liebe ist ein Kind der Freiheit« beschreibt. Es zeigt, dass wir nach wie vor von gewaltigen Urängsten geplagt werden, sobald wir aus dem Schatten unserer typisch rigiden, christlich unterlagerten Sexualerziehung heraustreten, die im Vergleich mit den Möglichkeiten der östlichen Ansätze fast als Kümmerform erscheint. Die Nähe, die wir uns durch Monogamie zu sichern glauben, können wir oft gar nicht wirklich ertragen. In einer Gruppe Möllers erzählt eine Frau, dass sie, nachdem ihr Mann »multiorgasmisch« geworden sei und sie sich um ein Vielfaches länger lieben konnten, davon träumte, dass ihre Haut über und über von roten Pusteln gezeichnet war. Sie träumte weiter, wie eine Freundin ihr erzählte, dass es so angenehm sei, wenn ihr Partner »die Gefühle einfach wegspritze«. Ejakulation heißt, wie wir gesehen haben, wörtlich übersetzt auch hinauswerfen!

Wir scheinen die Ekstase ziemlich aus unserem Leben verbannt zu haben. Allerdings suchen wir sie auf unzähligen anderen Wegen, die etwas indirekterer Art sind. Wenn wir uns heutzutage umsehen, dann werden wir geradezu erschlagen von der Zahl der nichtreligiösen und nichtsexuellen Wege zu sinnlich vermittelten Erfahrungen von Einheit und Spiritualität – zur vorübergehenden Auflösung des eigenen Ichs: Popkonzerte, Diskotheken, die Love-Parade oder der Gebrauch psychedelischer Drogen sind gut als orgiastische Quasigotteserlebnisse auszumachen.

Den gleichen Effekt haben auch Außenbeziehungen. Sie verlassen den festgesteckten Rahmen des Paares, und dort verliert der Fremdgänger sich oftmals auch noch als Individuum, wie er sich kannte. Er tritt über seine moralischen Ufer, er schüttelt Zwänge ab, stürzt sich ins Unbekannte, und nicht selten erlebt er dabei Zustände von Euphorie, vielleicht sogar Ekstase. Wenn Ekstase ein »Außer-sich-Sein« meint, dann betritt jeder, der die klassische Zweisamkeit seiner Partnerschaft verlässt, einen Bereich außerhalb des gemeinsamen Paar-Ichs.

Es scheint da eine Macht zu geben, die uns über uns selbst hinaustreibt und uns drängt, unser gewohntes Ich zu verlassen. Diese Kraft versuchte die christliche Kirche stets zu kontrollieren – meist ohne nachhaltigen Erfolg, wie wir gleich sehen werden.

Pragmatismus trotz Christentum – Ideal und Wirklichkeit

Die Liebe ist eine Entsprechung der Seelen und hat ein anderes Ziel und gehorcht anderen Gesetzen als die Ehe. Daher sollte man die Geliebte nicht zur Frau nehmen.
Allessandro Piccolomini, Erzbischof von Patra im 16. Jh.

Machen wir es kurz und süß: Die Ehe war früher irgendwie »anders« und weiß Gott nichts Gefühlvolles. Wer heute also mit dem weißen Kleid oder dem Frack vor einem Kirchenvertreter steht und glaubt, damit einer romantischen Tradition zu folgen, sollte sich mal anschauen, was in dieser Institution der christlichen Monogamie früher alles möglich war.

Das Wort Ehe kommt von Zeit, Ewigkeit oder Gewohnheit,

Gang, Lauf, Sitte, Gesetz – da sind sich die etymologischen Wörterbücher nicht ganz einig. Die grundsätzliche Richtung wird hingegen deutlich: Es geht um einen lebenslangen Bund, der zwischen zwei Menschen vor dem Gesetz geschlossen wird. Hier klaffte schon die erste Lücke, denn wer vom Gesetz nicht erfasst war, weil er nicht heiraten durfte, war natürlich schwer zu kontrollieren. Was Knecht und Magd im Heu so trieben, werden wir nie erfahren, da nur die oberen Stände heiraten durften. Bei denen war die Ehe ein Rechenexempel oder eine politische Frage, Gefühle waren Glückssache. Außerdem gab es verschiedene Formen der Ehe. In der Muntehe wurde die Frau – das Mündel – direkt aus der Vormundschaft ihres Vaters in den Besitz ihres Mannes übergeben, und als Beweis wurde die Ehe oft gleich vor Zeugen vollzogen – hochromantisch. In der Kebsehe sah die Sache ganz anders aus. Kebse waren all die Unfreien und Leibeigenen, und mit ihnen durfte der Grundherr, vereinfacht gesagt, tun, was er wollte – auch heiraten, sooft es ihm beliebte. Wer also auf die untreuen Moslems schimpft, schaue bitte hinter sich! Auch das Recht des Mannes, die eigene Frau im Falle von Untreue zu töten, wurde sicherlich ab und an genutzt und zeigt, dass wir damals nicht besser waren als die Taliban heute, und da Regeln nur dann aufgestellt werden, wenn die Gefahr ihrer Übertretung drohte, wird es wohl auch die klassische Untreue gegeben haben. Schließlich war da noch die Winkelehe, zu deren Schließung niemand nötig war außer einem Mann, der eine Frau »in irgendeinem Winkel« fragte, ob sie ihn wolle – ein Ja war lebenslang bindend, aber schwer zu beweisen, mangels Zeugen, was sicherlich der eine oder andere Kerl für seine Zwecke missbraucht haben dürfte. Wir sehen – das »Leben findet seinen Weg«, damals wie heute. Es ist übrigens gar nicht so, dass arrangierte Ehen prinzipiell schiefgehen müssen. Da die emotionale Erwartungshaltung hier nicht sehr hoch ist, geben viele Eheleute in Indien oder anderen Ländern an, recht zufrieden zu sein. Im Gegenzug hat die Romantik der Ehe hierzulande offenbar nicht gutgetan, aber es war natürlich auch ein gewagter Versuch, ein Gefühl und eine Gesellschaftsform zusammenzulöten. Oder könnten Sie sich ein Arbeitsverhältnis vorstellen, bei dem Sie sich im Einstellungsgespräch in Ihre künftigen Kollegen verlieben müssten, um den Job zu kriegen? Na also.

Unerreichbare Liebe in der Minne – platonisches Fremdgehen

»Die Liebe kann zwischen zwei Verheirateten ihre Macht nicht ausüben«, denn »in der Liebe beruht alles auf gegenseitiger Freiwilligkeit, die Ehe aber schafft Verpflichtungen und Zwang, die die Liebe töten«.
Marie, Gräfin der Champagne

Mitten im finstersten Mittelalter trat urplötzlich eine ganz neue Art von Liebe auf den Plan, die die Gesellschaft stark beeinflusste: die Minne! Die sogenannten Troubadoure lebten eine zur Kunstform erhobene, »platonische«, also nicht körperliche Liebe, die sie durch ihren Minnesang verbreiteten. In einer Epoche mit rohen Sitten ereigneten sich seltsame Dinge, denn das Ziel der Verehrung eines fahrenden Minnesängers war fast immer eine verheiratete Frau edler Abstammung, und nicht selten stand ihr Mann dabei, wenn der Troubadour seiner Frau ewige Treue schwor. Es ging um den Akt der Verehrung selbst. In den Anfängen war der Minnesang auch eine Art spiritueller Übung, denn Liebe wurde hier in Zusammenhang mit dem Göttlichen gebracht, die verehrte Frau mitunter gar mit »mein Herr« (also Gott) angesprochen.

Diese Minne blieb immer die Liebe aus der Ferne, ohne Hoffnung auf Erfüllung durch Gegenseitigkeit, und war geprägt von Lob, Verlangen, Schmerz, Hoffnung und Entsagen.

In einer Zeit der hochgerüsteten Ritterschaft wurde der Begriff des Dienens nun vom Militärischen und Religiösen auf den Dienst an einer Frau übertragen. Der Mittelalterexperte Friedrich Heer meint in seinem Buch »Mittelalter«, das Unerhörte am Minnesang sei, dass hier die inbrünstige Gottesliebe auf die Verehrung der Frau übertragen wurde. Nun war das Weibliche, war die Liebe (damals noch Minne) rehabilitiert und sorgte für eine unglaubliche Verfeinerung der Sitten und Gebräuche.

Die Adlige »Powerfrau« Eleanore, Gattin König Ludwigs VII. von Frankreich, erschuf an ihrem Hof gewissermaßen die Wiege der höfischen Kultur der nächsten Jahrhunderte, indem sie mit ihrer Tochter Marie, Gräfin der Champagne, eine Akademie der Liebe kreierte und den Hofkleriker Andreas Capellanus dazu brachte, das dreibändige Werk »De amore« zu schreiben. Heer zufolge wollten diese Damen die leidenschaftlichen und brutalen jungen Adligen dazu veranlassen, statt des wilden männlichen Begehrens eine Formung der Leidenschaften des Mannes durch die Frau als Herrin vorzunehmen. »In den 31 Liebesregeln dieses Traktats lebt ... die Leidenschaft und der Wille dieser Frauen ... sich ein eigenes Reich zu schaffen, entronnen dem Druck der Männer und deren Mächte. Liebe ... ist bewusste und gekonnte Rebellion gegen die herrschende Gesellschaft.«[14]

Die Damen halten Gerichtshöfe über die Männer, die ihnen zu Füßen sitzen, und lehren sie die Liebe. »Diese Damen wissen sehr genau, dass sie nicht die Herrinnen sind, dass sie Beute ... der Männer sind.«[15]

Den Damen ist bewusst, dass eine neue Zeit der Individuation dämmert, in der nicht nur Könige ein »Ich« haben werden – »... eine Zeit der Frau. Es wird eine Zeit sein, in der die reife Frau den Mann erzieht.«[16]

Zur gleichen Zeit finden wir im Orient die Liebeslyrik des Hakim Nezāmī-e Gandschawī. Sein Buch »Leila und Madschnun« (übersetzt: Leila und der Verrückte) beschreibt die poetische, bis ins Religiöse vergeistigte Liebe des junge Qeis zu Leila. Als gesellschaftliche Probleme auftauchen, beginnt Qeis sich vor Liebesweh trunken wie ein Verrückter zu benehmen und wird zu Madschnun. Leila wird verheiratet, gibt sich diesem Mann aber niemals hin. Madschnun hört auf zu essen, zerreißt seine Kleider hundert Jahren lebte. Novalis glaubte ebenso wie Madschnun, dass sein Tod ihn im Jenseits mit seiner Liebsten vereinigen würde. Auch hier sieht man, wie nah diese großen Liebenden die Liebe zur Religion rückten.

Die Romantik – detailliert beleuchtet in Rüdiger Safranskis Buch »Romantik – eine deutsche Affäre« – war wohl etwas anderes als das, was wir uns heute vorstellen, wenn wir uns romantisch nennen. Sie war eine Bewegung, die direkt aus der Aufklärung kam. Während die Aufklärung an die überragende Rolle der Vernunft glaubte, führten die Romantiker mit ironischem Schmunzeln das Irrationale durch die Hintertür wieder herein. Sie sahen an der Unmenschlichkeit der Französischen Revolution, dass die Vernunft allein sicherlich nicht das Allheilmittel für diese Welt sein könne. Novalis wollte dem Gemeinen einen hohen Sinn, dem Gewöhnlichen ein geheimnisvolles Ansehen, dem Bekannten die Würde des Unbekannten, dem Endlichen einen unendlichen Schein geben.

Für all die »hoffnungslosen Romantiker«, die heutzutage einen Partner suchen, ist es wichtig zu wissen, dass die Frühromantiker wussten, was sie taten! Sie sahen das Gewöhnliche und verliehen ihm etwas Geheimnisvolles – so wie der Minnesänger die Dame seines Herzens ohne jeglichen Gunstbeweis ins Göttliche erhöhte. Wenn also Novalis derart überwältigt war von seiner dreizehnjährigen Sophie, so sah er doch Attribute an ihr wie Steifsinn, Ordnungsgeist, Herrschsucht, Verstellungsgabe – also wenig Vollkommenes. Novalis wollte beides: sich den Gefühlen hingeben und sie zugleich beobachten.

Er beschreibt seine Liebe folgendermaßen: »Ich habe mein Ich so mit ihrem Bilde amalgamiert, dass ich keinen Atemzug ohne sie tue. Es wächst mit jedem Tage, und ich hätte nie geglaubt, eine Empfindung könne so unaufhörlich wachsen … Dabei bin ich doch so wenig Schwärmer, dass ich in dieser Rücksicht einem jährigen Ehemann den Handschuh hinwerfen könnte.«[19]

Wenn wir also wahrhaft romantisch lieben, dann erhöhen wir bewusst in unserer Wahrnehmung den anderen mit unserer Einbildungskraft, was einerseits dazu führt, dass sich unser eigenes wahr und »gibt sich selbst vernichtend preis«, um es ins Leben zu bringen.

Was uns von dieser unmäßigen Art der Liebe geblieben ist, ist die Idee der schicksalhaften Bestimmung und der Liebesheirat zweier verwandter Seelen. Wir betreiben mit viel Ernsthaftigkeit, was die Romantiker mit einem Augenzwinkern und ironischem Lächeln begannen: die Suche nach etwas Unerreichbarem – dem idealen Partner. Im Sinne des AMEFI hätten wir einem so herrschsüchtigen und steifsinnigen Mädchen wie Novalis' Sophie vermutlich schon lange den Laufpass gegeben und uns nach »der Richtigen« umgesehen! Unsere Romantik scheint mit Blindheit geschlagen für die qualitative Potenzierung unserer Partnerschaften. Wir suchen nach dem Wunderbaren, das von der Vernunft verschont geblieben ist, in der Liebe und sind nicht bereit, es absichtlich in einen fehlbaren Partner hineinzulegen. Wir sind letztlich in einer sehr ähnlichen privilegierten Situation wie die Romantiker damals, aber glauben nicht an unsere inneren Kräfte, sondern suchen im Partner ein Objekt, das unserem entzauberten Leben plötzlich magischen Glanz zurückgibt, ohne dass wir selbst etwas dafür tun müssen.

Safranski drückt den Unterschied zwischen den Romantikern und den Menschen unserer Zeit so aus: »Tatsächlich antizipiert die romantische Unbekümmertheit in mancher Hinsicht die spätere Postmoderne. Der Unterschied ist nur, die Romantiker spielten mit dem Gefühl, noch vieles vor sich zu haben, die Postmoderne aber glaubte, das meiste schon hinter sich zu haben!«[21]

Wir beharren darauf, dass sich ohne großes Zutun unserer »Einbildungskräfte« die in der Menschheitsgeschichte ziemlich einmalige Verbindung aus einem Gefühl (Liebe) und einer Rechtsform (Ehe) als dauerhaft erfolgreich und stabil erweist.

Bei Safranski heißt es: »Vom Ich aus gesehen, beginnt die Transzendenz bereits beim ›Du‹. Aber ein institutionell verfasstes ›Wir‹ muss in Schwierigkeiten geraten, denn etwas Dauerhaftes und Festes lässt sich auf diesem Sinn und Geschmack fürs Unendliche wohl doch nicht errichten.«[22]

Ein ewiges Wir ist, was jedes Hollywood-Happy-End in Aussicht stellt, weil es verschweigt, wie es weitergeht. Da ist keine Rede vom ewigen Werden, denn das könnte zu Unebenheiten in der Partnerschaft führen – oder gar zu weiteren Personen!?

Die, die sich heute Romantiker nennen, hätten die Romantiker damals wahrscheinlich als Philister bezeichnet. Ein Philister war einer, der seiner Vernunft erlaubte, dem Leben das Wunderbare, Geheimnisvolle auszutreiben, weil er es sich im Gewohnten bequem gemacht hatte.

Wir mögen spüren, dass all unsere Partnerbeschaffungsmaßnahmen oder die Versuche, unsere Partner in unserem Sinne zu modellieren, nicht das romantische Nonplusultra sind. Aber das, was Novalis mit seiner durchaus fehlbaren großen Liebe tat – sie durch die eigene Art der Wahrnehmung ganz bewusst zu »erheben« –, würde uns kaum einfallen. Wenn Paare sich so richtig im Stellungskrieg verbuddelt haben, käme keiner auf die Idee, den Kontrahenten versuchsweise auch nur mit freundlichen Gedanken zu verzieren. Hier herrscht oft ein Warten auf Veränderung, das nach dem »Du zuerst«-Prinzip funktionieren soll und damit totalen Stillstand garantiert. Bei der Partnersuche wird ebenso auf dem fehlerfreien Objekt beharrt, bevor sich ein Türchen im Herzen öffnet, und im Falle der Untreue sieht eh keiner der Beteiligten das »Werden« des Lebendigen, das sich dort Bahn bricht.

Wohin wir auch blicken: Wir machen unsere Geliebten durch unseren kühlen Blick wieder und wieder zu fehlbaren, unvollkommenen, makelbehafteten Wesen und nennen dies vernünftig. Das dürfen wir auch – nur romantisch sollten wir uns dabei nicht nennen! Was wir tun, ist patriarchal beherrschend, religiös beschnitten und kapitalistisch besitzend, nicht romantisch erhebend.

Wer zweimal mit derselben pennt – un-freie Liebe anno '68

Fighting for peace is like fucking for virginity.
Anonym

Tja – die freie Liebe! Auf der Suche nach anderen Formen gelebter Sexualität und Liebe kommen wir an »68« nicht vorbei. Das liegt daran, dass viele die Idee einer freieren Form der Liebe mit dieser Zeit verbinden und im selben Atemzug ad acta legen. »Freie Liebe? Hat ja damals auch nicht funktioniert … das wissen wir ja!«

Hm – was wissen wir jetzt genau?

Wir wissen, dass sich experimentelle Lebensgemeinschaften, die politische Veränderungen in einer höchst brisanten Zeit unter anderem mit der Veröffentlichung des eigenen Intimlebens herbeiführen wollten, sich irgendwann auflösten. Stimmt! Aber ging es da wirklich so sehr um eine befreite Liebe? Wir glauben, dass es da um viel mehr ging, und deshalb finden wir das Urteil etwas vorschnell.

Jede Jugend begehrt irgendwann mehr oder weniger gegen die Traditionen der Eltern auf.

In Amerika brodelte schon lange ein Kessel Buntes auf dem Feuer einer durch Rassenhass und andere Probleme entzündeten Gesellschaft. Hier fanden sich am ehesten Neuentwürfe der Liebe, und die Vordenker und Redner der ersten Stunde sprachen viel über eine Revolution im Individuum. Die kurze Geschichte der Hippiebewegung kulminierte im »Human Be-In«, das den berühmten Sommer der Liebe einläutete. Dort wurde folgende Presseerklärung gemacht: »Die Generation, die hier … heranwächst, will durch ein freudvolles Leben und durch gegenseitige Umarmung ein neues, besseres Leben, ohne Ängste, Dogmen, kleinkarierte Rechthaberei und Misstrauen für alle Männer und Frauen Amerikas schaffen. Die Beziehungen der Menschen zueinander sollen harmonischer werden und in ihrer neuen, menschlicheren Form eine Wiedergeburt des Verständnisses, des Bewusstseins, der Entdeckung der Einheit der Menschheit und der Liebe mit sich bringen …«

Hätten Sie etwas dagegen gehabt, wenn sich dieser Trend durchgesetzt hätte? Die Hippies hatten lautere Ideale, aber wie hätten die Kinder einer gutbürgerlichen Moralerziehung so mir nichts, dir nichts eine ausgereifte Alternative zum klemmig-miefigen Schlafzimmersex, der sie gezeugt hatte, aus dem Hut zaubern sollen? Es ging ja gerade um das gewagte Experiment, wirklich zu sein, mit der großen Unbekannten Mensch darin. Dieses Experiment war ein urromantisches! Auch damals sollten die »Philister« aufgerüttelt werden, diesmal durch Politik. Nur eignet sich das Romantische nicht gut für die Politik. Hier kippte es. Das provokante Buch »Unser Kampf 1968« von Götz Aly beschreibt, wie das friedliche »We shall overcome« eines Martin Luther King dem aggressiven »Hick-Hack-Bullenpack« wich.

Bald regten die linken Studenten nämlich vor Demonstrationen an: »Bildet Greifertrupps …, die besonders tatkräftige Polizisten schnappen und zusammenschlagen. Das … Werfen von Molotow-Cocktails (ist) ab sofort als Notwehr zu betrachten. Warum sollten wir davor zurückschrecken, den Polizeibeamten die Daumen in die Augen zu drücken?«[23]

Tja, warum? Vielleicht, weil das Mittel Gewalt nicht mit dem Zweck Liebe zusammenpassen könnte? Auch nicht die subtile Gewalt in der Kommune von Rainer Langhans, die in bester Absicht Zweierbeziehungen verbot. Wir glauben, dass die Angst davor, »so zu werden wie die Alten«, kein guter Ratgeber ist für neue Lebensentwürfe. Das berühmte Wort vom Kind, das mit dem Bade ausgeschüttet wird, galt ganz sicher für die sogenannte freie Liebe. Wer frei sein muss, kann es nicht sein! Der Duft der Liebe, die ein Kind der Freiheit sein soll, weht wohl eher dort, wo Mann zweimal mit derselben pennen darf … und noch viel, viel öfter!

Die Wege der anderen – jenseits unseres Tellerrandes

Ein jeder trägt eine produktive Einzigkeit in sich, als den Kern seines Wesens; und wenn er sich dieser Einzigkeit bewusst wird, erscheint um ihn ein fremdartiger Glanz, der des Ungewöhnlichen.
Friedrich Nietzsche

Wir haben genug hinter uns in der Vergangenheit nach Alternativen gesucht für andere Lebensweisen in Sachen Liebe, Sexualität und Treue. So fragen wir uns: Finden sich eigentlich heute auch Menschen, bei denen man spicken könnte? Ja, und es gibt etwas, das alle miteinander verbindet: anders sein! Die meisten sind deshalb zu einer besonderen Lösung für ihr Liebesdilemma gekommen, weil sie besondere Bedürfnisse hatten, wie Bi- oder Homosexualität, sadomasochistische Wünsche oder Fetischismus. Wer in sich das Bedürfnis nach beiden Geschlechtern trägt, kann nicht monogam leben, wenn er seinen Sehnsüchten treu sein will. Das Modell der Polyamorie, das wir noch besprechen werden, wurde zu einem großen Teil von bisexuellen Menschen entwickelt. Einige Schwule leben – wie Rosa von Praunheim – in stabiler Partnerschaft, haben aber nur aushäusig Sex. Wer spürt, dass er nicht »normal« ist, findet das selten schön, aber wer sich dem stellt, verlässt das Selbstverständliche und gewinnt damit die Freiheit, ein echtes Individuum zu sein. Wir blicken auf »andere« herab und sind doch selbst immer in irgendeiner Hinsicht verschieden. Bei Untreuen ist es eher andersrum: Untreue ist Normalität – da braucht es kein Coming-out, sondern ein Coming-in.

Wirklich spannende Fragen stellt zum Beispiel der Liebesstil asexueller Menschen an die Stinos – also die Stinknormalen. Asexuell zu sein meint nicht, dass generell kein Interesse an sexuellen Handlungen besteht, sondern dass der Wunsch nach klassischem, penetrativem Sex mit einem Partner nicht vorhanden oder nur sehr schwach ausgeprägt ist. Es gibt ein Diktat zur erfolgreichen Sexualität in unserer Zeit – die Asexuellen brechen es. Wenn Sie also mal keine Lust auf Sex haben – es gibt Menschen, die das ein

Leben lang nicht vermissen. Manche leben das nur phasenweise, wie ein Mann, der nach Jahren im Zölibat nun mit mehreren Partnerinnen die Sexclubs der Republik unsicher macht. Freiheit heißt, auch nicht zu müssen. Wozu brauchen wir Sex so dringend? Asexuelle haben durchaus Partnerschaften, und da taucht natürlich die Frage auf, was für jemanden, der womöglich nie Geschlechtsverkehr haben möchte, Treue heißt. Die Antworten sind da kunterbunt. Einige sind sehr konsequent und fragen, warum in aller Welt es schlimm sein sollte, wenn unser Partner mit jemand anderem im Bett schweißtreibende Unternehmungen verfolgt, wenn es hingegen in Ordnung ist, sobald er dies im Squash-Court tut?

So wie Asexuelle das Diktat zum Sex hinter sich lassen, lassen die sogenannten Quirkyalones das Diktat zur Pärchenbildung hinter sich. Die US-Autorin Sasha Cagen fand mit ihrem Buch »Quirkyalone – Singles aus Leidenschaft« diesen griffigen Namen für ein verbreitetes Phänomen.

Anstatt ihren Zustand zu bedauern oder sich dem Nächstbesten an den Hals zu werfen, gestalten solche Singles ihr Leben bewusst allein. Manche leben dabei nach dem Motto: Solange man auf den richtigen Partner wartet, kann man viel Spaß mit all den falschen haben! Sex kann ja auch einfach deshalb nett sein, weil er zwei Menschen Spaß macht. Der »Profi« nennt das auch Casual Dating – erotische Beziehungen ohne verpflichtenden Charakter. Wer sich dabei verliebt, muss immer noch nichts … man kann ja weiter lieben und zieht trotzdem nicht den Bausparvertrag aus der Tasche. Würden Singles nicht bei jeder Begegnung den anderen sofort auf den grobmaschigen Schüttelrost der AMEFI-Ansprüche schicken, kämen viel öfter kleine Beziehungen zustande, die vor allem für eines gut sind: gegenseitiges Wohlbefinden. Interessant ist dabei, dass dadurch auch die Idee stirbt, alleine unvollkommen zu sein, und so leben manche Quirkyalones romantisch mit sich selbst.

Weniger romantisch, doch dafür handfest geht es bei Menschen mit sehr speziellen sexuellen Bedürfnissen zu. In bestimmten Szenen wird mit seltsamen Chiffren nur so um sich geworfen, da gibt es wenig intellektuellen Zugriff von außen. Im Internet geht heutzutage fast alles, und nahezu jeder Topf darf auf einen Deckel hoffen. Hier findet sich das seltsame Phänomen der inversen Kontaktaufnahme, wie es einer unserer Klienten mal nannte. Es wird zuerst die Passung zu den eigenen Bedürfnissen gecheckt, und dann lernt man sich kennen. Je seltener die eigenen Wünsche, desto besser ist dieses Vorgehen. Es gibt Männer, die sich an der Vorstellung erregen, ihrer Frau beim Sex mit anderen Männern passiv zuzusehen oder aktiv zu dritt oder zu »mehrt« mitzumachen. Ein sogenannter Wifesharer oder Cuckold möchte das sogar in die Tat umsetzen, so wie in Sexbörsen das meistgesuchte Lustobjekt die Geliebte für das aufgeschlossene Pärchen ist. Auch für Gang-Bang, also das sexuelle Vergnügen etlicher Herren mit einigen wenigen und damit viel beschäftigten Damen, lässt sich leichter über Annoncen und das Netz arrangieren. All diesen Spielarten ist gemeinsam, dass die Beteiligten es schaffen, aus der aufgeregten Verunsicherung der Zweierbeziehung, die durch Sex mit anderen logisch folgt, kein Drama, sondern eine ER-Regung zu schaffen. Wir wollen hier nicht zum Nachmachen ermuntern, wohl aber zeigen, dass unsere Lernerfahrungen und Werte darüber entscheiden, ob wir bei einem wüsten Untreueszenario mit Mordlust in den Augen zum Küchenmesser greifen oder erregt zur Videokamera.

Die wohl bekannteste Gruppe der »anderen« – zu denen oftmals Ihre Nachbarn gehören – sind sicherlich die Swinger. Ihr Motto »Alles kann, nichts muss« ist sogar über die Grenzen der einschlägigen Swingerclubs hinaus bekannt, und eigentlich ist es eine wunderschöne Losung. Sie bedeutet Freiheit. Im Club wird von Hand unter realen Menschen gesucht und nicht über Internetprofile. Das hat Vor- und Nachteile. Man könnte es fast bodenständig nennen, wie hier mit dem Thema Lust umgegangen wird. Vorsichtiges Anfassen oder ein kurzer Blick ersetzen im heftigsten Getümmel mitunter das, was in der Diskothek Stunden dauert, obwohl beide das Gleiche wollen – ihrer Lust freien Lauf lassen. Hier gibt es dafür nicht viele Umwege, obwohl auch hier der Sekt an der Bar das üblichere Mittel zur Kontaktanbahnung ist. Nur danach geht man eben nicht vertikal in Kontakt, sondern horizontal. Für jedes Paar wirft der Besuch eines Swingerclubs oder einer erotischen Party grundsätzliche Fragen nach Grenzen und Wünschen auf. Wie weit würden wir gehen wollen? Woran erkennen wir, dass das, was ich mit einem anderen treibe, nicht doch bereits über die verabredeten Grenzen des Partners geht? Bin ich bereit, mein Vergnügen auch auf seinem Höhepunkt meinem Partner zuliebe zu unter- oder auch abzubrechen?

Ist diese Büchse mit Fragezeichen geöffnet, purzelt viel Klärungsbedarf heraus, der Paare sehr weit und vor allem zu sich bringen kann. Das ist das erwähnte »Coming out«, das alle Wanderer jenseits ausgetretener Pfade als Obolus an die Freiheit zu entrichten haben.

Normale Untreue – Fremdgehfibeln

In jedem Hafen eine Braut
Das ist doch nicht zu viel
Solange jede uns vertraut
Ist das ein Kinderspiel
»Das kann doch einen Seemann nicht erschüttern«

Frau Schwarz sitzt vor uns und versichert ihrem Mann sichtlich gekränkt, dass er keinen Grund zur Beschwerde habe, denn sie habe eine weiße Weste. Nach dem üblichen kostenfreien Erstgespräch zu dritt hatte jeder der beiden Eheleute einen Einzeltermin. Während sie nun wieder zusammen bei uns sitzen und das Thema Eifersucht hin und her geht, müssen wir sehr hilfreiche Fakten ignorieren, um diese Beziehung nicht zu gefährden. Herr Schwarz ist misstrauisch, was die Treue seiner Frau angeht – und wir wissen auch warum, denn er hatte bereits selber mehrere One-Night-Stands. Er weiß also, wovon er spricht, wenn er ihr erklärt, dass so was ja durchaus mal vorkommen kann, und überhaupt dürfe sie es ruhig zugeben. Frau Schwarz zeigt sich empört und verteidigt ihre Ehre – »leider« wissen wir aus dem Einzelgespräch, dass auch sie untreu ist. Seit etwa zwei Jahren hat sie ein Verhältnis zu einem anderen verheirateten Mann und denkt – ebenso wie er – über eine Trennung nach, denn »so könne das ja nicht weitergehen«.

Doch – es kann!

Man sagt, die Lüge sei Mord an der Wahrheit. Wir haben kein moralisches Problem mit der Lüge. Wie wir durch die Statistik wissen, kann es auch nicht pathologisch sein, wenn Menschen fremdgehen. Etwas, das so normal ist, als krank zu bezeichnen, macht überhaupt keinen Sinn. Was aber die Sache mit dem Fremdgehen und den Lügen so problematisch macht, ist, dass so viele Partnerschaften daran zerbrechen.

Ein weiterer Aspekt des Dilemmas wird hier deutlich. Wir als Berater wissen, was die beiden Ehegatten nicht voneinander wissen, aber durchaus ahnen und worauf sie scheinbar insgeheim hoffen. Die Vorwürfe kommen nicht mit der typischen Härte, sondern fast als Einladung: »Bitte sag du es zuerst, denn ich trau mich nicht, damit anzufangen«, scheint der Wunsch aneinander zu sein. Und tatsächlich haben beide in den Einzelsitzungen auf kleine provokante Einwürfe von uns reagiert. Die Ehe einfach beibehalten, wie sie ist, und trotzdem Sex mit anderen haben können? Ein Traum – aber er scheitert am anderen. »Mein Mann würde niemals damit klarkommen« und »Meine Frau würde durchdrehen«, sind die Kommentare von beiden Seiten.

Wir wissen es besser! Aber dank der Lügen ist es unmöglich, den geheimen Wünschen der beiden ins Leben zu helfen. Eine entsprechende Idee hat zur Folge, dass beide entrüstet ablehnen, was sie wollen: die Vorzüge ihrer Partnerschaft behalten und den Kitzel, die Leidenschaft und die Selbstbestätigung durch erotische Begegnungen mit Dritten genießen dürfen – OHNE Versteckspielzwang!

Es gelingt solchen Paaren selten, ihre Träume zu verwirklichen, solange der eine auf das Geständnis des anderen wartet. Danach hätte man die Wahl, sich entweder entrüstet ab- und anderen

Partnern zuzuwenden oder mutig gleichzuziehen, sich fröhlich danebenzusetzen und zu sagen: »Toll, Schatz – ich auch!«

Je mehr davor gelogen wird, desto unwahrscheinlicher ist Version zwei. Es ist offensichtlich, dass die Millionen von Fremdgehverhältnissen nicht zwangsläufig zu Problemen führen. Oftmals können Seitensprünge sogar schwierige Beziehungen retten – solange sie nicht auffliegen. Außerdem macht gerade der Reiz des Verbotenen Affären oftmals umso attraktiver. Trotzdem werden wir in diesem Buch nicht dem klassischen Fremdgehen das Wort reden, sondern möchten eine andere Idee von Treue entwickeln, die aus Fremdgängern Bekanntgeher machen kann, sodass Paare wie Herr und Frau Schwarz gar nicht erst beginnen müssen, kurzbeinige Lügengeschichten durchs Schlafzimmer laufen zu lassen, während sie von dem träumen, was beide aktiv verhindern.

In diversen Büchern, wie dem von Ulrich Clement: »Wenn Liebe fremdgeht«, wird sehr gut beschrieben, wie man erfolgreich lügen und fremdgehen kann – deshalb sei Interessierten zu dieser Lektüre geraten.

Das heimliche Betrügen des Partners ist die etablierte Variante der Untreue und bringt einige Nachteile mit sich.

Wir haben mehr als einmal erlebt, wie sich Menschen noch lange nach einem Seitensprung selbst anklagen oder sogar mit Schuldgefühlen zerfleischen, obwohl nie etwas ruchbar wurde. Viele Beziehungen zerbrechen dann am späten Geständnis des Fremdgehers, der einfach den Druck des Schweigens nicht mehr aushält. Der eher egoistische Wunsch, sein Gewissen zu erleichtern, ist oft ein Desaster für den Partner und die Beziehung. Selbst wenn beide Partner sich irgendwann mal vorgenommen haben, auch in solchen Dingen vollkommene Ehrlichkeit walten zu lassen, ist offen, was dann in der Realität tatsächlich passiert. Leider kann auch ein noch so erfahrener Paarberater darauf keine Antwort geben.

Andersherum kann es durchaus erfolgreich sein, wenn offen gesprochen wird, bevor (!) etwas passiert. Einer unserer Klienten gestand seiner ansonsten sexuell hochaktiven Freundin, dass er mit der seit Monaten andauernden Sexflaute nicht länger leben könne. Nach ausführlichem Nachdenken und diversen Verführungsversuchen stellte er ihr ein verzweifeltes, aber ehrliches Ultimatum. Als attraktivem Mann gebrach es ihm nicht an Möglichkeiten, aushäusig Sexualität zu leben, aber er wollte nicht lügen. Er und seine Freundin waren damals auch deshalb zusammengezogen, weil ihr Sexleben absolut spektakulär war. Er stellte sie also vor un-vollendete Tatsachen, indem er ihr zunächst deutlich machte, wie sehr er den gemeinsamen Sex vermisse, und ihr dann eine Frist von vier Wochen gab, um wieder in irgendeiner Form Sex mit ihm zu haben. Ansonsten würde er direkt danach ein Sexdate mit einer interessierten Mitbewerberin haben. Dabei war klar, dass er nicht begeistert von dieser Variante war und auch nichts fordern wollte – er sah sich nur nicht mehr länger imstande, seinen Wunsch nach Sexualität zurückzustellen. Kurz – er forderte nicht, sondern war schlicht am Ende mit seinem Latein und überließ ihr, auf unseren Rat hin, die Lösungsfindung.

Es folgten schwierige Wochen, in denen das Paar sehr viel über- und voneinander lernte. Der Sex kam bald in gewohnter Qualität und Quantität zurück, der Seitensprung war unnötig, und als klar wurde, dass sich seine Freundin deshalb beim Sex so zurückgenommen hatte, weil sie sich einfach zunehmend unattraktiver fühlte, konnte sie seine ungebrochene Lust mit ihr und ihrem Körper sogar als schönes Kompliment nehmen.

Nehmen Sie es uns also bitte nicht übel – wir favorisieren Lösungen ohne Lügen. Nicht aus moralischen Gründen, sondern weil sie sich in unserer Praxis als die entwicklungsträchtigeren erwiesen haben. Es gibt genug Fremdgehfibeln auf dem Markt, und auch deshalb halten wir es für interessanter, den Schwerpunkt woanders zu legen. Da dies ein Buch über die Liebe sein will, empfehlen wir grundsätzlich einen liebevollen Umgang mit eigenen Bedürfnissen und denen des Partners. Die einvernehmliche Lüge ist für etliche Paare durchaus eine entspannte, liebevolle Lösung (siehe nächstes Kapitel) des Untreuedilemmas. Für die meisten ist eine klassische Lüge hingegen ein gewaltiger Vertrauensbruch mit großem Risiko. Was andererseits an Entwicklung möglich wird, wenn wir der Wahrheit die Ehre geben, bevor (!) etwas Verheerendes passiert, kann spektakulär sein.

Wie wir gesehen haben, leben wir in untreuen Zeiten, und doch verdrängen wir in dieser Gesellschaft diese Tatsache sehr konsequent. Genauso verfahren viele Paare mit ihrer eigenen Wirklichkeit.

Was wir aufzeigen wollen, sind die Möglichkeiten abseits beziehungsweise die Freiheiten des Einzelnen innerhalb dieser doppelbödigen Normalität.

Bekanntgehen – offene Beziehungen

Ich weiß nicht, zu wem ich gehöre
Ich glaub, ich gehöre nur mir ganz allein.
Friedrich Hollaender

In unserer Kritik am AMEFI haben wir bereits die häufigste Variante heutzutage gelebter Beziehungen näher betrachtet: die serielle Monogamie. Sie ist das logischste Ergebnis, wenn sich Menschen in unserer Gesellschaft darum bemühen, alles mit einem Partner zu haben, und das für immer. Hier kommen Menschen immer wieder mit neuen Partnern zusammen und erleben oft auch kurz eine Zeit, in der sie einander scheinbar alles sein können – nur eben nicht für immer. Wir lieben säuberlich hintereinander weg, eine Beziehung von der anderen getrennt. So können wir uns glauben machen, dass wir treu sind, obwohl durchaus mal Partner A durch das Nachfolgemodell B ersetzt wird.

Entsagung oder Verzicht sind hingegen in unseren Zeiten sehr unpopulär. Eine klassische Langzeitbeziehung bedeutet »Mit Einem für Immer«, aber eben nicht Alles. Serielle Monogamie heißt, das Immer gegen das Alles einzutauschen. Das dritte traditionelle Modell ist das des Fremdgehens. Hier hat man Einen für immer – und das Alles besorgt man sich heimlich woanders.

Ein alternatives Modell ist dem klassischen Fremdgehen sehr nahe. Es bedarf nur einer winzigen Änderung der Spielregeln, damit aus diesem Zustand, der viel Sprengstoff birgt, eine offene Beziehung wird. Es fehlt »nur« der Segen des Partners – sonst nichts.

In vielen offenen Beziehungen gilt die Regel »Frag nichts – sag nichts«. Hier entscheiden sich zwei Menschen dafür, sich gegenseitig sexuelle Erfahrungen mit anderen zu erlauben, unter der Prämisse, dass keiner den anderen davon in Kenntnis setzt, wann, wie oder mit wem. Dieses Modell liegt sozusagen direkt neben dem Fremdgehen. Wie in der Natur wird eine exklusive soziale Partnerschaft, die die gemeinsamen Projekte (Nestbau, Revierverteidigung, Nahrungsbeschaffung, Kinderaufzucht) trägt, durch heimliche sexuelle Außenkontakte ergänzt. Im »Frag nichts – sag nichts« geht es weiterhin heimlich zu, und dies schützt die Partner davor, unter dem Wissen von der Untreue des anderen zu leiden. Beide gönnen sich ein seliges Nichtwissen, um dem anderen Eifersuchtsgefühle zu ersparen, und schauen »respektvoll weg«, wie es der Kollege Clement nennt. Für Eifersucht gäbe es natürlich Grund genug, und in ihrer Handhabung besteht auch bei diesem Modell die Herausforderung. Eifersucht hat hier sehr viel mehr Spielraum, als wenn Sex mit anderen direkt vor den Augen des Partners stattfindet. Wenn ich nicht weiß, ob mein Partner gerade die Erlaubnis zur Begegnung mit Außenstehenden nutzt, dann bleibt auch offen, wann, wo, mit wem und was da genau passiert. Da Eifersucht viel mit Phantasie zu tun hat, kann sie sich hier leider sehr breitmachen, da es an »Fakten« mangelt.

Trotzdem gibt diese Variante weit weniger Sprengstoff her, denn sie ist einvernehmlich beschlossen worden. Der Stress der Geheimhaltung bleibt zwar ebenso erhalten wie beim klassischen Betrügen, aber sollte einer der Partner dahinterkommen, was der andere so treibt, gibt es keine moralische Entrüstung mehr. Natürlich kann es sehr wehtun, wenn ein Partner tatsächlich herausfindet, dass der andere Gebrauch von der Erlaubnis macht, aber sich zu beschweren wirkt dann schon ein bisschen seltsam.

Offene Beziehungen erlauben oft auch längerfristige Außenkontakte und Affären. Grundsätzlich geht es dabei aber eher um

Sex als um emotionale Bindungen. Die Liebe soll meist weiterhin exklusiv der Hauptpartnerschaft vorbehalten bleiben.

In dieser Version offener Beziehungen ersparen sich die Beteiligten einen großen kommunikativen Aufwand. Manche legen nicht einmal besonders deutlich die Regeln fest, denn alles läuft nach dem Motto: »Was ich nicht weiß, macht mich nicht heiß!« Ganz anders hingegen geht es zu bei Paaren, die wissen wollen, was den jeweils anderen gerade bewegt. Hier findet sich ein ähnlicher Mechanismus wie bei den Swingern, Wifesharern, Gang-Bangern oder Cuckolds. Die Gefahr wird vielleicht auch als Reiz wahrgenommen.

Eines sollte gesagt sein: Wenn in einer traditionellen Beziehung ein Seitensprung auffliegt oder gestanden wird, folgt daraus zwar eine Zeit von großem Leiden, aber sehr oft haben solche Paare in derselben Zeit auch den Sex ihres Lebens miteinander. Die große Verunsicherung, das Sich-wieder-erobern-Wollen führen selbst in erotisch leicht abgestandenen Beziehungen zu neuem großen Kribbeln.

In manchen offenen Beziehungen wollen die Partner deshalb durchaus wissen, wann der andere was mit wem treibt. Dies erspart beiden Partnern das Versteckspiel und erlaubt auch, das Kribbeln der Verunsicherung dosiert zu nutzen. Es entstehen manchmal sogar freundschaftliche Verhältnisse mit den Außenpartnern. In erprobten Beziehungen erwarten die Hauptpartner den anderen nach einem Seitensprung schon sehr gespannt daheim und drücken dann sehr deutlich auf sexuellem Wege ihre Zugehörigkeit aus.

So entsteht allerdings ein Mehr an kommunikativem Aufwand. Außerdem sei natürlich auf die Gefahr hingewiesen, dass aus der Nebenbeziehung eine echte Konkurrenz werden kann.

Es ist hart, aber sollte klar und deutlich gesagt werden: Es gibt in keinem Modell eine Garantie für irgendetwas. Auf sehr viele Paare wirkt die Öffnung ihrer Beziehung für andere zunächst sehr bedrohlich. Später berichten viele von einem großen Gefühl der Souveränität, denn wenn man x Außenpartnerschaften überlebt hat, ist das ein Kompliment aneinander. Die Partner in solchen altgedienten Settings empfinden es als außerordentliche Steigerung ihrer Lebensqualität, dass sie immer noch am Spiel der Leidenschaften mit anderen »teilnehmen«. Allein ein Flirt steigert ja sehr oft schon das Selbstwertgefühl, eine Affäre tut dies umso mehr. Tatsächlich bleiben Menschen, die nach wie vor »auf dem Markt« sind, bewusster bezüglich ihrer Attraktivität, und davon profitiert auch der Hauptpartner ganz direkt. Die Beziehung wird durch die Konkurrenz belebt und auf der anderen Seite auch entlastet. Wer eine sexlose Beziehung hat, die aber im Alltag angenehm und komfortabel ist und in der beide Partner nach wie vor emotional verbunden sind, muss nun keinen Verzicht mehr üben, und das verringert die Notwendigkeit, sich »nur« aufgrund des Wunsches nach Sex vom Hauptpartner zu trennen.

Für manche ist es sogar ein gutes Lösungsmodell, den Sex willentlich auszulagern. Einige gehen dann noch einen entscheidenden Schritt weiter, erlauben sich sogar die Liebe zu anderen Personen und nennen das Polyamorie. Hier treffen wir die vermutlich extremste Form von gelebter Freiheit in Beziehungen an. Jeder mit jedem, und alles ist erlaubt. Wer diesen Beziehungsstil lebt, hat einiges zu tun und macht Erfahrungen, aus denen viele andere lernen können.

Polyamory – grenzenlose Liebeleien

Hanna: Ich vermisse Adam!
Simon: Ich auch!
Tom Tykwer, »Drei«

Auf einem T-Shirt sahen wir mal ein Piktogramm von einem Brautpaar. Sie strahlte, er zog eine Leidensmiene. Darunter stand: »Game over«.

Bei Prominenten wie Otto Waalkes, Dieter Wedel, Paul Bocuse oder in Hollywood bei Tilda Swinton, Will Smith und anderen werden polyamore Beziehungsmuster sichtbar. Tom Tykwers Film

»Drei« thematisiert humorvoll und recht lebensnah das Thema der Liebe zu mehr als einem Menschen, und auch in Talkshows lugt die Polyamorie immer mehr ins gesellschaftliche Bewusstsein. Bekannt aber ist diese Lebensform noch lange nicht.

Polyamore Menschen leben anders, und sie haben andere Leitbilder. Man kann sie für ihre Ideale belächeln oder für ihren Mut und ihre Geduld bewundern, aber was man ihnen kaum nachsagen kann, ist, dass sie gedankenlos handeln. Die meisten Polys sind ziemlich reflektierte Menschen, denn zu diesem Lebensstil gehört ein kaum vorstellbares Maß an Kommunikation und Selbstorganisation. Wer mehrere Menschen vollwertig lieben will, sich ernsthaft auf die jeweiligen Beziehungen einlassen und dabei für Ausgewogenheit zwischen allen Beteiligten sorgen möchte, darf sich auf eine lebenslange, nebenberufliche und vollkommen ehrenamtliche Tätigkeit als Amateurpaarberater freuen.

Polyamorie oder englisch Polyamory stellt nicht nur die sexuelle, sondern auch die emotionale Treue fundamental infrage. In der Polyamorie ist der Gedanke, mehr als einen Partner lieben zu können, zentral. Die Bezeichnung klingt technisch und beschreibt auch nur diesen Sachverhalt: Poly heißt mehrfach, und amor steht für Liebe. Bei manchen Polys kommt es paradoxerweise zu einer Verdammung reiner Sexkontakte, solange sie ohne Liebe stattfinden. Die meisten polyamoren Menschen sind aber sowohl sexuell als auch emotional offen. Die Argumentation der Polyamorie ist so durchdacht, dass viele Polys von einer sehr gleichförmigen Reaktion berichten, wenn sie anderen von ihrer Art zu lieben erzählen: »Klingt total schön und auch logisch … aber ich könnte das nicht!«

Wieso können die Polys das? Wie funktioniert ein derart gewagtes Liebesleben? Eine der wichtigsten Voraussetzungen ist die Einvernehmlichkeit aller Beziehungen. Keiner geht einfach so eine neue Liaison ein, sondern es bedarf der Rücksprache mit den anderen Partnern. Diese haben keine direkte Entscheidungsgewalt, aber wer Beziehungen liebevoll führen will, wird die Gefühle der anderen Partner sicherlich ernst nehmen. Trotzdem ist es eine wichtige

Grundhaltung für Polys, nicht das Gegenüber für die eigenen Gefühle verantwortlich zu machen, sondern den Umgang mit Eifersucht und anderen Emotionen selbst zu finden. Ein einfühlsamer Partner wird dabei natürlich unterstützen.

Das kann zu Situationen führen, die für normale Verhältnisse überaus bizarr anmuten. Stefanie weint, weil sie Liebeskummer mit Jens hat. Sie wird von ihrem Mann Thomas deshalb getröstet. Er bedauert, dass sich Jens gerade distanziert, zumal Jens und er seit vielen Monaten auch gute Freunde sind.

Noch skurriler ist, wenn Tine wegen ihrer Verlustängste Probleme kriegt und ihr Freund Andre sie deshalb beruhigt. Der Auslöser für diese unangenehmen Gefühle ist Andres Treffen mit Chloe. Tine verlangt aber keineswegs, dass Chloe und Andre ihr Treffen absagen, denn sie sieht es als ihre eigene Aufgabe an, mit diesen Gefühlen zurechtzukommen und an ihnen zu wachsen. Was sie sich wünscht, ist, dass Andre ihr vor dem Treffen noch einmal sagt, dass er sie liebt und dass sie ihm wichtig ist.

Wer wirklich viel Verunsicherung erträgt, der löst sich in polyamoren Beziehungen sogar vollständig vom Konzept der Hierarchie von Partnerschaften. Es gibt dann keine Außenpartner, keine Hauptbeziehung und keine Geliebten mehr, sondern nur Menschen, die man liebt. Jede Beziehung kann alles Mögliche werden, und nichts ist jemals auf ewig geplant oder festgelegt.

Wer nun glaubt, es sei eine große Leistung, mehr als einen Menschen zu lieben, der irrt. Wer seinen Vater und seine Mutter liebt oder mehr als ein Kind, beweist, dass er dazu prinzipiell in der Lage ist. Nach Poly-Denke ist das Herz keine Torte, die unter zwei, drei, vier oder zehn Menschen aufgeteilt wird. Wenn dem so wäre, bekäme jeder ein kleineres Stück, je mehr Menschen am Tisch sitzen. Albert Schweitzer sagte, dass Glück das Einzige sei, das mehr würde, wenn man es verschwende. Wir denken, das gilt auch für die Liebe. Was hingegen ganz klar limitiert ist, sind Zeit und materielle Ressourcen. Wer gerade mit Charlotte im Tauchurlaub auf den Malediven ist, der hat währenddessen keine Möglichkeit, mit Barbara in Bozen zu campen. Und auch danach könnte es sein, dass das Geld keinen sofortigen Ausgleich zulässt.

Auch die Zeit, die man durch Gespräche und Aufmerksamkeit in Beziehungen investiert, ist nur begrenzt vorhanden. Allerdings sollte man an den wichtigen Effekt der Sehnsucht denken. Wer die Leidenschaft frisch halten will, der sollte sich ordentlich vermissen können. Wir kennen Poly-Beziehungen, die riesige Distanzen überbrücken und kaum alltägliches Leben miteinander ermöglichen. Wenn dann alle paar Monate ein Treffen möglich wird, ist die Leidenschaft dafür auf dem Siedepunkt, denn beide haben sich innig vermissen können.

Viel mehr Chaos entsteht aus Liebesverhältnissen, wenn sie vorwiegend im Alltag stattfinden. In größeren Netzwerken, also wenn Martin mit Linda, Kerstin und Chantal Beziehungen führt, Linda aber noch Robert, Tom und Franziska liebt und auch Kerstin und Chantal noch einige andere Menschen begehren, kann es unübersichtlich werden. Manche solcher »Netzwerke« führen sogar Online-Kalender, um zu klären, wer an welchem Wochentag in welcher Wohnung mit wem zusammenkommt.

Wie man sieht, haben sich durch die Erfahrung in komplexen Beziehungsnetzwerken viele Polys besondere Hilfsmittel erarbeitet. Spezialbezeichnungen für bestimmte Beziehungskonstellationen und gute Richtlinien bei emotionalen Krisen schaffen dabei ein Repertoire, das auch für Monobeziehungen Inspirationen enthält.

Wer schon länger mehrere Menschen liebt, weiß um die Kraft der NRE, einer Abkürzung für New Relationship Energy, also der Energie, die neue Beziehungen haben. Die Empfehlung vieler Polys lautet, keine lebenspraktischen Entscheidungen zu treffen während der ersten ein bis zwei Jahre einer neuen Beziehung, denn da gelten noch eher die Gesetze der Verliebtheit. Wir kennen einige Mono-Paare aus unserer Beratung, die schon nach wenigen Wochen verheiratet und »schwanger« waren. Oft kommt Jahre später die Klage auf, »dass das damals viel zu schnell ging«, verbunden mit einem Gefühl der Reue und des »Gefangenseins« – was gerade für die Kinder solcher Eltern ein seltsames Gefühl zur Folge haben dürfte.

Es gilt als erwiesen, dass eine neue Liebe fast jede altgediente

Partnerschaft zunächst einmal in den Schatten stellt. Deshalb ergeht an den »Center«, also den, der zwischen zwei Partnern steht, die Empfehlung, sich in dieser Zeit besonders um die ältere Beziehung zu kümmern, um für einen Ausgleich zu sorgen.

So seltsam es klingt: Auch in einer Poly-Liebe gibt es romantisches Schwärmen und das Gefühl der Exklusivität. Auch hier trägt das Beispiel der Liebe zu Kindern oder Eltern. Niemand liebt seinen Vater so wie seine Mutter, seinen Sohn so wie seine Tochter. Hier geht es nicht um die Frage nach »mehr oder weniger«, sondern um die Einzigartigkeit jeder Beziehung.

Polyamorie ist als Begrifflichkeit neu, nicht als Tatsache. Allerdings blieb das Konzept bislang eher Künstlern vorbehalten. Jean-Paul Sartre und Simone de Beauvoir lebten dieses Modell schon vor vielen Jahren. Ob es zu einer größeren Verbreitung geeignet ist, ist fraglich. Wer polyamor lebt, hat zwar Chancen auf immer wieder neue Liebe bei gleichzeitiger Vertiefung der alten Partnerschaften, auf sexuelle Freiheit und die ganze Variationsbreite menschlicher Beziehungen, er sollte sich aber auch vor Augen führen, dass er dafür einiges in die Waagschale werfen muss. Neben großer Freude potenziert sich auch die Wahrscheinlichkeit für vermehrten Liebeskummer und das Auftreten von Eifersucht, für langwierigere Absprachen und komplizierte Lebensorganisation. Gerade in einer eher monogam orientierten Gesellschaft kommt noch dazu, dass es relativ wenig Menschen gibt, die in dieser Art der Beziehungsgestaltung bereits erfahren sind, und damit erhöht sich das Risiko, dass Partnerschaften scheitern. Es gibt keinen anderen Weg herauszufinden, ob man Liebe auf diese Art leben kann, als es auszuprobieren. Das Ergebnis mag aber natürlich sein, dass dieses Experiment scheitert. Polys sind keine besseren Menschen, sie genügen oftmals nicht ihren eigenen Idealen. Sich an alle getroffenen Absprachen zu halten, manchmal nur den kleinsten gemeinsamen Nenner zu leben – das erfordert eine große Integrität. Nichtsdestotrotz ist Polyamorie ein vielversprechender »Feldversuch«, die Liebe auf andere Art in unser Leben zu lassen. Die Erfahrung zeigt, dass dies sehr lange und stabile Partnerschaften ermöglichen kann.

Was FremdgeherInnen treibt – hin zum Unbekannten

Wer nicht mehr liebt und nicht mehr irrt, der lasse sich begraben.
Johann Wolfgang von Goethe

Wir haben einen großen Bilderbogen durchblättert, über das Phänomen Untreue in seinen biologischen, psychologischen, religiösen und kulturellen Aspekten. Wir haben die heutzutage existierenden Alternativentwürfe betrachtet, die anders mit Lust und Liebe Umgang pflegen, und gesehen, dass es in jedem Modell Vor- und Nachteile gibt. Als Faustregel gilt: Je mehr Freiheiten, desto mehr Sicherheitsmaßnahmen werden getroffen, damit die Liebenden keinen körperlichen oder emotionalen Schaden nehmen.

Sicher war für Sie als Leser das eine oder andere Bekannte dabei, aber vielleicht auch einiges Unbekannte. Womit wir beim Thema wären – dem Unbekannten:

Was wir als bekannt bezeichnen, ist all das, was wir schon kennen und zu dem wir uns bereits eine Meinung gebildet haben, das heißt, wir haben uns dazu in Beziehung gesetzt. Das Unbekannte ist demnach das, was wir noch nicht einschätzen können, zu dem uns eine Meinung, eine Beziehung, eine Erfahrung fehlt. Das klingt vielleicht geradezu albern trivial, reicht aber sehr tief in uns selbst hinein.

Wenn wir einen Menschen lieben, erweitern wir unsere bekannte Welt um einen zunächst Unbekannten, wir lassen uns auf etwas Neues ein und fühlen uns selber dadurch geradezu erfrischt, denn nun werden unsere bekannten mit unbekannten Eigenschaften vermischt. Nachdem wir mehr und mehr mit diesem neuen Partner vertraut geworden sind, zählen wir ihn zum Bekannten. Und da wir ihn kennen, meinen wir irgendwann, auch die Partnerschaft zu kennen. Es entsteht ein Beziehungs-Ich. Wir wissen, wie wir gemeinsam im Bett funktionieren, wie wir einen Abend mit Freunden verbringen, wie wir Probleme lösen, einkaufen gehen und so weiter.

Fremdgehen bedeutet, dass einer der Partner (oder beide) das bekannte Ich der Partnerschaft verlässt. Er »geht in die Fremde«.

Oft ist das auch die innere Fremde, weil der Fremdgänger unter Umständen bis dahin wirklich an die eigene Treue geglaubt hat und Stein und Bein geschworen hätte, dass ihm so etwas nie passieren könnte. Er wird von seinem Unbewussten überrascht – in Form eines anderen Partners. Man kann sagen, dass der Affärenpartner das Unbewusste einer Beziehung repräsentiert. Interessanterweise ist das sehr oft bis ins Detail stimmig, denn so wie die Inhalte des Bewussten meist nicht zu denen des Unbewussten passen, so passen der Hauptpartner und der Affärenpartner nicht zusammen. Untreue suchen sich fast nie Partner für Außenbeziehungen aus, die ihren Hauptpartnern ähneln. Niemand bricht die Regeln der Hauptbeziehung für etwas, was er dort schon vorfindet. Das Alte, Bekannte wird dadurch kein bisschen schlechter, nur ist es eben, was es ist, und dadurch ist es automatisch nicht das andere, das Unbekannte! Mit dem Neuen kann das Alte nicht konkurrieren, einfach, weil es bekannt ist. Wer daheim einen lieben Kuschelbären hat, der weiß ihn nach wie vor als Partner zu schätzen, wird aber vielleicht plötzlich von seinem Bedürfnis nach einem Macho mit herablassendem Gestus überrascht. Diese Sehnsucht war der Dame des Hauses bis dahin vielleicht absolut unbekannt an sich selber. Der Macho steht also für das Unbewusste dieser Frau und für das Unbewusste der gesamten Beziehung. Die Beziehung zueinander entscheidet nun darüber, ob dieser »unbewusste Anteil« gut oder böse ist – Jekyll oder Hyde. Der Betrogene wird den geheimen Dritten im Bunde unter den normalen Bedingungen der Monogamie als äußerst negativ erleben, als Störenfried, als Gefahr für das Bekannte. Der Fremdgeher mag vielleicht ambivalent sein, aber er erlebt im Dritten ganz eindeutig seine Sehnsüchte, er erfährt durch ihn seine geheimen Wünsche, er lässt sich verführen. Durch diese Ver-Führung seines personifizierten Unbewussten gelangt er an Plätze, von denen er vielleicht noch nicht einmal wusste, dass er sie lieben würde. Durch den Dritten kennt der Fremdgänger nun einen neuen Teil seiner selbst besser. Man könnte sagen, der Dritte ist nicht nur ein Verführer, sondern ein Führer des Fremdgängers in das eigene Unbekannte.

Auf die Frage, was Menschen in Affären suchen, kann man also getrost antworten: etwas anderes, das Unbekannte!

Biologisch gesehen, entspringen Außenbeziehungen, die mit Sex verbunden sind, vor allem unserem Stammhirn. Unsere Verabredungen mit dem Hauptpartner hat hingegen immer unser Neocortex getroffen. Aber wie sehr wir auch die Treue und Exklusivität verabreden, die älteren Teile unseres Gehirns kümmert das Geschwätz von oben überhaupt nicht, und weil das Stammhirn so viel schneller agiert als unser Verstand, überraschen sich Menschen immer wieder selbst, weil sie etwas tun, das ihnen derart unbekannt ist, dass sie wirklich »fremd-gehen«. Sie wissen nicht, wer sie in diesem Augenblick sind, wenn sie gegen ihre eigenen Regeln verstoßen. Es »hilft« dabei natürlich ungemein, wenn man in einer Gesellschaft lebt, die von Haus aus keinen guten Kontakt mit den animalisch-instinktiven Seiten des Lebens pflegt, weil ihnen die Religion lange eingetrichtert hat, dass das Körperliche der minderwertige Teil ihrer selbst sei. Das wiederum ist die beste Voraussetzung, um sich vom eigenen Unbekannten völlig überrumpeln zu lassen und mit einem attraktiven Unbewussten auf zwei Beinen im Bett zu landen.

Fassen wir zusammen: Wir haben unser Ich, unser Bekanntes, das für uns das Zentrum der Welt bildet. Dieses definierte, exklusive Ich strebt nach Festigkeit, nach Kohärenz und neigt dazu, sich selbst immer wieder neu zu organisieren. Und dieses Ich lässt sich erweitern auf ein zweites Ich. Wenn das Ich in der Hitze der Leidenschaft und der Wärme des Herzens mit dem anderen Ich zu einem Wir gebacken wurde, kann auch diese Identität von etwas Unbekanntem überrascht werden – einem Dritten von außerhalb. Je enger wir das Wir-Ich definieren, desto »unbekannter« sind solche Dritten und umso mehr Sprengkraft entfaltet eine Affäre mit ihnen. Grundsätzlich passiert durch diese Öffnung aber das Gleiche wie am Anfang der Hauptbeziehung: Ein geschlossenes »System«, ein Ich, öffnet sich einem anderen Ich, und beide nehmen Kontakt mit ihrem Unbekannten auf. Man könnte sagen, dass ein Ich das andere aufsucht, um zu wachsen, um unbekannte Anteile zu integrieren.

In den Ohren derjenigen, deren Liebeswelten durch die Untreue ihrer Partner zusammenbrachen, mag es wie Hohn klingen – aber viel von dem, was Fremdgeher zu anderen treibt, ist der Drang, am Unbekannten über sich hinauszuwachsen, eine Gier nach Neuem, eine Neu-Gier.

Nachdem wir uns so ausführlich mit der Tendenz der Untreue, dem Ruf des Unbekannten also, beschäftigt haben, sollten wir der zentralen Leitidee unserer Liebeskultur ein bisschen Zeit widmen. Ist Treue tatsächlich ein völlig unsinniges, neurotisches Konstrukt, das religiöse und politische Machthaber erfunden haben, um unsere animalische Natur zu knechten und uns ein Himmelreich auf Erden vorzuenthalten, damit sie uns wie den hungrigen Esel mit der Möhre vor der Nase führen können, wohin es sie beliebt? Eine Konditionierung, die wir immer wieder selbst herbeten, ein Käfig, auf den wir inzwischen stolz sind und den wir als Zuhause bezeichnen? Ja – aber das heißt nicht, dass dieses Konstrukt nicht auf etwas grundsätzlich Wunderschönem errichtet wurde. Man könnte sagen, Treue ist missverstandene Liebe. Diesem Missverständnis wollen wir uns nun widmen.

2 TREUE

Auf spiritueller Ebene ist jeder Schmerz eine Chance –
nur auf spiritueller Ebene.
Emile Michel Cioran, »Die verfehlte Schöpfung«

NATÜRLICHES

Sehnsucht – nach dem Sündenfall

Und sie waren nackt, der Mensch und das Weib,
und schämten sich nicht!
(1 Mose 2–25)

Das, was wir heute unter Treue verstehen, ähnelt meist einer besonderen Pflanze – nämlich der Würgefeige. Die Würgefeige setzt sich auf einen Wirtsbaum und überwuchert ihn bis er schließlich erstickt. Dann bleibt die Feige wie eine hohle Kopie des Wirtsbaumes stehen und verdaut seine faulenden Reste im Inneren. Unser Treueideal ist genau wie dieser Schmarotzer, der etwas Gesundes überwuchert hat, nämlich unsere früheste Seinserfahrung, unsere erste, ganz große Liebe. Lesen wir die Bibel mal symbolisch, dann ist sie ein kluges Buch, und das Paradies meint genau diese Zeit unseres Lebens.

Wir alle entstammen einem ozeanischen Gefühl der Indifferenz und Ekstase. Im Mutterleib war die Welt einfach. Selbst wenn unsere Mutter unter Druck stand und wir von Stresshormonen überspült wurden, war die Welt, was sie war, und es gab keine Aufteilung in ein Besser und Schlechter, ein Vorher und Nachher, ein Ich und Du. So wenig, wie es einem Embryo möglich ist, Bedürfnisse zu äußern, so wenig ist der Körper der Mutter darauf eingestellt, ihm irgendetwas vorzuenthalten. Ein Mutterkörper gibt selbstlos, während er mit dem Kind verbunden ist. Während der Schwangerschaft finden bereits unglaubliche Lernprozesse statt, weshalb ein Neugeborenes längst kein unbeschriebenes Blatt mehr ist. Nur weiß es noch nichts von all dem, denn es hat, psychologisch gesehen, noch kein Ich.

Obgleich nun die Trennung der Mutter-Kind-Symbiose erfolgt und aus »einem Körper« zwei werden, erkennt das Kind die Stimme von Mutter und Vater und erfährt in den meisten Fällen auch weiterhin Geborgenheit. Säugling und Mutter sind vollkommen aufeinander bezogen. In Sekundenbruchteilen reagiert die Mimik der Mutter auf die Ausdrücke des Kindes und umgekehrt. Ein Lächeln wird wahrgenommen wie ein Erblühen der ganzen Welt, und es entfaltet so viel Kraft, dass es sofort die Antwort darauf hervorruft. So steigert sich das Erleben zu einer tanzenden Einheit zweier Wesen.

Auf diesem Weg identifiziert sich ein Säugling so stark mit seinem erwachsenen Gegenüber, dass es durch seine Eltern lebt und fühlt. Dabei übernimmt es alle Emotionen der Eltern durch unwillkürliche Imitation ihrer Mimik als Grundtöne des Lebens. Betrachten wir Momente des liebevollen Kontakts mit unseren Eltern als Einzahlungen auf unser Selbstwertgefühlkonto und unsere Liebesfähigkeit, dann hätte es bei vielen von uns vielleicht auch »ein bisschen mehr sein dürfen«. Das, was Adorno die soziale Kälte nannte, pflanzt sich uns auf diesem Wege sehr früh ein und lässt uns emotional bedürftig zurück.

Trotzdem leben wir so lange in paradiesischer Unschuld, wie uns die Ich-Erkenntnis fehlt. Wenn Sie wissen wollen, ob ein Kleinkind bereits diese Erkenntnis vollzogen hat, machen Sie den Rouge-Test: Ein Fleckchen Rouge wird auf der Stirn des Kindes verrieben, und nachdem einige Zeit vergangen ist – um es vergessen zu lassen, was eben passierte –, stellt man es vor einen Spiegel. Wenn das Kind nach dem Spiegelbild greift, erkennt das Kind sich noch nicht als getrenntes Ich. Greift es sich selber an die Stirn, weiß es um seine getrennte Existenz. Dann hat es bereits das christliche Sündenäpfelchen genossen und ist damit bereit für Erfahrungen der Isolation.

Was wir unter Treue verstehen, rührt in der tiefsten Schicht an diese verlorene Erfahrung von Einheit mit einem anderen Wesen. Das vollständige Aufeinander-bezogen-Sein, die Unmittelbarkeit des Kontakts, die spontane Identifikation mit dem anderen fühlenden Wesen, das geradezu göttliche Züge für uns hatte – dies alles lodert in uns auf, wenn wir lieben! Wir erinnern uns daran, wie die Welt sein sollte, wie richtig es war zu leben, bejaht zu werden und mit dem eigenen Lächeln ein Lächeln im Gegenüber zu entzünden. Wer zwei tatsächlich verliebte Menschen beobachtet, der sieht einen Pas de deux, ein Feuerwerk aus synchroner oder komplementärer Mimik und Gestik, wie es niemand bewusst choreografieren könnte. Die Reaktionen sind so unmittelbar und unwillkürlich, die Blicke so tief und vielsagend, dass jedem Beobachter deutlich wird, wie ergreifend dieses Spiel für beide Partner sein muss. Wie um sie herum die Welt versinkt, während sie einander mit Aufmerksamkeit nähren – so wie eine Mutter mit ihrem Lächeln ihr Baby wissen lässt, dass es einzigartig, gewollt, geliebt, willkommen ist.

Diese Urerfahrung von Liebe ist es, die wir aus einem inneren Hunger nach Sein heraus in jeder Liebe aufs Neue suchen und finden. Sie zeigt sich in tiefen Sehnsüchten nach diesem Gefühl von Verschmelzung und Verbundenheit. Wenn es in unserer Kindheit starke Momente von Entbehrung dieser intensiven Bezogenheit gab, beginnen uralte emotionale Wunden – die frühesten, die wir haben – wieder zu schmerzen, sobald wir uns vorstellen, dass diese kostbare Quelle der Identifikation und Wesensergänzung versiegen könnte. Da wir alle vom Apfelbäumchen naschen mussten, um ein Ich für das alltägliche Leben auszubilden, empfinden wir uns und andere als Objekte und benutzen das Feigenblatt für unsere Blöße. Dieses mentale Verwalten und Sichern-Wollen unserer Urerfahrung von Geborgensein ist der Samen der Würgefeige, der auf unserem Baum der frühen Liebe und Selbstliebe haften bleibt und diesen schon bald erstickt mit ängstlichem Klammern und Sicherheitsdenken.

Unser Treuebegriff wuchert also – gefördert von den religiösen Machthabern – über den modernden Resten unserer Urerfahrung von Liebe und Gewolltsein, die wir empfingen vom Augen-Blick unserer göttlichen Mutter.

Alles meins – Logik des Begehrens

Erst kommt das Fressen, dann kommt die Moral!
Bertolt Brecht, »Die Dreigroschenoper«

Noch archaischer als die Erinnerung an den sozialen Kontakt zwischen Eltern und Kind ist unser instinktives Erleben von Begehren. Unsere unteren Hirnregionen haben unglaubliche Kräfte, wenn es darum geht, unser Leben zu erhalten. Sie sind unser bester Freund. »Wenn jeder nur an sich denkt, ist an alle gedacht«, ist eine grundsätzlich richtige Aussage und führt nicht zwangsläufig zur Ellenbogengesellschaft. Egoismus ist verpönt nach vielen Jahrhunderten Christentum, doch in seiner positiven Form ist er grundsätzlich nicht verurteilenswert. Das Duden-Fremdwörterbuch beschreibt Egoismus als »Ich-Bezogenheit«, »Ich-Sucht«, »Selbstsucht«, »Eigenliebe«. Sucht und Liebe sind aber zweierlei. Eine Eigenliebe wird andere kaum schädigen.

Man kann in der menschlichen Sexualität – wie bei fast allen Säugetieren – nahezu alle Handlungen auf zwei Grundmuster rückbeziehen. Das eine Muster ist Kampf und das andere Brutpflege. Wer Fischen oder Reptilien bei der Paarung zuschaut, der weiß als Laie oft nicht, ob sich da zwei küssen oder schlagen. Da wird gebissen und geknurrt, dass es aussieht wie ein Akt der Gewalt, obwohl sich beide freiwillig zu ebendiesem Akt eingefunden haben. Bei Vögeln und Säugetieren, die generell mehr Brutpflege betreiben als Reptilien, Amphibien, Fische oder Wirbellose, kennt man hingegen liebevolles Füttern, Lausen oder das Bringen von Nistmaterial als Teil des Balz- oder Paarungsrituals. Die Penetration selber mag dann doch noch relativ rau vonstattengehen, aber sie ist zumindest eingebettet in eine Beschwichtigung, eine soziale Handlung, die dem Beziehungsaufbau dient.

Auch in der menschlichen Sexualität finden sich Brutpflegeverhalten, wie Streicheln, Kraulen, Küssen und – meist später im eigentlichen Akt – dann auch Heftigeres, was eher nach Kampf aussehen kann. Manch ein Kind, das seine Eltern beim Sex ertappte, dachte bei diesem Anblick, der Papa würde der Mama wehtun. Verständlich, wenn es so laut und ruppig zugeht. Im Hirn benutzen Aggression und Sex zum Teil die gleichen Strukturen, was es so wichtig macht, dass Zärtlichkeit als Beruhigungsmittel zum Einsatz kommt. Hier wird auch deutlich, warum gerade von religiöser Seite so oft der Sex zum Buhmann wurde. Er hat zwar eine sehr soziale Seite, die aber direkt neben animalischer Aggression liegt, und Letztere galt es stets im Zaum zu halten. Wie wir dargelegt haben, ist Unterdrückung nur nicht unbedingt das intelligenteste Mittel der Wahl.

Für unser Treueverständnis ist es wichtig, dass durch beide Komponenten eine sehr exklusive Wahrnehmung gefördert wird. Wenn wir im Kampf oder auf der Jagd sind, engt sich mit dem Auftauchen des Gegners oder der Beute die Aufmerksamkeit stark ein, und auch die körperliche Erregung lässt unseren Aufmerksamkeitsfokus kleiner werden. Die animalische Seite in uns sagt deshalb beim Sex gewissermaßen: »Du gehörst mir!« Dieser Anspruch ist keine generelle Beziehungsaussage, sondern kann mit nachlassender Erregung ebenfalls verschwinden. In der Logik der Erregung ist das reizvolle Gegenüber jedoch immer kurzfristig so etwas wie ein Lustobjekt, das wir besitzen wollen.

Die andere Seite hingegen ist ebenfalls auf eine Eins-zu-eins-Situation zurückzuführen. Brutpflegeverhalten äußert sich im Ursprung immer gegenüber dem eigenen Nachwuchs. Diese Beziehung ist – wie wir im vorigen Kapitel gesehen haben – beidseitig sehr intim und auf ein ganz bestimmtes Individuum bezogen. Einige Forscher sehen den Ursprung des Küssens in der Fütterung von Mund zu Mund. Das mag uns etwas ekeln; wenn wir uns aber vorstellen, dass es in Urwald oder Steppe weder Kochgelegenheiten noch das Fertigmenü im Gläschen gab, dann war das Vorkauen der Nahrung sicherlich die beste Option, zumal damals gewiss andere Hygienestandards galten. Ein Baby würde heutzutage definitiv nicht angeekelt reagieren. Mit jedem Kuss im Liebesspiel rufen wir also wieder die intime Bindung zur Mutter wach. Aber nicht nur das: Wir rufen auch die intimen Bindungsmuster als (!) Mutter wach. Wir erleben dort also beide Seiten.

Wer Streicheleinheiten gibt, der ist eher mit seinen Instinkten als Elternteil in Kontakt. Diese Instinkte existieren, egal, ob der- oder diejenige Kinder hat oder nicht. Wer Streicheleinheiten empfängt und genießt, gleicht eher dem Kind, das Geborgenheit erfährt.

Wir sehen also, dass in der Vereinigung mit einem geliebten Gegenüber zweierlei Bindungsmuster zu einer sehr intimen Erfahrung beitragen. Das ist vollkommen normal, gesund und wünschenswert. Nicht plausibel ist hingegen, dass aus dieser Erfahrung eines Augenblicks auf eine Beziehung »hochgerechnet wird«. Wenn es sich jetzt so anfühlt, als ob mein Gegenüber der Dreh- und Angelpunkt meines Universums ist, dann muss das nicht auch für die nächsten fünfzig Jahre gelten – darauf kommen wir später noch ausgiebig zurück. Wir müssen nur die Matriarchate betrachten, um zu sehen, dass man schon vor Tausenden von Jahren durchaus für eine Nacht zusammenkommen konnte, ohne daraus abzuleiten, dass das Ausschließlichkeitsgefühl jener Nacht auch darüber hinaus gelten müsste.

Neben diesen Erklärungen, die über Kindheit oder Stammesgeschichte argumentieren, gibt es aber auch noch eine Logik der menschlichen Liebe, die das Gefühl der Exklusivität zur Folge hat. Aber auch dort müsste keineswegs eine lebenslange Ausschließlichkeit aus dem Geschehen folgen.

Liebe ist immer exklusiv – von Assoziation und Qualität

Jeder geliebte Mensch ist der Mittelpunkt eines Paradieses.
Novalis

»Ich werde nie wieder eine Frau oder einen Mann so lieben wie dich!«

Dieser Satz ist wunderschön. Dieser Satz geht runter wie Öl. Es gibt ihn auch in der Variante: Ich habe noch nie eine Frau/einen Mann so geliebt wie dich! Dieser Satz, in einer der beiden Variationen, dürfte mehr als eine zögerliche Dame dazu gebracht haben, sich schließlich doch dem sehnsuchtsvollen Drängen eines Mannes hinzugeben. Wir wünschen uns diese Aussage von jedem, den wir lieben! Oh – Entschuldigung … Bereits diese Formulierung zeigt schon etwas sehr Unromantisches, nämlich, dass wir diesen Satz über die Einzigartigkeit der Liebe eben von jedem hören möchten und dass wir ihn vielleicht auch schon mehr als einem Menschen gesagt haben. Der Satz ist trotzdem vollkommen wahr – aber er ist auch vollkommen trivial!

Warum? Weil Liebe zwangsläufig exklusiv ist. Wenn wir lieben, verschwindet in gewisser Weise die Welt um uns herum, und das erfordert keineswegs das emotionale Hungergefühl, das eine lieblose Kindheit in uns hinterlässt. Es klingt seltsam, aber es geht sogar polyamoren Menschen so! Wenn Rachel gerade wild verliebt mit Boris in Leidenschaft versinkt, dann denkt sie dabei weder an Brad Pitt noch an ihren Lebenspartner Dirk zu Hause. Wenn sie es doch tut, dann ist sie entweder von schlechtem Gewissen geplagt oder vom enttäuschenden Sex mit Boris – vor allem aber ist sie sehr wahrscheinlich einfach nicht wirklich verliebt! Wenn wir verliebt sind, dann sind wir ausnahmsweise mal vollkommen bei der Sache. Verliebtheit ist ganz sicher ein Zustand von höchster Aufmerksamkeit, von Meditation, von Trance. Dies entspringt gar nicht so sehr der Logik der Liebe an sich, sondern rührt her von einem noch fundamentaleren Mechanismus unserer Wahrnehmung und Interpretation von Wirklichkeit, vom Gesetz der Assoziation und Dissoziation. In der Hypnose nutzt man die Tatsache, dass man sich nicht auf mehr als eine Sache gleichzeitig konzentrieren kann. Wir kennen das aus dem Alltag: Wir verpassen die Haltestelle, weil wir vertieft sind in den spannenden Krimi, oder merken gar nicht, dass es kälter geworden ist, während wir uns so intensiv unterhalten haben. Wer beim Krimi ist, ist nicht in der Bahn. Wenn wir uns das Gehirn als Computer vorstellen, könnte man sagen, dass unser Arbeitsspeicher einfach zu klein ist, um mehr als eine Sache zur selben Zeit zu tun. Multitasking bedeutet nur, dass der Geist zwischen Telefonieren, Kaffeetrinken, Autofahren und Dem-Unfall-knapp-Entgehen pendelt. Niemals tun wir das alles wirklich parallel und auch noch mit dem gleichen Maß an Aufmerksamkeit. Je mehr wir das eine tun, desto weniger Aufmerksamkeit bekommt das andere. Wie im Computer springt unser »Prozessor« eigentlich nur rasend schnell hin und her.

Liebe führt zunächst zu unglaublich starker Assoziation mit dem Geliebten. Unsere Aufmerksamkeit ist völlig vom anderen gefesselt, wenn wir ihn nicht so richtig kennen (weil wir ihn erst kennengelernt haben oder sich etwas so stark verändert hat, dass wir ihn neu wahrnehmen). Da unser Ideal eine lebenslange Liebe will, erweitern wir dieses Versunkensein als Anspruch für eine ganze Partnerschaft. Trotzdem wissen wir, dass im Laufe der Zeit der Partner an Geheimnis und Faszination verliert und es viel »Romantisieren« brauchte, um dem entgegenzuwirken. Wenn wir dann – sehr viel später – »Sex machen«, anstatt in Leidenschaft miteinander zu verschmelzen, dann sind wir durchaus mal abgelenkt. Das geht schon damit los, dass wir mittendrin an die Kinder denken, die Steuererklärung oder aber tatsächlich an den oder die Geliebte (so vorhanden) oder andere Menschen, mit denen wir mal Sex hatten oder gerne haben würden. Dieses Fremdgehen in Gedanken ist bereits kränkend. Welcher Olaf möchte schon von seiner Liliana im Augenblick höchster Ekstase als Martin angestöhnt werden?

Noch viel wichtiger aber ist ein zweiter Grund, warum wir wirklich noch nie einen Menschen so geliebt haben wie diesen und auch niemals so lieben werden: Jede Beziehung ist vollkommen individuell. Darin besteht ihr Segen und ihr Fluch. Natürlich können wir Menschen und Beziehungen vergleichen, und sicherlich werden wir Ähnlichkeiten finden. Manchmal sind diese Ähnlichkeiten sogar ziemlich frappierend – das ist dann der Augenblick, in dem Menschen deutlich wird, dass sich bestimmte Dinge im Leben zu wiederholen scheinen. Trotzdem ist Dieter als Individuum ebenso einzigartig und unwiederholbar wie Peter. Sie mögen einige Eigenarten gemeinsam haben – was vermutlich ein wichtiger Grund ist, warum wir beide (nacheinander oder gleichzeitig) lieben, aber ansonsten sind sie zwei absolut einzigartige Menschen.

Selbst wenn wir also stets ein und derselbe Mensch wären, sind die beiden Partner anders, und so muss unsere Kommunikation und damit unsere Beziehung zwangsläufig anders sein. Und sogar die Beziehung zu ein und demselben Partner wandelt sich, sodass kein Augenblick dem anderen gleicht, keine Beziehung, kein Partner und keine Liebe.

Im Buch »Der kleine Prinz«, das immer wieder gerne auf Hochzeiten zitiert wird, heißt es zu Beginn, dass die Erwachsenen gerne alles in Zahlen messen und für die wesentlichen Dinge blind sind. »Nur mit dem Herzen sieht man gut« ist ein bekannter Satz. Wir kennen solche »Zahlen« aus vielen Coachings mit partnersuchenden Menschen. »Der Neue ist groß, tanzt viel besser als der Letzte …« Der Kollege Wolfgang Schmidbauer drückt das in seinem Buch »Die heimliche Liebe« sehr deutlich aus: »Wer behauptet, mit A zu schlafen sei 1000-mal schöner als mit B, kann eigentlich gar nicht mitreden, wenn es um Lust geht: Denn wenn er auch bei seiner Tausendschönen immer noch vergleichen und Nachrechnen kann, dann hat er Berauschendes, Ekstatisches noch nicht wirklich kennengelernt. Wer Register anlegt und Liebesspiele vergleicht, wer Zensuren vergibt und andere verdächtigt, ihn zu zensieren, urteilt im Grunde nur über das Maß, in dem Rivalität und Leistungsdenken seine erotischen Bezirke infiltriert haben.«[24]

Augenblicke der Liebe sind Momente, in denen wir so intensiv wie kaum noch sonst die Qualität des Lebens und die Eigenarten einer bestimmten Person schmecken, wahrnehmen und erforschen. Natürlich können wir sagen, dass uns salziges Essen besser schmeckt als scharfes, aber Schärfe ist nicht salziger als Salz. Kategorien stehen nebeneinander, nicht übereinander.

Wenn wir den Satz »Ich werde nie wieder eine Frau/einen Mann so lieben wie dich« hören, empfinden wir die einzigartige Qualität dieser Aussage. Was sich uns aber aufdrängt, ist die Logik der Erwachsenen, und die zählt, misst und quantitativ vergleicht. »Ich werde nie wieder eine Frau/einen Mann mehr lieben als dich!« – diese Aussage wäre beruhigender, aber im Gegensatz zu den anderen Varianten logischer Unsinn. Von welchem allwissenden Orakel wollen wir denn wissen, wie viel wir noch lieben werden – wie viel wir noch lieben können!?

Wenn wir Exklusivität in der Liebe wollen, dann weil Liebe Exklusivität bedeutet. Im Sinne des kleinen Prinzen von Antoine de Saint-Exupéry können wir vom Fuchs etwas über diese Exklusivität lernen: »Ich kann nicht mit dir spielen«, sagte der Fuchs. »Ich bin noch nicht gezähmt ... Zähmen ... bedeutet, sich ›vertraut machen‹ ... Noch bist du für mich nichts als ein kleiner Junge, der hunderttausend kleinen Jungen völlig gleicht. ... wenn du mich zähmst, werden wir einander brauchen. Du wirst für mich einzig sein in der Welt. Ich werde für dich einzig sein in der Welt. ... wenn du mich zähmst, wird mein Leben wie durchsonnt sein. ... Du siehst da drüben die Weizenfelder? Die Weizenfelder erinnern mich an nichts, und das ist traurig. Aber du hast weizenblondes Haar. Oh, es wird wunderbar sein, wenn du mich einmal gezähmt hast! Das Gold der Weizenfelder wird mich an dich erinnern. Und ich werde das Rauschen des Windes im Getreide lieb gewinnen.«[25]

Was seltsam anmuten mag, ist, dass Exklusivität auf diese Weise verstanden nur eine Unterscheidung von Qualität ist, niemals von Quantität. Würde Pippi Langstrumpf mit ihren roten Haaren den kleinen Fuchs zähmen, würde ihn später das rote Herbstlaub an sie erinnern. Ist Weizenblond »besser« oder »schlechter« als Feuerrot? Eben! Genau deshalb sagen polyamore Menschen manchmal, dass jede ihrer Lieben einzigartig sei, ohne sich zu stören oder Konkurrenz zu machen. Im Gegenteil steigert sich bei vielen noch das Gefühl für die Einzigartigkeit jeder Liebe. Das Wesen der Liebe ist die Vertrautheit mit den einzigartigen Qualitäten des oder der Geliebten. Wann immer Sie jemanden geliebt haben, war dies ein einzigartiger Augenblick. Sie waren, wie Sie niemals wieder sein werden, er oder sie war es und die Liebe zwischen Ihnen deshalb auch. Außer Ihnen beiden war nichts wichtig, denn nichts sonst hat sich Ihnen auf diese Art vertraut gemacht.

Vertrauen und Bindung – wir wollen Bestätigung

Beziehung ist der Spiegel, in dem wir uns selbst so sehen, wie wir sind.
Krishnamurti, »Der Spiegel der Liebe«

Sobald wir die körperliche Symbiose mit unserer Mutter verlassen haben, haben wir immer noch eine extrem enge Bindung, die Modell steht für alle Beziehungen, die später folgen. Wir bekommen idealerweise eine Liebe, die ohne viel Urteil ist, die uns bestätigt und fördert, eine Liebe, die wir auch durch Fehlverhalten nicht verprellen können. Erst nach und nach tritt das Prinzip der väterlichen Liebe hinzu, die belohnt und stärker Bezug nimmt auf das, was das Kind tut. Erst mit dem Wachsen der Kompetenzen des Kindes werden Lob und Bestätigung für seine Taten möglich. Ein Säugling kann lächeln, aber dafür wird er kaum Lob erhalten, er bekommt ein Lächeln zurück. Für die ersten Schritte hingegen werden beide Eltern im Normalfall ein Kind mit ihrer Begeisterung »belohnen«.

Der schlichte Ausruf »Oh, du hast aber ein schönes Bild gemalt!« ist für ein Kleinkind zum Bersten voll mit Lebensnotwendigkeiten (weshalb es für die Entwicklung des Nachwuchses so tragisch ist, wenn Eltern *nicht* in dieser Art verbale Trivialitäten zum Besten geben). Explizit ist der Inhalt der Botschaft – ein Lob für eine Tätigkeit –, aber es kommen noch viele andere Dinge zum Tragen. Das Kind hört das Wort »Bild« und verknüpft es über viele Wiederholungen mit ähnlichen Objekten, die es malt, und lernt so die Bedeutung dieses Klanges. Das »Du« wird auf Dauer zu einem intellektuellen Ich-Bewusstsein des Kindes führen. Implizit teilen sich dabei aber noch weitere, ganz entscheidende Dinge mit: Du bist mein Kind, und ich nehme dich wahr. Du bist wichtig für mich, denn ich schaue dir zu. Ich bin mit meiner Aufmerksamkeit bei dir, und das bedeutet, dass ich die Situation überwache, also bist du in Sicherheit. Das, was du tust, ist wertvoll, und ich unterstütze dich in dem, was du tust. Darüber hinaus sorgen die Prosodie, also die Sprachmelodie, und der hoffentlich passende Gesichtsausdruck für eine liebevolle Atmosphäre und geben dem Kind weitere Möglichkeiten, nonverbale Signale lesen zu lernen. Man sieht, dass die Natur höchst effizient arbeitet.

Wenn diese an sich überaus simplen Botschaften in ausreichender Qualität und Quantität ein Kind erreichen und es bereits über eine feste Basis von Grundakzeptanz und bedingungsloser Liebe verfügt, dann wächst daraus wahrscheinlich ein grundsätzlich zufriedener Mensch heran, denn zur Zeit seiner Ich-Werdung (genau das ist der Moment mit dem biblischen Apfel) fühlte er sich und sein Tun angenommen und von den wichtigsten Bezugspersonen gespiegelt.

Wenn wir im Erwachsenenleben lieben, wiederholt sich auf ganz natürliche Art dieser Aspekt unserer frühen Liebesbeziehung zu den Eltern. Der Augenblick, in dem uns ein Mensch, den wir lieben, sagt, dass er uns ebenfalls liebt, ist sicherlich auch deshalb so magisch, weil er uns auf umfassende Weise bestätigt. Diese Bestätigung gleicht der bedingungslosen Mutterliebe, aber darüber hinaus bekommen wir meist auch noch verbal oder nonverbal mitgeteilt, was der geliebte Mensch außerdem an uns schätzt. Dazu werden üblicherweise auch Komplimente zählen, die sich auf das beziehen, was wir tun. Zu hören, dass wir gute Zuhörer, Tänzer, Köche, Liebhaber, Partylöwen, Intellektuelle, Berater, Kindergroßzieher oder Krisenmanager sind, hat seinen Reiz, denn es spiegelt uns wider, dass eine Fähigkeit, um die wir uns vermutlich sehr bewusst bemüht haben, gesehen und geschätzt wird. Wenn ein Kind seine Mama mit einer Blume erfreut, die es gepflückt hat, spürt es einen Kompetenzzuwachs, denn es kann aktiv auf die Stimmung des anderen Einfluss nehmen. Und das möchten wir auch als Erwachsene. Es ist keineswegs gleich neurotisch, sondern ein menschliches Grundbedürfnis, wenn wir den Wunsch nach Anerkennung durch andere, uns wichtige Personen haben.

Ein Mensch, den wir lieben, wird durch ebendiese Liebe wichtig für uns – wir haben ihn uns »gezähmt«, vertraut gemacht, und natürlich wollen wir von ihm auch besonders viel Bestätigung. Normalerweise bestätigen wir ihn gleichermaßen, sodass dieser Prozess dem sehr nahekommt, was Novalis die qualitative Potenzierung nannte. Ein verliebtes Paar schaukelt sich gegenseitig in Komplimenten und Liebesbeweisen hoch und nährt sich so mit Bestätigung. Im Gegensatz zu Novalis passiert dies allerdings nicht in einem bewussten Akt. Das hat Nachteile, auf die wir später noch zurückkommen werden.

Die Bindung wird also stärker und tiefer, weil immer mehr Facetten von uns in dem anderen und durch ihn Bestätigung finden. Unser Selbstwertgefühl wächst und wächst, weil wir durch die Gefühle und die Wahrnehmung der geliebten Person zu wertvollen Menschen erhoben werden. Selbst nonverbal zeigen sich Verliebte immer wieder, wie schön sie einander finden.

So machen sich die Partner miteinander vertraut. Und ebendadurch »entsteht« Vertrauen. Das Wort Vertrauen geht auf das gleiche Wort zurück wie Treue, nämlich das mittelhochdeutsche »Triuwe«, das für stark und fest steht.

Was bedeutet aber Vertrauen eigentlich? Vertrauen entsteht, wenn wir jemanden als den kennenlernen, der er ist, und sich dieses Bild mit dem deckt, das der andere von sich selbst zeichnet. Der Systemtheoretiker Niklas Luhmann bezeichnete Vertrauen als ein Mittel zur Komplexitätsreduktion. Wir können nämlich nicht wissen (!), ob jemand, der 100-mal pünktlich war, auch beim 101. Mal wieder pünktlich sein wird. Wir vertrauen aber vielleicht darauf, weil uns der andere bislang nie hat sitzen lassen. Das erleichtert das Miteinander erheblich. Hätten wir kein Vertrauen, dann würde der Kommunikationsaufwand ins Unermessliche steigen. So fällen wir ein intuitives Urteil, und wenn dieses Urteil »Vertrauenswürdigkeit gegeben« lautet, gehen die Dinge viel schneller und leichter von der Hand. An der Börse werden Millionenbeträge oft per Handzeichen angegeben. Da könnte hinterher noch sehr viel zurückgezogen werden, nach dem Motto: »Du musst dich verguckt haben, ich wollte nur sechs Millionen zahlen.« Der rege Handel auf dem Börsenparkett funktioniert nur deshalb, weil die Broker einander vertrauen.

Im Liebesleben können wir nie wirklich wissen, wie unsere Aktien stehen, und dabei riskieren wir emotional einiges, wenn wir uns jemandem offenbaren und anvertrauen. Jede Annäherung gelingt nur mit Vertrauen, es gibt einfach keinen Weg, sich sonst einander anzunähern. Vertrauen ist letztlich immer ein Vorschuss, egal, wie vertraut wir einander zu sein scheinen.

Für die Entstehung unseres Vertrauens ist sehr wahrscheinlich auch die Beziehung zu den Eltern wichtig. Neugeborene vertrauen grundsätzlich und vorbehaltlos den ersten Bezugspersonen, allen voran der Mutter. Wenn dieses Vertrauen durch Vorhersagbarkeit der Eltern immer wieder bestätigt wird, dann festigt es sich. Auch das vermittelt sich in der Kommunikation durch so einfache Sätze wie: »Und jetzt geht es ins Bett!« Allerdings müssen diese Sätze mit der entsprechenden Handlung verknüpft sein, sonst ist eben keine Vorhersagbarkeit gegeben, und das Kind lernt, dass Ansagen nur manchmal mit tatsächlichen Folgen einhergehen. Das gestaltet das Zusammenleben in der Erziehung dann schwieriger und wird sich später auch auf das Beziehungsleben des Kindes auswirken, denn es besteht aus seiner Erfahrung einfach nur ein geringer Zusammenhang zwischen Ankündigung und Umsetzung von Aktivitäten. Wer aber in der Kindheit Vertrauen gefasst hat, der wird auf dieser Basis später ein sehr viel festeres Vertrauen als Erwachsener aufbauen können.

Vertrauen, das der Treue so nahesteht, bedeutet demnach Verlässlichkeit, und die soll für viele Menschen auf der Verhaltensebene durch Exklusivität gewährleistet sein. Wenn hier ein Dritter auftaucht, dann ist unser Vertrauen – je nach Konstitution der Partner und der Beziehung – oft vollkommen am Boden. Der wichtigste Vertrag wurde heimlich gebrochen, und die wichtigste Quelle unserer Bestätigung wird damit infrage gestellt.

Im Orient gibt es den Spruch: »Vertraue auf Allah, aber binde vorher deinem Kamel die Knie!« Was der Spruch bedeutet, ist klar: Es gibt sinnvolles und sinnloses Vertrauen. Die Kamele laufen zu lassen, im Vertrauen darauf, dass Allah sie schon hüten wird, ist fahrlässig, denn Gott hat dem Beduinen auch Verstand und Erfahrung gegeben, sodass er seinen Teil dazu tun muss, wenn das Leben funktionieren soll.

Und genauso gehen Menschen mit diesem wichtigen menschlichen Bedürfnis um, wenn sie ihre Liebe für andere öffnen. Man kann nämlich den anderen nicht so einfach binden wie ein Kamel, und da wir Menschen dieses riesenhafte Unbekannte in uns haben, ist nie auszuschließen, dass ein anderer Teil unserer Natur durchschlägt und unsere Vorstellungen von Exklusivität zerstört. Wer darauf vertraut, dass wir Menschen sind und damit ebenso fehlbare wie instinktive Wesen, der wird kaum fehlgehen. Diese Art Vertrauen ist wahrlich komplexitätsreduzierend! Was sollte noch überraschen, wenn wir wissen, dass in jedem von uns das Potenzial für alles Mögliche steckt?

Das ist kein bisschen zynisch gemeint, denn sobald wir dies annehmen, können wir mit dem Potenzial umgehen lernen. Wenn wir also wissen, dass wir uns alle danach sehnen, in diversen Facetten bestätigt zu werden, so könnten wir dies ebenso auf mehrere Personen verteilen, anstatt diese Last einem Menschen auf die Schultern zu werfen. Bei polyamoren Menschen verteilt sich dieses Bedürfnis nach Bestätigung oder Wesensergänzung eben auf mehr als einen Partner, und somit entlassen sie jeden Einzelnen aus der Pflicht, es mit all ihren inneren Anteilen »aufnehmen zu müssen«.

Gelungene Monogamie – es geht schon, nur selten richtig

Ich wünsche euch so viel Fremdes, dass ihr euch ständig neugierig aufeinander freut,
und doch so viel Gemeinsames, dass ihr euch nie fremd werdet.
Ihr sollt so viele unterschiedliche Gedanken haben, dass ihr immer etwas zum Reden habt,
und doch so viele gemeinsame Überzeugungen, dass daraus kein
Streit entsteht oder viel schlimmer noch – Schweigen.
Johann Wolfgang von Goethe

Wenn ein Paar in unseren Kreisen 20, 30, 40 oder gar 50 Jahre zufrieden zusammenlebt, dann ist das eine ganz und gar wundervolle Sache. Richtig wertschätzen können das aber nur diejenigen, die wissen, wie selten das wirklich ist und was für ein Riesenhaufen Glück und vor allem Arbeit in solchen Beziehungen steckt. Die meisten Menschen müssen schon ein bisschen nachdenken, wenn man ihnen die Frage stellt, ob sie ein Paar kennen, das derart lange zusammen ist, von Affären und Eifersucht gänzlich verschont wurde und nach wie vor einen wirklich zufriedenen Eindruck macht. Wenn man dann die Gelegenheit hat, ebendieses Paar eingehend zu befragen, dann stößt man oft sogar bei seiner eigenen Großmutter auf überraschende Geschichten von Dritten, die vor vielen Jahren einst kamen und gingen.

Gerade in der älteren Generation gab es eine größere Toleranz gegenüber Affären und Liebeleien außerhalb der Hauptbeziehung und vermutlich auch eine andere Kompetenz, mit ihnen umzugehen – und sei es nur durch stille Akzeptanz und die Fähigkeit, tatsächlich auch »in schlechten Tagen«, wenn schon nicht sich treu, so doch zumindest loyal zu sein. Treue und Exklusivität wurden früher nicht ganz so hoch gehängt wie heute, vielleicht versprach man sich auch einfach nicht ganz so viel davon. Man sollte nicht unterschätzen, dass Menschen, die heute ihre Rente oder Pension genießen, die wilden Jahre der sexuellen Befreiung miterlebten – und damals sexuell sicherlich agiler waren als heute. Das bedeutet übrigens nicht, dass Paare jenseits der 60 oder 70 sexuell nicht mehr experimentierfreudig wären. Gerade wir Jüngeren mögen unserer Elterngeneration nicht mehr so viel zutrauen, aber das liegt auch daran, dass sich die meisten irgendwie schwertun, wenn sie sich ihre Eltern beim Sex vorstellen. Trotzdem gibt es Paare in dieser Altersklasse, die vor gar nicht allzu langer Zeit mal im Swingerclub waren oder privat einen Dritten zum Liebesspiel baten. Nur würde das keiner vermuten, wenn er Gustav und Heide friedlich vor ihrem Folienteich im Reihenhausgärtchen koffeinfreien Kaffee und Windbeutel vom Meißner Porzellan genießen sieht. Unsere Gesellschaft ist derartig im Jugendwahn, dass »die Silbergrauen« generell und solche Sexoptionen im Speziellen mental völlig ausgeblendet werden. Der Kollege David Schnarch nennt dieses Denken: »Guter Sex braucht guten Körper«, die Frischfleischfalle. Und in die gehen eher die Jungen als die Alten.

Wir sollten also festhalten, dass es altgediente Ehen gibt, die mehr sind, als das Auge sieht, und dass genau darin ihr Erfolgsrezept liegt, denn diesen Paaren ist es – ohne großen idealistischen Überbau – im Laufe eines langen Lebens gelungen, mit dem Fremden so erfolgreich zu experimentieren, dass die Sicherheit nicht an ihrem Muff erstickte, und ihre Freiheiten so geschickt zu leben, dass es nicht die sichere Basis der Hauptbeziehung zerlegte.

Diese Paare dienen zu Recht als große Vorbilder, wenn wir uns monogam orientieren wollen. Nur sind sie streng genommen eben nicht immer monogam. Monogamie steht als Modell ansonsten für die klare Entscheidung zur Sicherheit und Beständigkeit. Der Preis des Verzichts auf viele Nebenschauplätze und Freiheiten wird von manchen auch durchaus willig bezahlt. Dass er bezahlt werden muss, ist aber schon ein deutlicher Hinweis darauf, dass die überwältigende Mehrheit der Menschen durchaus empfänglich ist für erotische oder emotionale Reize. Ein Mann, der früher eine Phase hatte, in der man ihn – obwohl liiert – nur als Schwerenöter hätte bezeichnen können, argumentierte Jahre nach einer religiösen Bekehrung seine neue Monogamie damit, dass es ihm inzwischen vollkommen ausreiche, die Schönheit anderer Frauen geistig zu genießen. Ansonsten sei seine Frau alles für ihn. Das bedeutete praktisch, dass er sich in Gesellschaften gerne still und – man könnte sagen, andächtig – neben eine schöne Frau stellte und beglückt ihren Duft einsog oder sie wie ein prächtiges Gemälde mit den Augen liebkoste. Er liebte seine Frau, die mit ihm früher einiges an Eifersucht hatte ausstehen müssen und die nicht mal sexuell einen Mangel fühlte. Schauen wir uns aber seine kleinen, sehr sinnlichen Exkursionen an, lässt sich klar sagen, dass er für Außenreize nach wie vor empfänglich war. Er liebte nach wie vor nicht nur seine Frau, er liebte auch die Frauen! Aufgrund dieser Tatsache würden wir ihm sanfte, aber ganz klar nichtmonogame Neigungen attestieren, unabhängig davon, ob er sie leben wollte oder sie nur geistig genoss. Er fand für sich und seine Frau eine wunderbare Lösung, aber hätte ein anderes spirituelles Modell Pate gestanden, dann wäre dieser Mann sicherlich ein ebenso begnadeter Tantriker geworden. Seine Lösung bestand in einem ehrlichen Verzicht auf praktische Annäherungen an andere Frauen, nicht aber in einem mentalen Verzicht. Der alte Spruch »Appetit kann man sich woanders holen, aber gegessen wird zu Hause« ist eine schöne und monogame Lösung, aber wenn wir es mit ihm halten, dann sollten wir bitte nicht glauben, dass »wir« als Individuen monogam veranlagt wären. In dem Fall würden uns andere gar keinen Appetit machen, den wir dann – ähnlich wie Menschen, die sich in einer offenen Beziehung durch praktische sexuelle Erfahrungen mit anderen Anregungen holen – mit großem Gewinn für die Erotik mit unserem Partner wieder mit nach Hause bringen können.

Es gibt natürlich auch Paare, die darauf angewiesen sind, sich nur mental Appetit zu holen, weil sie sich selbst keine besonders großen Chancen auf andere Optionen ausrechnen. Menschen, die, nach den Maßstäben des Mainstream betrachtet, nicht besonders attraktiv sind, haben auch tatsächlich nicht unbedingt die gleiche Auswahl wie strahlend schöne Individuen, wenn sie fremdgehen wollen. Trotzdem können wir aus Erfahrung mit diversen weniger attraktiven Klienten sagen, dass sehr viel von der Energie abhängt, mit der man durch die Welt geht. Wir kennen Frauen und Männer, die etliche Liebschaften vorweisen konnten und weiß Gott über keine schöne fleischliche Hülle verfügten. Ihre Leidenschaftlichkeit war aber anziehend, und sie selbst waren mutig genug, sodass ihr Liebesleben sehr viel abwechslungsreicher war als das von einigen Schönheiten, die jedoch das erotische Potenzial ihres Äußeren gar nicht nutzen wollten, weil ihnen Sexualität nicht besonders wichtig war.

Und damit wären wir bei einer weiteren Kategorie, den wirklich treuen Menschen. Es gibt viele Paare, die von Untreue kaum bedroht sind. Grund ist, dass für sie Sexualität einfach nicht ausschlaggebend ist, da ihr Bedürfnis danach wenig vorherrschend ist. Man kann sehr zufrieden sein mit einem Partner, wenn man kein besonders stark ausgeprägtes sexuelles Verlangen hat. In einer Zeit, in der die Medien ein dauerndes Bombardement blanker, bebender Brüste über uns ausgießen, ist eine zunehmende

»Diagnose« vieler Paare, die in die Beratung kommen: sexuelle Langeweile oder Lustlosigkeit. Es bleibt jedem Paar selbst überlassen zu entscheiden, ob es tatsächlich ein mit Leiden verbundenes Problem ist, einfach (gerade) keine große Lust auf Sexualität zu haben. An sich ist dies natürlich kein Problem. Erst in dem Fall, wo das sexuelle Verlangen zwischen beiden Partner sehr unterschiedlich ausgeprägt ist, wird es durch die Asymmetrie zur Herausforderung. Das wird besonders in langjährigen Beziehungen häufig zu einem Thema mit Sprengkraft. Männer wollen nämlich in langjährigen Beziehungen oft häufiger Sex, Frauen »einfach nur zärtlich« sein, wie es Gunter Schmidt in seinem Buch »Spätmoderne Beziehungswelten« berichtet. Auf Dauer ist das nur lösbar, wenn er sich stattdessen mit kalt-nassen Handtüchern geißelt, sie nachgibt oder er sublimiert und plötzlich im Malkurs wild mit Ölfarbe hantiert oder an der Volkshochschule den Kurs für Aktzeichnung belegt.

Wenn zwei Menschen sich lieben und sich in erotischer Hinsicht genug sind oder kein Interesse an einer besonders pompös zelebrierten Sexualität fühlen, dann sollten andere nicht daherkommen und den beiden zu verstehen geben, dass dies irgendwie unzureichend wäre. Dies ist die Idealsituation für eine gelingende Monogamie. Dem Paar fehlt es an diesem Punkt an nichts, selbst wenn das für den Außenbetrachter mit einem anderen sexuellen Verlangen so scheint.

Wir persönlich haben nur sehr wenige Menschen kennengelernt, die angesichts eines wohlgefälligen potenziellen Dritten nicht zumindest ein mehr oder weniger willkürliches Gedankenexperiment vollziehen und sich vorstellen, wie Iris küsst oder Jean-Pierre sich als Partner machen würde.

Einer der Gründe, warum sich die Liebe als Thema in Filmen als Dauerbrenner erwiesen hat, ist, dass wir dort mitleiden, mitschmachten und mitlieben können – aber ganz unschuldig, denn wir sind offiziell nur in der Beobachterposition. Würden wir aber einen Film ausschließlich in der Rolle als Beobachter sehen, wäre er vermutlich nicht mehr sehr anziehend. Wenn wir emotional völlig unbeteiligt blieben, dann würden wir einen Kuss so erleben wie Dustin Hoffman als autistischer Raymond im Film »Rain Man«: »Feucht!«

Bezeichnenderweise tauchen in der Phantasie vieler Frauen und Männer, während sie selber Hand an sich legen und für einen Orgasmus sorgen, im selbstinszenierten Drehbuch überzufällig andere Männer und Frauen auf, meist namenlose Gestalten, die wenig Ähnlichkeit mit dem eigenen Partner oder der Partnerin haben. Stammen solche Wünsche aus einer monogamen Haltung? Was sind das für Impulse? Sie bleiben zwar geheim und werden meist (!) nicht ausgelebt, sind aber Erregungs-Booster.

Aus uns allen sprechen hin und wieder leidenschaftliche Stimmen, und das ist vollkommen gesund. Aber wenn die Selbstkontrolle sehr stark ausgeprägt ist oder Sexualität als nicht besonders vorrangig erlebt wird, ist Monogamie in rein technischer Hinsicht natürlich durchaus möglich. Außerdem erleben viele den Pol der Sicherheit und Ruhe als etwas sehr viel Wertvolleres als den Pol des lockenden Unbekannten, der Erneuerung und des Wachstums. Für diese Menschen ist die Monogamie ein angenehmes Modell. Für andere, sehr leidenschaftliche Menschen kann der bewusste Verzicht auf andere Sexualkontakte ein Tribut der Liebe sein, den man dem Partner zollen will.

Ulrich Clement nennt diese beiden Arten der Treue aktive und passive Treue. Wen der Hafer nicht sticht, der kann passiv treu sein, wer sich bewusst kontrollieren muss, der lebt eine konfliktreiche aktive Treue.

NEUROTISCHES

Folgenschwere Verwechslung – vertikale und horizontale Ewigkeit

Wenn man mit dem Mädchen, das man liebt, zwei Stunden zusammensitzt, denkt man, es ist nur eine Minute; wenn man aber nur eine Minute auf einem heißen Ofen sitzt, denkt man, es sind zwei Stunden – das ist die Relativität.
Albert Einstein

»Als ich sie das erste Mal sah, war es so, als wenn die ganze Welt kopfstünde. Ich habe sofort kapiert, dass sie die Frau ist, mit der ich alt werden will«, sagte der Profifußballer Andrej Voronin zur Bild-Zeitung über seine Frau Yuliya. Diese Beschreibung einer Liebe auf den ersten Blick bringt zwei Aspekte auf den Punkt, nämlich was sich durch die Liebe in der Wahrnehmung ändern kann, und auch, worin wir so oft »irren«, wenn wir Liebe mit Monogamie »verwechseln«.

Der Kybernetiker Gregory Bateson prägte den wichtigen Satz: »Eine Information ist ein Unterschied, der einen Unterschied macht.« Voronins Augenblick machte einen bedeutsamen Unterschied in seinem Leben, obwohl hier »nur« ein Mann eine Frau traf – keine große Sache, oder?

Wenn wir lieben, dann tun wir meist unwillkürlich das, was die Romantiker auch willkürlich tun wollten. Wir geben den Dingen eine Bedeutung, obwohl sie möglicherweise recht trivial sind. Wir erheben sie in unserer Wahrnehmung und machen sie dadurch relevant. Also bleibt alles, was den geliebten Menschen angeht, besser hängen, weil es wichtiger ist, und das verändert unser Zeitempfinden. Wir würden sagen, es intensiviert unser Zeitempfinden. Ein intensiveres Zeitempfinden bedeutet, dass wir ganz ins Hier und Jetzt gezogen werden: Der Augenblick bekommt durch seine Intensität Relevanz, Wichtigkeit. Die Welt bleibt irgendwie stehen. Und genau das spüren wir, wenn wir uns in den Augen-Blicken der oder des Liebsten verlieren. Alles hat unendliche Tiefe, wenn wir dieses Zeiterleben mit dem hektischen, oberflächlichen Geschnatter unseres Verstandes vergleichen. Die Uhr in uns selbst ist nämlich die Zahl der plappernden Gedanken, die in langen Seilschaften durch unser Großhirn rasen – scheinbar ohne Pausen. Wer in Meditation, Trance oder Liebe Augenblicke ohne das triviale, bisweilen quälende Gequake seines Großhirns erlebt, von dem blättert die Zeit ab. Der steht mitten in der Ewigkeit. Da gibt es kein rational konstruiertes Vorher oder Nachher. Es gibt jetzt! Und die meisten Physiker werden ihnen sagen, dass es sowieso nichts anderes gibt – jeder Zen-Meister übrigens auch. Die Liebe ist deshalb immer ewig, wenn sie tief ist, weil sie aus dem Strom der Zeit heraustritt. Wenn es einen so richtig erwischt, dann bleiben die Uhren stehen, und die Tore des Jetzt öffnen sich zu reinem Erleben.

Wir vermuten, dass der Fußballstar Voronin genau das erlebte, als er seine Partnerin zum ersten Mal sah. Die Welt stand kopf! Wir haben also in gewisser Hinsicht recht, wenn wir von ewiger Liebe sprechen, denn solche Augenblicke sind gewissermaßen außerhalb der gewöhnlichen Zeit. Sie sind zeitlos, sie werden ein Leben lang erinnert und bleiben dabei erstaunlich frisch! Manche Liebende kennen das Phänomen, dass sie noch Wochen und Monate nach der letzten Begegnung mit dem Geliebten seinen Duft riechen und seine Berührung spüren können.

Die Tiefe eines wirklich erfahrenen Jetzt begleitet uns noch lange. Das spürte Voronin – er »kapierte sofort«, dass er mit ihr alt werden wollte. So weit, so gut. Was sich in diesem zweiten Satz aber ankündigt, ist die Rückkehr des Sportkommentators im Kopf. Voronin fällt aus dem Hier und Jetzt ins Denken zurück und bemerkt erst jetzt seine Versunkenheit, weil sein Verstand sie kommentiert. Sobald aber der Quatschkopf, wie wir den Verstand gern nennen, eingeschaltet ist, ist die Musik der Welt aus! Und mit einigen Dingen kann Quatschkopf nicht gut umgehen. Tiefes Erleben gehört ganz klar dazu, denn er findet sich nicht darin wieder, er kennt nur Breite und nicht Tiefe. Ewigkeit versteht er als Reihung ähnlicher Augenblicke, und so projiziert Quatschkopf die Ewigkeit in eine zeitliche Ferne!

Was unser verschobenes Bild von Treue aus dem Erleben ewiger Momente der Liebe macht, ist eine Planstrecke in der Zeit. Wir nennen es die vertikale und die horizontale Ewigkeit. Liebe ist das Erleben vertikaler Ewigkeit. Deshalb flattert uns beim Anblick des oder der Liebsten auch mitunter die Hose, als ob wir auf dem Sprungturm oder an einem Abgrund stünden. Da unser Verstand dies nicht fassen kann, redet er darüber und verfrachtet das Ganze in eine Zeit ohne Tiefe, in eine Länge!

Liebe durchdringt unser flaches, kopfgesteuertes Leben wie eine Nadel, die durch zwei Stück Stoff geht, um sie zu einem zu vernähen. Liebe ist Ewigkeit auf Besuch! Und was tun wir? Wir machen aus der Tiefe des Lebens »lebenslänglich« und wundern uns hinterher, warum das Zusammensein an Glanz verloren hat?

Kein Kommentar!

Die Magie der Romantik – etwas Warmes in kalten Zeiten

Siebzehn Jahr, blondes Haar, so stand sie vor mir...
Udo Jürgens

»Bei der romantischen Generation beginnt das Interesse am Geheimnisvollen stärker zu werden als das Interesse an seiner ernüchternden Aufklärung«, sagt Rüdiger Safranksi in seinem Buch.[26] Wenn wir in unsere flach gedachten Zeiten schauen, dann ist der Trieb, der diese Ära prägt, ganz eindeutig die Aufklärung und damit zwangsläufig die Ernüchterung der Menschen. Wenn Singles in unserer Beratung sitzen oder Paare, die nicht weiterwissen, dann sind sie meist eines: ernüchtert. So analysiert Lisa Fischbach in ihren Single-Coaching-Sprechstunden wiederholt die Suchstrategie ihrer Klienten und erkennt darin eine erschreckende und vor allem kontraproduktive Tendenz zu einem auf Effizienz getrimmten Verhalten. Für das von den meisten als das Wichtigste im Leben Ausgelobte, sprich die Liebe und eine Beziehung, nimmt man sich kaum Zeit. Praktisch und schnell soll es sein. Notfalls werden lieber zahlreiche Kontaktanfragen als Massenmail per Cut, Copy, Paste verschickt, in denen weder Seele noch Individualität wohnen, als in die Tiefe zu gehen und wenige, aber dafür qualitativ ansprechende und persönliche Zeilen zu schreiben. Das Magazin des Sterns brachte diese Tendenz in einem Titel 2005 treffend auf den Punkt: »Nicht Romantik und Zufall sollen entscheiden. Es herrscht eine Ökonomie der Liebe.«

Wir messen Hirnwellen und evozierte Potenziale bei Verliebten, wir lesen und schreiben Ratgeber von der Art »Große Liebe in drei Tagen!« und wundern uns dann, warum sich einfach kein Gefühl von Verzauberung einstellen will und wir uns fröstelnd in uns selbst zurückziehen. Viele Menschen, die sich an einer Welt wie dieser Frostbeulen geholt haben, flüchten in entsprechende Märkte, die der Kapitalismus natürlich bereithält. Einer der Wochenmärkte für zwischenmenschliche Wärme ist sicherlich die Esoterik. Hier wird viel feilgeboten, das nur Produkt ist, aber Zustand zu sein verspricht. Mitunter findet sich auch Gutes, nur das will meist nicht »genommen«, also wie eine Pille konsumiert werden, sondern »getan«, im schlimmsten Falle »erlebt« sein. Dafür aber muss die eigene Komfortzone meist verlassen werden.

Die Kirchen sind schlecht gefüllt bis ganz leer, und das, was da von der Kanzel kommt, ist selten fesselnd und wegweisend für moderne Menschen. Es wird von Nächstenliebe geredet, aber das Wort Liebe findet sich nicht im Glaubensbekenntnis. Da muss der arme Möchtegernchrist an Jungfrauengeburt glauben, an die Auferstehung verstorbener Gottessöhne, an ihre Himmelfahrt, eine Tischordnung im Himmel, an die bevorstehende Verdammnis von uns elenden Sündern, die Macht der Kirche, Vergebung (immerhin!) und ein ewiges Leben (da war sie wieder – die horizontale Ewigkeit!)! Harter Tobak und wenig ergiebig, wenn wir auf der Suche nach dem Platz für unser Herz und seine hohen Hoffnungen sind.

Wohin also?

Logisch – die Liebe kann nicht gänzlich entzaubert werden, denn ab und an erleben wir sie noch selber, was bei Gott scheinbar seltener passiert. Die meisten jedenfalls werden im Laufe ihres Lebens von ihr angerührt und bleiben beeindruckt zurück. Aber aus der Ewigkeit des wahren Lebendigseins – und das ist Liebe in unseren Augen – werden Sagen wie das AMEFI gestrickt, und das lässt sich, platt ausgewalzt, recht einträglich verhökern. Dann wird über Liebe geredet, um ihr Echo zu erhalten, oder es wird gesungen, wie bei Udo Jürgens' Schlager: »Siebzehn Jahr, blondes Haar«. Dieser Mitsummer hält nur zwei überaus schlichte Bilder hoch: die lächelnde Schönheit und das Großstadtgetriebe. Erstes steht für die ideale Liebe, Letzteres für die soziale Kälte. Dass dieser Song damals dreiundzwanzig Wochen in den Charts war, spricht für die ungebrochene Macht der Romantik oder Minne, denn das ist es, was Udo Jürgens hier verkauft: die unerhörte, verlorene, ideell erhöhte Liebe.

In der Nische der Romantik gelten wir nicht als spinnerte Esoteriker oder altmodisch Gläubige einer überholten Religion, sondern finden an jeder Straßenecke andere Jünger des AMEFI.

Das Kranke daran ist – wie wir schon dargelegt haben –, dass es hier nur sehr wenig von der Wärme zu holen gibt, die ein wahrhaft romantischer Lebensstil vielleicht zu bieten hätte. So wie das Tragen eines bunten Hemdes aus uns keinen Hippie macht, so machen die Suche nach dem perfekten Partner und das Anschauen romantischer Liebesfilme aus uns keine warmherzigen, liebevollen Menschen.

Der Philosoph Theodor W. Adorno sagte einst über die soziale Kälte: »Jeder Mensch heute, ohne jede Ausnahme, fühlt sich zu wenig geliebt, weil jeder zu wenig lieben kann. … Wenn irgendetwas helfen kann gegen Kälte … dann die Einsicht in ihre eigenen Bedingungen und der Versuch, vorwegnehmend im individuellen Bereich diesen in ihren Bedingungen entgegenzuarbeiten.«[27]

Schönen Dank, Herr Adorno, wir bemühen uns!

Wer aber glaubt, seine Sehnsucht nach der diesseitigen Mystik einer erfüllenden Liebe in einem anderen Menschen zu finden, geht fehl. Der schiebt die Verantwortung, Liebe und Wärme zu geben, zu großen Teilen seinem Partner zu. Doch dies ist in der Tat der letzte Platz, der den meisten geblieben ist. Esoterik oder Religion lassen uns entweder unbeeindruckt, denn Hopi-Ohrenkerzen, Magnetdecken oder die Zehn Gebote tun oft nicht viel Vertiefendes mit unserem Sein, oder wir riskieren, in das Lager der »Unvernunft« hinüberzugleiten, eine Art Paralleluniversum, in dem viele Esoteriker und Religiöse leben. Die Eintrittskarte für das Gros der Esoterik ebenso wie die Mehrheit der etablierten Religionen scheint oftmals die Verleugnung der Vernunft zu sein. Dies ist aber gar nicht nötig, wenn wir »vernünftig vernünftig« sind. Es gibt Fragen, die *kann* die Vernunft unmöglich beantworten. Die Antwort nach dem Sinn des Lebens kann sich die Vernunft vielleicht ausdenken, aber dadurch wird dieser Sinn niemals greifbar. Wer sich an den Quatschkopf hält, der lebt aus Konservenbüchsen. Das wird vielen Menschen mehr und mehr klar. Ein bewusst erlebter Augenblick erfüllt uns mit Sinn, wie es keine Analyse der Welt vermag. Ich denke, also bin ich *nicht*, müsste es richtigerweise heißen. Denn nur selten erleben wir uns so wenig wie in dem Moment, in dem wir denken.

Das christliche Glaubensbekenntnis aber ist eine intellektuelle Zumutung, die an der Kirchentür zu besagen scheint: »Selbstständiges Denken bitte abgeben!« Das Gleiche gilt für einen riesigen Teil dessen, was wir in der Esoterik vorfinden. Trotzdem haben beide Weltsichten etwas erhalten, was man vielleicht Intuition nennen könnte – dafür haben sie die Vernunft aufgegeben, weil es Arbeit macht, das Wissen alter Zeiten in neuem Glanz erstrahlen zu lassen.

Sicherlich ist die Vernunft ein guter Bezugspunkt, der nicht verloren sein will. Sie erinnern sich an den Glauben an Allah und das Anbinden der Kamele? Es scheint beides zu brauchen, Vernunft und Intuition, und das ist offensichtlich selten dieser Tage.

Romantik ist deshalb zu einem seiner Potenz beraubten, sterilisierten Suchtmittel geworden, weil sie dringend gebraucht, aber nicht gelebt, sondern konsumiert wird. So lässt sie uns – wie jedes Suchtmittel – mit dem Vorgeschmack von etwas Erhabenem auf der Zunge und mit leerem Magen zurück. Dass Adorno glaubt, jeder Mensch fühle sich zu wenig geliebt, weil jeder zu wenig lieben kann, wird uns später noch beschäftigen, wenn wir uns um mögliche Wege aus dem Dilemma bemühen.

Liebe mich, verdammt noch mal – vom Partner als Plombe

Alles ist Kampf, Ringen. Nur der verdient die Liebe und das Leben, der täglich sie erobern muss.
Johann Wolfgang von Goethe

Am lichtlosesten Ort dieser Welt, wo selbst eine Büchse Sardinen von unfassbarem Druck zerquetscht würde, wo ewige Kälte herrscht, jeder jeden frisst und ein Partner alle Jubeljahre mal vorbeischaut, lebt ein Fisch, der Gewohnheiten pflegt, die unserer sogenannten Romantik sehr nahekommen. Die Tiefseeangler sehen aus wie Ungeheuer aus einem Horrorfilm. Sie haben lange, nadelspitze Fangzähne und sind ein Inbegriff der Gier nach mehr. Die Weibchen haben einen äußerst dehnbaren Magen und Körper, sodass sie Beutetiere festhalten und verschlingen können, die doppelt so groß sind wie sie selbst. Angelockt wird in der lichtlosen Eiseskälte der Tiefsee mit einer Angel – der namengebende Teil dieser Tiere –, die sich wohl aus dem vordersten Stachel der Rückenflosse ausgebildet hat und am vorderen Ende ein kaltes Licht verströmt. Die Männchen sehen aus wie eine vollkommen andere Art. Sie sind mit etwa fünf Prozent der Körpergröße des Weibchens zwergenhaft klein und bei Weitem schlechter ausgestattet, wenn es darum geht, Beute zu machen. Eigentlich haben sie nur ein Ziel: Paarung. Sie nehmen die Witterung auf, und wenn sie ein Weibchen gefunden haben, verbeißen sie sich in ihm. Das ist Paarung à la Stammhirn – Verbeißen für den Rest ihres

Lebens! Das Männchen verliert seine Zähne, verwächst sogar mit dem Weibchen und wird bis zum Ende seiner Tage über ihren Blutkreislauf ernährt. Sie sind ab da untrennbar, bis dass der Tod sie scheidet. Die Dame des Hauses tut alles Lebensnotwendige, und er liefert sein Sperma aus der Position eines Appendix, also Anhängsels! In einer derart kühlen, lebensfeindlichen Welt ist dies eine überaus effektive Strategie zur Fortpflanzung.

Zu behaupten, dass unsere Gesellschaft zur Kühle neigt, ist eine höfliche Untertreibung. In der Bemühung um Sicherheit haben wir Regeln aufgestellt, die ein Zusammenleben organisieren sollen, auch wenn die Menschen sich eigentlich eher verachten oder gleichgültig sind. Höflichkeit ersetzt Herzlichkeit und Anpassung ans Kollektiv den Wunsch nach gemeinsamer Gestaltung von Leben.

Wir leben in emotional frostigen Zeiten und kommen doch alle aus einem Zustand der Vollkommenheit und Erfüllung, wie wir gesehen haben. Und in dieser sinnentleerten, ja vielleicht gottverlassenen Welt treibt uns die sehr verständliche Sehnsucht nach Liebe.

Problematisch dabei ist, dass wir aus einer egoistischen Perspektive nach ihr suchen. Wir wollen nicht von überströmender Liebe erfüllt durch die Fußgängerzone tänzeln und wildfremden Menschen überglücklich um den Hals fallen, dem Bettler 50 Euro geben und dem blinden Mann unseren Arm anbieten – wir glauben nicht an diese Form der Liebe, die unabhängig von Partnerschaft in uns allein entstehen kann und von der scheinbar nur die anderen profitieren, nicht aber wir selbst. Wir wollen Liebe meist nur geben oder verschenken, wenn wir sie auch zurückbekommen. Nicht von irgendjemand anderem, nein, exakt von der Person, auf die wir sie gerichtet haben. Nur dies zahlt auf das gleiche Konto ein und gibt unserer kapitalistischen Seele das Gefühl einer sinnvollen Investition.

Was wir für möglich halten, ist die wesenhafte Ergänzung durch den Menschen, der für uns bestimmt ist – an das perfekte Produkt, den individuell zugeschnittenen, pflegeleichten Bedarfspartner, den wir einatmen, konsumieren können, ohne uns selber erfüllt fühlen zu »müssen« von Liebe – die kommt mit der Post respektive der Lichtgestalt des Geliebten in unser Leben. Lustig, oder? Wir glauben an einen Fremden, nicht aber an unsere eigenen Einbildungskräfte, wie die Romantiker sie nannten. Wir wollen unser Ego möglichst risikoarm erweitern, deshalb suchen wir nach dem »passenden Partner«. Ein passender Partner bedeutet für uns weniger Arbeit, weniger Herausforderung in der Liebe. Wäre der Partner auch in unserer Vorstellung ein wirklich »anderer«, so würde uns ins Auge springen, dass wir aufgerufen sind, eine Brücke zu ihm zu schlagen. Wir würden uns dessen bewusst werden, dass der Partner allein nicht reicht zur Glückseligkeit, sondern dass wir gemeinsam eine Verbindung schaffen müssen, aus der diese Glückseligkeit hervorgeht. Die Tiefseeangler stehen für die Symbiose und damit für das Parasitendasein, was mit dieser Bindungsform einhergeht. Das Männchen sucht und gibt dann seine Identität vollständig auf, dafür muss ihn die Partnerin ab jetzt ernähren und im wahrsten Sinne ihr Herzblut geben. Das ist ein fairer Deal, bei dem die Aufgabenverteilung eine ideal funktionierende Symbiose ergibt.

In unserem Verständnis von Romantik treffen sich eigentlich zwei dieser Männchen, wie Vampire, um sich Blut auszusaugen – nur wird es dadurch für keinen mehr! Man kann es hin und her schlucken, aber diese Form von Kannibalismus plombiert eine Blutleere im eigenen Sein mit der Blutleere des anderen. Zwei unterernährte Ichs auf der Suche nach Erfüllung werden gemeinsam nicht sehr viel erfolgreicher sein. Ebenso schwimmen zwei Ertrinkende nicht besser, wenn sie sich aneinander festhalten.

Was aber perverserweise blendend funktioniert, ist die Hitze des ersten Augenblicks. Wenn zwei Hungrige einander finden, um sich aufzuessen, dann ist die erste Zeit durchaus mit Beißen, Kauen und Schlucken verbunden, und da der andere dies zulässt, glauben wir daran, dass wir nun endlich genährt werden, aber beide werden immer weniger in dieser Verbindung.

Wie jedes Suchtmittel lenkt auch der Partner, der unsere Lebensleere mit Magie erfüllen soll, durch eine vorübergehende Verbesserung von der Tatsache ab, dass wir selbst diese Leere werden füllen müssen. Kompensiert durch den Partner, fühlen wir diese Leere weniger. Deshalb wird er unentbehrlich, fühlen wir uns unbewusst abhängig, deshalb klammern wir, deshalb verlangen wir lebenslange Verfügungsgewalt über ihn. Wir nennen dies Treue, während wir saugen und saugen, in der Hoffnung, etwas zu kriegen, und werden dabei immer weniger, will sagen, verlieren uns selbst.

Neid und Eifersucht – Mangel an Sein

Ein ebenso beliebtes wie kitschiges Bild über so manchem Cordsofa Deutschlands war und ist der röhrende Hirsch vor glutroter Abendsonne. Dieses Bild verklärter Gemütlichkeit ist eigentlich eine höchst plakative Darstellung von Eifersucht. Wir fanden schon eingangs heraus, dass ein Alphamännchen im Tier- wie im Menschenreich so imposant auftritt, um einerseits möglichst erfolgreich um die Gunst der Weibchen zu werben, dass es damit andererseits aber auch andere Männchen warnen will, nicht die Grenzen seines Territoriums zu überschreiten. Das Dilemma ist ebenso ein Neiddilemma, denn je mehr Weibchen der Platzhirsch an sich binden kann, desto mehr zieht er den Neid der nach weiblicher Gesellschaft lechzenden Junghirsche an, die nur auf ihre Chance warten, ihm all das abzujagen, was er sich mühsam erstritten hat. Was daraus für den Revierbesitzer folgt, ist eine Situation permanenter Eifersucht, denn er muss wieder und wieder seine Weibchen begatten und deren Ausscheren verhindern, die Grenzen seines Reviers ablaufen, sich aufplustern, drohen und imponieren, wo es nur geht. Einige Männchen überleben den Marathon der Brunftzeit nicht, da sie an Unterernährung und Entkräftung sterben. Es geht hier um Besitzstandswahrung angesichts begehrlicher Blicke anderer. Gut zu sehen, wie Neid und Eifersucht zusammenspielen. Neid sehnt sich nach dem Guten, Eifersucht hat es und will es sichern. Davon abgesehen, ist Eifersucht nicht einmal ein echtes Gefühl, sondern eher ein Sammelsurium, eine Überschrift für verschiedene mögliche emotionale Ereignisse. Die Grundlage für Neid und Eifersucht ist immer, dass beide »das Gute« irgendwo »da draußen« sehen. Der Partner ist – dadurch, dass sich neidische und eifersüchtige Menschen heimlich selbst entwerten – die Rettung, die Erlösung, viel wichtiger, als er sein sollte. Der Neid wünscht sich etwas und spürt den Mangel, es nicht zu haben. Die Eifersucht geht von einem Besitzrecht aus und wacht mit Argusaugen darüber, nichts zu verlieren. In der Eifersucht findet sich deshalb auch ein überwachsames bis paranoides Element: die Wut und Gewaltbereitschaft gegenüber Feinden bis hin zum bettelnden Sich-klein-Machen, wenn der andere zu entschlüpfen droht. Das strengt an … wie bei den Hirschen!

Wir glauben, den Partner besitzen zu können, als wäre er ein Objekt. Und da wir uns als Objekte bis zum Maximum im Marktwert zu steigern versuchen, erhöhen wir damit natürlich die Begehrlichkeiten anderer. Wenn wir dann als »Beziehungsware erster Klasse« durch das Leben gehen, müssen wir natürlich auf Besitzrechte pochen, denn in der freien Marktwirtschaft »könnte ja sonst jeder kommen« – und das tun sie auch, die anderen. Wer dann kein Gefühl einer sicheren Bindung zum Partner hat, pocht stattdessen auf die Regeln seiner Partnerschaft – ein dürftiger Ersatz.

Dafür muss er natürlich mit einem entsprechenden Beispiel vorangehen. Er versagt sich jegliche Lust und Neugier auf andere Menschen, sozusagen als moralische Voraussetzung dafür, selbst eifersüchtig sein zu dürfen. Der eigene Triebverzicht ist das stärkste Argument für den Besitzanspruch der Eifersucht, denn wir geben ihn als Handelsware, um ihn vom Partner zu fordern. Auf der anderen Seite werden eigene Untreuetendenzen oder gar eigene Untreuetaten oft eins zu eins dem Partner als Wünsche oder Taten unterstellt. Wer bereits die Treueregeln einseitig überschritten hat, neigt nicht selten zur Unterstellung gleichen Verhaltens beim Partner. Derjenige kennt genau die Signale und Verhaltensweisen und denkt so, den anderen besser lesen zu können. Wer zu »Betrug« imstande ist, glaubt eher, dass sein Partner zu Gleichem in der Lage ist.

Der gegenteilige Fall: Normalerweise sind in der Paarberatung Partner, die keine starken Wünsche nach »mehr« zu haben scheinen, ziemlich wenig eifersüchtig. Zum Teil übersehen diese Personen sogar sehr offensichtliche Anzeichen ihrer Partner, die diese in der Beratung senden, damit eine längst existierende Außenbeziehung endlich zur Sprache kommen möge. Als Berater aus Einzelgesprächen zu wissen, dass der Partner einen oder sogar mehrere wirklich gute Gründe zur Eifersucht hätte, jedoch alle Andeutungen des anderen Partners über einen unbekannten Dritten geflissentlich übersieht, zeigt, wie wenig selbstverständlich Eifersucht ist und wie sehr in Partnerschaften von einem auf den anderen geschlossen wird. Wer keine Phantasien mit Dritten hat, der traut sie auch meist seinem Partner nicht zu. Umgekehrt legt das den Verdacht nahe, dass die Gründe für Eifersucht mehr in der Phantasie des Eifersüchtigen als in der Realität zu finden sind. Die Redewendung »Ein Schelm, wer Böses dabei denkt« trifft den Nagel auf den Kopf.

Letztlich spielt sich Eifersucht ohnehin vollkommen in der Phantasie des Eifersüchtigen ab. Selbst wenn der Partner eine reale Affäre eingesteht, malen wir sie uns geistig aus – würden wir das nicht tun, dann würde uns dieser Sachverhalt emotional vollkommen kaltlassen. Deshalb sehen viele in der Eifersucht ja auch einen Liebesbeweis und glauben, dass Nichteifersüchtige »nichts mehr merken«. In den Extremformen muss der Partner nur auf einer Party kurz aus dem Zimmer gehen, damit der Eifersüchtige innerlich »am Rad dreht«.

Die Schieflage an eigenem Eifersuchtsempfinden und Realität beschreibt folgendes Beispiel eines Paares, von dem sich der weibliche Teil ratsuchend an Lisa Fischbach wendete: Die Beziehung scheint über viele Jahre von Vertrauen und Treue geprägt. Dieter ist von Anfang an jedoch recht eifersüchtig. Seine Freundin Suse kann damit gut umgehen, hilft durch Transparenz, Unterstellungen zu entkräften. Da sie ja weiß, dass die vielen Vermutungen so jeder Grundlage entbehren, reagiert sie meist gelassen und ausgleichend. Sie vermutet in seinem Verhalten Verlassenheitsängste und persönliche Unsicherheiten und schafft für sich mit diesen

Erklärungen Verständnis. Indem sie ihm viel Offenheit schenkt, hofft Suse, seine unnötigen Gefühle zu erschöpfen. Da sie beruflich ab und zu unterwegs ist und viele Personen, vor allem Männer ihres Alters, trifft, gibt es immer wieder Anlass zu Untreuevorwürfen. Sie selber vertraut ihrem Freund, ist mit einem guten Selbstbewusstsein ausgestattet und besitzt die Fähigkeit zu sicherer Bindung. Sogar als ihr nahe Freundinnen von zufälligen Begegnungen mit Dieter in Begleitung einer Unbekannten und aus deren Sicht eindeutigen Signalen berichten, lässt sie sich nicht beirren. In der Beziehung scheint alles rund zu laufen, und es fehlt ihrer Meinung nach an nichts. Erst als die Eifersuchtsattacken zunehmend massiver werden, kommen vermehrt Streitigkeiten zwischen Dieter und Suse auf. Nach dem Motto »mehr vom Gleichen« versucht sie, den Eifersuchtsgefühlen ihres Freundes durch noch mehr Offenheit und das Zulassen von Kontrollanrufen entgegenzuwirken. Was sich zu diesem Zeitpunkt hinter den Kulissen abspielt, ist im Nachhinein für sie unbegreiflich sowie tief erschütternd. Durch einen Zufall erfährt sie, dass Dieter sie bereits seit einem Jahr mit einer anderen betrügt und diese Jahresaffäre wiederum für eine andere verlassen hat. Was letztendlich ans Tageslicht kommt, sprengt die letzten Zellen der Vorstellungskraft dieser betrogenen Frau. Suse hätte es nie für möglich gehalten, dass ihr eifersüchtiger Freund all das umsetzt, was er ihr quälend über die Jahre der Beziehung hinweg unterstellt hat.

Wir nehmen unsere Hirngespinste als Realität wahr, denn wir haben nie die Welt an sich vor uns, sondern nur das, was wir durch Interpretation unserer ohnehin eingeschränkten Wahrnehmungen aus ihr machen. Die Romantiker wussten das und begannen diese Welt positiv zu manipulieren. Ein Eifersüchtiger manipuliert seine Welt auch, aber unwillkürlich, und er hypnotisiert sich dabei in einen selbst gestrickten Albtraum.

Zu diesem Albtraum gehören auch das Umfeld und sein Wertesystem. In unserer Kultur wird die Eifersucht nicht mehr stark durch religiöse Wertesysteme gefördert, aber sehr wohl durch den Bruder der Eifersucht, den Neid. Neid kann bewundernd und offen sein, was den Beneideten vielleicht noch als Kompliment dienen mag, oder er kann entwertend, intrigant oder sogar angreifend zerstörerisch sein. Am ganz »anderen Ende« finden wir im Stolz eine Überkompensation für den eigenen Neid. Stolz verschiebt den eigenen Neid hin zu anderen, um ihn selbst nicht fühlen zu müssen. Der Stolze muss (!) beneidet sein, um sich nicht klein und ungenügend zu fühlen, das ist der Ansatzpunkt der Werbung, die zeigt, mit was für Spielzeug »die Großen spielen«. Wenn Arnold Schwarzenegger einen Wagen fährt, der die Ästhetik eines Straßenpanzers hat und dem die Eurostücke im Sekundentakt aus dem Auspuff kullern, dann wird diese Umweltkatastrophe auf vier Rädern damit zum Statussymbol, mit dem sich andere versteckte Neider (also Stolze) erhöhen können. Erhöht wird sich aber mehr durch den Neid der anderen als durch die Freude am Auto selbst. Stellen Sie sich vor, jeder Mensch besäße diesen Wagen, und Skateboards wären unerschwinglich – Herr Schwarzenegger würde mit dem Skateboard zu seinem Amtssitz fahren. Kostbar ist, was die anderen neidisch macht.

Ein Stolzer, der nicht beneidet wird, bekommt Probleme, und ein Neider, der niemanden hat, den er anhimmeln oder über den er sich das Maul zerreißen kann, bekommt sie auch – beide würden sich mit ihrem Selbstwertgefühl auseinandersetzen müssen, mit sich selbst, wie sie sind, wenn sie das Vergleichen mit anderen lassen könnten. Dabei würde der Stolze auf ein gesundes Maß zusammenschrumpfen, und der Neider würde sich gesund wachsen.

Leider basiert die gesamte Dynamik der Konsumgesellschaft auf dem Gefühl des Unausgefülltseins als Motor. Wir leben in einer Neid-Stolz-Gesellschaft. Wir pflegen das Sehen und Gesehenwerden – am stärksten natürlich in den Medien, die mit Aufmerksamkeit handeln. Hier werden Menschen zu Idolen aufgebaut – dann beneidet man sie – und danach auch lustvoll wieder vom Sockel gestoßen – dann erheben wir uns über sie. Ziemlich abgeschmackt, funktioniert aber sehr gut!

Wessen Wahrnehmung dauernd vom eigenen Innern nach außen gelenkt wird, der vergisst, was er/sie wert ist, wenn er/sie das Vergleichen lässt. Im Falle des Neides fehlt entweder die frühe Erfahrung, ausreichend geliebt worden zu sein, oder sie wird vergessen, weil wir unser Gefühl für uns selbst in der von den Medien gelenkten Aufmerksamkeit verlieren.

Der Eifersüchtige ist deshalb ein Nebenprodukt unserer Kultur, weil auch er sein Lebensglück und sein Selbstwertgefühl so stark von anderen abhängig macht wie der Neider und der Stolze. Im Falle des Eifersüchtigen ist es nur einer, nämlich der Partner mitsamt seiner Treue, der darüber entscheidet, ob der Lebensweg des Eifersüchtigen so oder so verläuft. Der Eifersüchtige entmachtet sich auf diesem Wege selbst.

Sowohl für den Neider als auch für den Eifersüchtigen scheint der ideale Partner die Lösung aller Liebes- und Lebensprobleme. Solange wir aber in dieser Weise denken, fallen wir auf die gleichen Mechanismen herein, die uns aus verkäuferischem Interesse einflüstern, dass »das gute Leben« gleich um die nächste Ecke liegt ... immer im Außen, nie in uns! Und wenn wir dann den tollstmöglichen Partner der Welt bekommen haben, werden wir ihn nicht genießen können, weil wir wissen, dass andere begehrliche Blicke werfen und wir ihn je nach Selbstwert nicht auf Dauer halten können. Ein paar Pfund zu viel auf der Hüfte, ein paar Euro zu wenig auf dem Konto, und wir sehen diesen Partner mit Koffern in der Hand – so die Suggestion unseres Lebensstils. Da wir auch noch insgeheim daran zweifeln, ob wir die Liebe des Partners wert sind, richten wir alsdann den Blick nach draußen, um die Gefahr wenigstens kommen zu sehen. Und während wir den Blick nach außen richten, sehen wir einige Gründe, selber schwach zu werden. Da wir aber moralisch einwandfreie Individuen sein müssen, vermuten wir, dass es unserem Partner ebenso geht, und vergessen danach, dass wir selber nicht ganz astreine Phantasien hatten. So funktioniert das mit der Eifersucht.

Berechtigte Angst vor dem Verlassenwerden – je treuer, desto kürzer!

Die Instabilität heutiger Beziehungen resultiert nicht aus Bindungsunfähigkeit oder -unlust; sie ist vielmehr die Konsequenz des hohen Stellenwertes, der Beziehungen für das persönliche Glück beigemessen wird, und der hohen Ansprüche an ihre Qualität.
Gunter Schmidt

Im Verlauf der letzten Jahrzehnte konnte in einer Studie der Hamburger Universität festgestellt werden, dass Beziehungen immer treuer werden, aber dafür immer kürzer. Noch vor dreißig bis vierzig Jahren war man demnach länger zusammen, aber untreuer. Aus der Logik der Eifersucht ist das natürlich Unsinn, denn wie könnten es Paare mit mehr illegalen Liebeleien länger miteinander aushalten? So, wie die Dinge liegen, ist für diesen Trend das Gebot der Treue selbst verantwortlich, verbunden mit der Intoleranz gegenüber dem Fehlverhalten des Partners. Anders formuliert, haben die Kompetenz und Bereitschaft, mit Seitensprüngen und verstecktem Begehren umzugehen, stark nachgelassen.

Je romantischer wir also unsere Beziehungen haben wollen, desto mehr Fehlverhalten wird es geben, denn je höher wir unsere Ansprüche schrauben, desto schneller werden sie enttäuscht. Das wäre anders, wenn sich unsere Ansprüche nicht auf den Partner als Person, sondern auf die Partnerschaft als gemeinsam gestaltetes Miteinander beziehen würden, denn die ist scheinbar inkompetenter und kompromissloser geworden – wir sind aber in der Logik des Besitzens, und deshalb ist der Partner schuld und wird ausgewechselt, wenn etwas nicht nach Plan läuft. Die Beziehungsfragen werden mit dem Partner entsorgt – die eigene Verantwortung auch.

Wer sich das Verhalten eines eifersüchtigen Menschen anschaut, der wird darin vermutlich einiges entdecken, das tendenziell »unsexy« wirkt. Natürlich macht auch hier die Dosis das Gift. Manche Menschen freuen sich nämlich durchaus, wenn sich der Partner ab und an eifersüchtig zeigt, und sie fühlen sich geschmeichelt von seinen Besitzansprüchen. Sie sehen in milden, erträglichen Formen der Eifersucht einen lebendigen Beweis von Liebe und Wertigkeit. Sonst hätte man in dieser Logik keine Angst davor, dass etwas zwischen diese Liebe kommen könnte. Dennoch ist Eifersucht kein positiver Liebesbeweis in Form von Vertrauen und damit Loslassenkönnen, sondern ein negativer Beweis einer negativen Treuekonzeption.

Generell sind aber das kontrollierende Verhalten, das Umherschnüffeln, das Mutmaßen, die Unterstellungen, die Vorhaltungen, der Rechtfertigungsdruck, die Nachfragen und die finstere Stimmung, mit denen eine ausgeprägte Eifersucht einhergeht, eher belastend für eine Beziehung und verpesten auf Dauer die Atmosphäre in der Liebe.

So weit zu phantasierten Seitensprüngen – doch was passiert, wenn es um reale geht?

TRAGISCHES

Eine Welt bricht zusammen – vom ganz normalen Wahnsinn der Betrogenen

Werd' ich zum Augenblicke sagen:
Verweile doch! du bist so schön!
Dann magst du mich in Fesseln schlagen,
Dann will ich gern zugrunde gehn!
Johann Wolfgang von Goethe

Die Geschichte einer Klientin: Bis gestern war die Welt noch in Ordnung. Am Wochenende hatten beide die Zeit harmonisch miteinander verbracht, sie haben viel geredet und gelacht. Montagmorgen beim Start in die neue Woche gab es liebevolle Küsse. In der Brötchentüte steckten ein kleiner Zettel mit einem bleistiftgemalten Herzen und zwei Kinderschokoladenriegel. In der Beziehung fehlte es aus ihrer Sicht an nichts. Gut, sie könnte ein wenig mehr Zeit haben, sie arbeitete zu viel, und ihr Freund fragte öfter nach einem gemeinsamen Abend, der ausgeschlagen werden musste. Sonst schien alles rund zu laufen. In den letzten Monaten gab es zwar ein paar mehr Streitigkeiten als sonst, die urplötzlich aus dem Nichts zu kommen schienen. Sie entbrannten aus Nichtigkeiten und endeten nicht nur einmal in wüsten Vorwürfen. Die anschließenden Versöhnungen waren umso leidenschaftlicher, und nachdem ein paar Tränen auf beiden Seiten geflossen waren, hielt man sich besonders eng umschlungen im Arm. Annika hatte zwar bemerkt, dass ihr Freund neuerdings öfter mit einer Urlaubsbekanntschaft, die sie vor einem halben Jahr in Italien kennengelernt hatten, etwas unternahm. Doch das konnte ihr nur recht sein, kam es dadurch doch weniger zu Meckereien ob ihrer vielen Arbeit. Dass Christian seit Saisonbeginn der Bundesliga alle zwei Woche mit seinem alten Freund aus Studiumszeiten nach Hamburg zu den Spielen ins Stadion fuhr, war ebenfalls kein Thema.

Alles änderte sich an jenem besagten Montag. Eine sehr gute Freundin klingelte unangemeldet um 21.00 Uhr an der Tür, sie müsse mal mit Annika reden. Sie beichtete, sie halte es nicht mehr länger aus, all das, was sie wüsste, ihr vorzuenthalten. Dem Blick in ihre Augen könne sie auf Dauer nicht mehr standhalten. Seit zwei Wochen trug sie ihre Kenntnisse mit sich herum, und nun hätten viele aus Annikas Freundeskreis ihr geraten auszupacken. In diesem Moment veränderte sich alles in Annikas Welt: Die Zeit schien anzuhalten, die Luft zu glühen, der Atem stockte, in den Ohren klingelte es, der Kopf rauschte, die Knie wurden im Sitzen weich, wie in den Sekunden nach dem Platzen einer Bombe, deren immense Druckwelle sie völlig unerwartet erwischt hatte. Dennoch hörte sie ihrer Freundin zu, wie sie berichtete, sie habe an einem sehr feuchtfröhlichen Abend über Christians besten Freund erfahren, dass er eine andere habe, eventuell sogar zwei. Einige Beispiele wurden als Beweise genannt. Faktisch hätte an all diesen Tagen etwas hinter Annikas Rücken passiert sein können, weil sie nicht mit ihrem Freund zusammen gewesen war. Das Erzählte hörte sich plausibel an, aber nein, das musste völliger Quatsch sein. Warum sollte das stimmen, es lief doch alles problemlos. Sie hatten guten Sex, verstanden sich, alles war wie immer. Und eines war ganz sicher: wenn, dann nicht mit dieser unattraktiven Trulla. Unmöglich.

Durch magische Hand bewegt, griff Annika einige Minuten später zum Handy und rief die angebliche Affäre an. Sie hatte ihre Nummer, war man vor zwei Jahren doch sogar noch gemeinsam Squash spielen gegangen. Schnell sollte diese Verleumdung vom Tisch geräumt werden.

»Hallo, ach, du bist es, Annika.«

»Ja. Du, ich weiß alles von euch. Du brauchst keine Angst zu haben, ich wollte es dir nur sagen«, sprach wie ferngesteuert eine Stimme, die aus Annikas Mund quoll.

»Ich hatte vor dem Moment, in dem du anrufst und alles auffliegt, immer schrecklichen Horror. Ich habe Christian hundertmal gesagt, er solle dir unsere Geschichte gestehen. Aber er wollte dich nicht verlieren. Nun weißt du es.«

»Ja, Sabine, ich weiß nun alles. Dass er gar nicht mit seinem Kumpel die vielen Abende beim Fußball war, sondern immer bei dir in Kiel. Das läuft doch schon seit Monaten, nicht wahr?«, spekulierte Annika oder der Teil von ihr, der gerade noch denken konnte, denn ihr Körper zitterte und fühlte sich leblos an.

»Ja, Monate, das stimmt, eigentlich schon seit zwei Jahren, doch es war zwischendurch immer mal wieder aus. Erst der Kurzurlaub in Mallorca im Sommer hat es gekittet. Aber weißt du, Christian liebt dich …«

Das hörte Annika nur noch wie durch Watte. Die Ohren schienen sich zu schließen, der Blick zu verengen. Mit ruhiger, völlig monotoner Stimme sagte Annika, dass sie jetzt auflegen wolle, alles gut sei, und sie könnten ja demnächst noch mal sprechen.

Danach rannte sie zur Toilette und übergab sich. Schüttelfrost überfiel sie. Tränen schossen aus den Augen, um im gleichen Moment wieder zu gefrieren. Der Magen krampfte, und Stiche im Herzen ließen sie sich wiederholt an die Brust greifen. Dennoch griff sie zur Zigarette ihrer Freundin, obwohl sie das Rauchen vor einem Jahrzehnt an den Nagel gehängt hatte. Sie riss eine Flasche Weißwein auf und trank die lauwarme Brühe im Wasserglas in großen Schlücken auf ex. Ihr Kopf drohte zu bersten, weil ihre Gedanken rasten. Sie stellte mit einem Mal alles infrage. Annikas Blick irrte wirr in der Küche umher, und immer wieder stellte sie die gleiche Frage an ihre Freundin, ob sie das alles glauben würde, was sie gehört hatte. Annika hörte zwar ein Ja, hielt das aber für völlige Hirngespinste und argumentierte stotternd dagegen. Dennoch zog in ihr blitzartig Misstrauen auf, sie konnte sich gar nicht dagegen wehren. Die Stimmung in ihr verfärbte sich giftig, die Farben wurden düsterer. Unendlich viele Bilder aus der Vergangenheit mit Christian liefen vor ihrem inneren Auge ab. Mit einem Mal blätterte der schöne Glanz ab, und es schälte sich eine hässliche Fratze aus all der geglaubten Harmonie. Was, wenn die zahlreichen SMS am Strand gar nicht an die Mutter verschickt wurden, wie er sagte, sondern an diese Frau? War er wirklich je beim Fußball gewesen? Und seine Vorfreude auf das Spiel in der Champions League, galt es der Spannung des Spiels oder der Erwartung, gleich in den Armen der anderen zu liegen? Warum hatte er vor zwei Wochen dreimal in acht Tagen das Bett frisch bezogen? Lag es wirklich am verschütteten Tee und beim nächsten Mal an der verkippten Salatsoße? Sie hatte es zu dem Zeitpunkt ohne Zweifel geglaubt, wusste sie doch, dass er gerne nach der Arbeit vor dem Fernseher im Bett zu Abendbrot isst. All diese Bilder bekamen nun blitzschnell eine zweite Seite und eine finstere Wahrheit. Wie die Wettermännchen drohten zahlreiche Ereignisse zu kippen, von hell nach dunkel, von Sonne zu Regen. Und das Schlimme war, dass nun sämtliche Bilder auf dem Prüfstand standen. Ein Strudel, der nicht abzureißen drohte. Was war mit dem Wochenende, an dem sie beruflich in München war? Sie hatte ihn nur auf dem Handy angerufen, und meist war sie dabei auf der Mailbox gelandet. War dies das Wochenende, wo Christian mit der anderen auf Mallorca gewesen war? Und waren die neuen Manschettenknöpfe, die er so liebte, wirklich selbst gekauft oder ein Geschenk von ihr?

Annika wurde erneut übel, dann schwindelig. Das ging eine ganze Weile so, bis sie plötzlich von einer unangemessenen Ruhe überfallen wurde, die sich eher wie eine Taubheit anfühlte. Es schien so wie bei einem Flipperautomaten zu sein, der immer schneller wird und in dem Moment, in dem er tillt und die Kabel durchzubrennen drohen, runterfährt und danach gar nichts mehr tut. Stillstand der Systeme, damit es zu keiner Überhitzung kommt und keinem völligen Kollaps. Ein Selbstrettungsversuch. Annika erlebte es so. Sie stand augenscheinlich unter Schock. Das sagt sich so leicht daher. Doch was passiert tatsächlich in so einem Moment auf psychischer und körperlicher Ebene?

Schock ist der umgangssprachliche Ausdruck für eine akute Belastungsreaktion als Folge eines extremen psychisch belastenden Ereignisses. Diese tritt auf, wenn die betroffene Person keine angemessene Bewältigungsstrategie zur Verfügung hat. In so einem Fall hat sie keiner, selbst Training und Wiederholung würden nicht helfen. Vergleichbar ist eine solche Situation mit einem hochpotenzierten, gewaltigen Stress, sozusagen einem Super-GAU für die Psyche. Das Seelenleben spielt in dem Moment verrückt und löst drastische körperliche Reaktionen aus. Für dieses Phänomen benutzt man deswegen auch den recht plakativen Begriff »Nervenzusammenbruch«.

Annika erlitt in diesem Moment also einen Nervenzusammenbruch. Sie ist mit ihren körperlichen und psychischen Reaktionen kein Einzelfall, nicht als hysterische Ziege oder psychisch labile Frau abzutun. Eigentlich ist sie im Freundeskreis eher für ihre fröhliche Art und ihre robuste Grundverfassung bekannt. Tragische Ereignisse können jedoch bei jedem ungeahnte Reaktionen auslösen. Bei manchen zeigen sich die körperlichen und psychischen Reaktionen sofort als Akutzustand, bei anderen erst später in Langzeitfolgen. Meist treten Symptome unterschiedlicher Schwere zu Beginn und im späteren Verlauf auf. Sogar erst nach Wochen können psychosomatische Symptome auftauchen, die durch den zeitlichen Abstand nicht mehr direkt auf das dramatische Ereignis zurückzuführen sind und somit große Irritation auslösen.

Eine häufige Reaktion ist, das Ausmaß an möglichen Konsequenzen, seien sie körperlich oder psychisch, nicht ernst genug zu nehmen. Schließlich war der Anlass »nur« ein Liebesdrama, nichts Schlimmes und keine reale Bedrohung fürs Leben. So zu denken ist jedoch ein fataler Irrtum. Die Konfrontation mit einer solchen Erfahrung kann existenziell sein und als schwere Krise erlebt werden. Nicht ohne Grund wurde vor ein paar Jahren eine Ambulanz für Liebeskummer gegründet. Dennoch zögern viele, Reaktionen auf derartige Erlebnisse als akute Belastungsreaktion einzustufen, erscheint einem der Auslöser nicht massiv genug und nicht vergleichbar mit dem Tod eines Angehörigen, mit einem Unfall oder mit dem Erfahren von Gewalt. Dennoch können abhängig von der individuellen Konstitution der Betroffenen bereits scheinbar weit weniger einschneidende Erlebnisse zu einer akuten Belastungsreaktion führen. In diesem Fall gibt es eine klare Zuordnung dieser Störung in einem durch die Weltgesundheitsorganisation (WHO) entwickelten Klassifikationssystem. In der »Internationalen Klassifikation der Erkrankungen« (ICD-10) wird die akute Belastungsstörung als F43.0 codiert. Durch die Akzeptanz der Ernsthaftigkeit der Krankheit kann die Diagnose mitunter sogar erleichternd sein, schließlich liegt in ihr auch die Begründung für all die dazugehörigen Symptome und die Aussage: Ich bin krank und darf mich auch krank fühlen. Das ist bei der bloßen Einordnung als Liebeskummer anders.

Was passiert nun konkret bei einer akuten Belastungsstörung?

Normalerweise setzen die ersten Reaktionen mit dem Erleben der belastenden Situation ein und dauern Stunden bis Tage, in seltenen Fällen Wochen. Dabei unterscheiden sich die Symptome in der Akutphase von denen der anschließenden Phase, in der versucht wird, das Geschehene zu verstehen, einzuordnen und zu verarbeiten.

In der Zeit unmittelbar nach dem Erlebnis ist vor allem eine Betäubung der betroffenen Person auffällig. Wichtige Aspekte der Situation scheinen nicht wahrgenommen zu werden. Es kommt zu Handlungen, die unangebracht oder völlig sinnlos erscheinen. Das Bewusstsein ist tatsächlich eingeengt und die Wahrnehmung gestört. Nicht selten kommt es zu Gefühlen von Desorientiertheit. Verwundert wird festgestellt, dass es bereits später Nachmittag ist, obwohl es sich wie 12 Uhr mittags anfühlt. In dem Zusammenhang drängt sich die Frage auf, was man eigentlich den ganzen Tag gemacht hat. Auf dem Weg zum Einkaufen scheint man in Trance gewesen zu sein und ist überrascht, bereits an der Wursttheke im Supermarkt zu stehen und 100 Gramm Parmaschinken zu bestellen. Wie man dorthin gelangt ist, kann man gar nicht mehr nachvollziehen.

Zudem können dissoziative Symptome auftreten, die oft als beängstigend erlebt werden, fühlen sie sich doch an, als ob man den Verstand verliert und nicht mehr man selbst ist. Das Gefühl entsteht, die eigene Person, also sich selbst, seinen Körper, die Persönlichkeit, die Erinnerung, das Sprechen, Denken, Fühlen und Handeln, oder Personen und Dinge in seinem Umfeld als verändert, fremd, nicht zu sich gehörig, unwirklich oder leblos zu erleben. Das wird im Fachterminus als Depersonalisation bezeichnet. Nicht selten kommt es einem vor, als würde man alles wie durch einen Filter oder von außen betrachtet erleben. Derealisation ist hier der Fachbegriff.

Diese häufig auftretenden und klar zugeordneten Merkmale der Akutphase sind eher die Regel und daher ziemlich »normal«. Die Betroffenen erleben sich aber als völlig außer Rand und Band. Daher ist es sehr hilfreich, ihnen eine Normalitätsdiagnose auszusprechen und zu erklären, dass all die erlebten Symptome Ausdruck der akuten Belastung sind und über kurz oder lang wieder besser werden und ganz verschwinden. Betroffene zweifeln nämlich häufig daran und sehen kein Licht am Ende des Tunnels.

Sehr eindrucksvoll für Außenstehende sind in dieser Phase auch die starken emotionalen Schwankungen desjenigen, der eine akute Belastungsreaktion erlebt. Ausgeprägte Trauer kann sich innerhalb kurzer Zeit mit Wut, Aggression, scheinbarer Teilnahmslosigkeit oder gar Rückgewinnungswünschen abwechseln. Möglich ist darüber hinaus, dass es zu Verleugnungstendenzen kommt, bei denen das Gehörte und Erlebte als nicht wahr angesehen wird, um im gleichen Moment zusammenzubrechen, sollten die Fakten eine andere Sprache sprechen. All diese Schwankungen im Fühlen und Erleben werden vielfach von vegetativen Reaktionen wie Schwitzen, Herzrasen oder Übelkeit begleitet.

Zum Zeitpunkt, an dem die Außenbeziehung als unumstößlich wahr realisiert wird, wird eine Art Erdbeben ausgelöst, und meist wird demnach die ganze Beziehung zwischen den Partnern infrage gestellt. Dabei bleibt häufig kein Stein mehr auf dem anderen. An allem, was zwischen beiden einst war, wird gezweifelt, die Geständnisse werden auf ihren Wahrheitsgehalt hin seziert. Was stimmt noch, und was ist gelogen? Das Gefühl für den betrogenen Partner kann treffend umschrieben werden mit »verraten und verkauft«. Hat er mich wirklich je geliebt? Wie lange lief das schon zwischen beiden? Hat er immer *safe* mit ihr geschlafen? Und wie oft hat er ihr wohl auch »Ich liebe dich« gesagt? Was hat er über mich und uns erzählt und ihr versprochen? Wollte er sich wirklich nie von mir trennen? Konnte er nur deshalb nicht kommen, als es mir schlecht ging, weil der Handyakku unbemerkt ausgefallen war, oder lag er gar nicht im eigenen Bett? Sind die etwas übertriebenen Geschenke zum Valentinstag nur aus schlechtem Gewissen entstanden? War deshalb der Telefonspeicher zu Hause immer blitz und blank, weil es etwas zu vertuschen gab? Und war die depressive Mutter vorgeschoben, nur um öfter ein Wochenende gespielt missmutig dahin fahren zu können und das beste Alibi zu haben?

Der Betrogene bekommt den Kopf nicht mehr frei, in dem sich aggressive Bilder drängeln, sodass es zu Konzentrationsstörungen und erhöhter Reizbarkeit kommt. Appetitverlust und Gewichtsabnahme sind die Regel.

Im Bemühen, den anderen wiederzubekommen, erniedrigt sich der Betrogene sogar oft. Der totale Kontrollverlust führt zu einem vollständigen Vertrauensverlust in die Welt, und nicht selten kommt es zu Selbstmordphantasien, weil es unvorstellbar erscheint, dass dieser Schmerz je wieder vergehen könnte – was er aber selbstverständlich tut!

Wir sehen, dass die psychologischen Konsequenzen verheerend sein können und den Betrogenen oft dazu bringen, seine geistige Gesundheit anzuzweifeln. Wenn sich in einer klassischen Psychose die Grenzen des eigenen Ichs auflösen, dann lösen sich durch die Untreue des Partners die Grenzen des gemeinsamen Paar-Ichs auf. Die Konsequenzen sind ähnlich: Erleben von Depersonalisation, Wahnideen, Wahnvorstellungen, Albträume, Schlafstörungen. Üblicherweise werden diese Beschwerden mit der Zeit kontinuierlich weniger und verschwinden normalerweise völlig. Dennoch kommt es oft zu einem Wiedererleben der Ereignisse und damit verbundenen Gefühle. Überfallsartig kann Erlebtes in den Alltag eindringen und in Beschlag nehmen.

Halten die oben beschriebenen Symptome länger als vier Wochen an und liegt dann noch eine derartige massive psychische oder soziale Beeinträchtigung vor, dass der Alltag oder das Berufsleben über einen längeren Zeitraum nicht mehr bewältigt werden können, spricht man von einer Posttraumatischen Belastungsstörung (PTBS). In Fällen von solcher Intensität ist eine vorübergehende therapeutische Unterstützung zur Bewältigung der Krise anzuraten.

Und wie ging es mit Annika nach den ersten Stunden des Zusammenbruchs weiter? Sie machte die schwerste Zeit ihres Lebens durch, wie sie selber sagte. Dass sie fünf Kilo abnahm und wochenlang wie eine umherwandelnde Kranke aussah, war ihr egal. Auf der Arbeit unter den Kollegen und bei ihrer Chefin fand sie Verständnis, während sie über Wochen nicht voll belastbar war. Ihre Leistungen litten deutlich. Das Schlimmste für sie war jedoch, sich lange nicht mehr auf ihre eigene Wahrnehmung verlassen zu können. Denn von jetzt auf gleich war alles ver-rückt worden. Was eben noch sicher war, schien im nächsten Moment nicht mehr verlässlich zu sein. Überall tat sich ein doppelter Boden auf. Da ihr Freund bei allen Versuchen der Klärung nur die Strategie wählte, sämtliche Fakten zu verleugnen, erhielt sie keine Chance, für sich das Geschehene einzuordnen und ihre völlig zerbrochene Innenwelt an klaren Tatsachen auszuloten. Nach Monaten und mithilfe der Beratung von Lisa Fischbach stabilisierte sie sich und fühlte von Tag zu Tag mehr, wie sich der graue Schleier zur Seite schob. Lange hatte sie gedacht, sie würde das traurige Gefühl nicht mehr los und keinem Menschen auf dieser Welt jemals wieder vertrauen können. Das kann sie mittlerweile wieder, wenngleich sie eine andere geworden ist. Eine, die etwas an Naivität verloren hat und dafür eine Wächterin an Bord ihres inneren Teams hat, die beim dritten Bettbezugswechsel innerhalb einer Woche hellhörig würde.

Eine Beziehung wird zu Grabe getragen – Trauerprozesse

Es gibt nichts Melancholischeres als eine Trauer, die man nicht tragen darf.
Marcel Proust, »Auf der Suche nach der verlorenen Zeit«

In der Komödie »City Slickers – Die Großstadt-Helden« reiten drei befreundete Männer gemeinsam auf einem Selbstfindungstrip als Cowboys durch die Prärie und kommen dabei auch auf das Thema Treue zu sprechen. Einer fragt den anderen – beide gebunden –, was er tun würde, wenn ein Raumschiff mit seiner Traumfrau darin landen würde, und er könnte mit ihr ins Bett mit der Gewissheit, dass es weder seine Frau noch sonst jemand erfahren würde. Würde er es tun? Die Antwort ist sehr deutlich: Nein – er würde nicht, denn es würde jemand erfahren … er selbst!

Dieser Wortwechsel macht deutlich: So oder so – jede monogame Beziehung, wie sie bisher war, stirbt durch Untreue. Treue soll die Unschuld der Partner voreinander garantieren, und somit stirbt durch Untreue zumindest die Unschuld. In der vierteiligen Sendereihe »Die Paarberater – Eine neue Chance für die Liebe« berieten Lisa Fischbach und unser Kollege Michael Mary ein junges Paar mit ebendiesem Problem. Sie waren füreinander die erste große Liebe und führten ein sehr harmonisches, Streit eher vermeidendes Beziehungsleben. Beide liebten sich nach eigenen Aussagen abgöttisch. Jahrelang führten sie eine Fernbeziehung, bis Stenley bereit war, seine Heimat und seinen Job aufzugeben, um in Süddeutschland bei seiner Freundin Agatha neu zu starten – beruflich und privat. Wenige Wochen nach seinem Umzug entschied sich Agatha, für einen Auslandsaufenthalt einige Monate nach Australien zu gehen. Aufgrund von tiefer Enttäuschung, Verlassenheitsgefühlen und großen Zweifeln an Agathas Liebe ging Stenley fremd, weil er dachte, die Beziehung sei eh nicht mehr zu retten. Die Affäre war für ihn bedeutungslos in dem Sinne, dass die neue Freundin ihm nicht sehr wichtig war. Nach seinen Worten war es reine Ablenkung, Sex und Zumachen. Dennoch zerbrach die Beziehung, weil für Agatha das Ideal der Treue und damit das heilige Versprechen dieser Beziehung in den Dreck gezogen wurde.

Dieses Paar konnte sich erst zu dem Zeitpunkt versöhnen, als beide den Verlust der Unschuld ihrer Beziehung eingestehen und verkraften konnten. Sie hatten sich gelobt, dass in dieser Liebesbeziehung niemals jemand den anderen verletzen würde. Das Gelübde war gebrochen worden, der Schmerz darüber unüberwindbar. Die Liebe konnte jedoch gerettet werden, die beiden fanden wieder zueinander. Aber die alte Beziehung mussten sie vorher zu Grabe tragen, damit der Weg für einen Warmstart, eine neue Beziehung frei wurde. Dazwischen lag ein aufreibender und intensiver Prozess der Auseinandersetzung und Versöhnung, die Voraussetzung für einen Neustart. Darauf kommen wir im weiteren Verlauf des Buches noch zu sprechen.

Das ozeanische Gefühl der ersten Verliebtheit – auch wenn es lange her sein mag – dient vielen Partnerschaften wie in dem Fallbeispiel als ewiger Leuchtturm, als Polarstern in schwierigen Zeiten. Dieser Mythos der eigenen Beziehung erleidet nun Schiffbruch. Das Verlustgefühl ist absolut gerechtfertigt – die Unschuld dieser Liebe ist gestorben, und sehr wahrscheinlich werden nun drei Menschen über das Ende der einen oder anderen Beziehung nachdenken.

Produktive Trauer setzt die Fähigkeit zur Wertschätzung dessen voraus, was betrauert werden soll. Trauer ist letztlich der Schmerz über den Verlust von etwas Geliebtem. Als Faustregel kann durchaus gelten, dass die Trauer größer und tiefer sein wird, je wichtiger und wertvoller eine Sache den »Hinterbliebenen« war. Eine gute Trauerarbeit mit Wertschätzung des Verlorenen ist aber unter diesen Umständen kaum möglich, weil alles in seiner Wertigkeit hinterfragt wird, weil es durch diesen einen Akt, diesen einen Regelbruch entwertet werden kann – genauer, weil wir diesem Akt die Wertigkeit zugestehen, ebendies zu tun. Damit stehen sich Betrogene in der Verarbeitung des Erfahrenen leider selbst auf den Füßen, denn so wie mit dem Hinterfragen alles stirbt, was liebenswert, liebevoll war, versinkt auch der Grund zu trauern mit der Beziehung in einem Meer aus kalter Gleichgültigkeit, unter dessen Oberfläche aber Zorn und andere ungelebte Gefühle toben und die Verarbeitung all dessen erschweren.

Untreue hat zur Folge, dass sich die Betrogenen, manchmal auch die Fremdgeher diverse Fragen stellen, die die ganze Beziehung betreffen können. Das macht diese Zeit so schwierig.

War das wirklich Liebe? – Totale Entwertung

»Wenn die Liebe dir winkt, folge ihr,
Sind ihre Wege auch schwer und steil.
Und wenn ihre Flügel dich umhüllen, gib dich ihr hin,
Auch wenn das unterm Gefieder versteckte Schwert dich verwunden kann.
Khalil Gibran, »Der Prophet«

Es ist eine tragische Dynamik: Wird eine Beziehung infrage gestellt, dann zumeist radikal, allumfassend und oft rückwirkend. Die Formel ist eindeutig: Hat mich mein Partner einmal betrogen, warum sollte er es nicht schon mehrfach, bereits viel früher, sogar von Anfang an getan haben?

Wie wir im Fall von Annika gesehen haben, wird der Betrogene nicht nur die Beziehung, wie sie ist, hinterfragen, sondern gleichwohl, wie sie war. Er begibt sich gnadenlos gegen sich selbst, die Liebe und den Partner auf Spurensuche, will die Ursachen für das Desaster herausfinden. Wie getrieben, wird in allem gewühlt, um die Wahrheit ans Tageslicht zu fördern. Die Wahrheit, was wirklich im Verborgenen geschehen ist und wie viel an der Liebe und der bisherigen Beziehung überhaupt dran war. Alle Liebesbriefe, Worte, Zärtlichkeiten werden auf die Goldwaage gelegt und auf Echtheit durchleuchtet. Waren sie je ehrlich gemeint oder nichts als leere Hülsen und Gesten der Beruhigung und Irreführung, über die man sich damals »peinlicherweise« ganz naiv freute?

In der Wahrheitssuche wird jedoch etwas Entscheidendes übersehen. Obwohl der Prozess allein bereits grauenvoll schmerzhaft sein kann, ist er zu noch mehr imstande. Während der Jagd nach erhofften Verlässlichkeiten wird mit der Sense im Nachhinein alles vernichtet und entwertet. Selbst wenn man sich in den Momenten über Zeilen und liebevolle Zuwendung freute, wird es aus der neuen Perspektive als demütigend empfunden, vom Partner unwissend benutzt worden zu sein. Die Vorstellung, der Partner sei fast bettwarm durch den anderen zu einem unter die Bettdecke gekrochen, lässt bei den meisten das Blut in den Adern stocken und den Magen rebellieren.

Wer sich hinsetzt und sein Tagebuch und den Kalender akribisch durchforstet, um alle undichten Alibis zu entlarven und Inkonsistenzen zu entdecken, schabt immer mehr das eigene Herz aus, indem alles einmal durch den Dreck gezogen oder zumindest geschaut wird, ob es noch würdig ist, auf dem Sockel zu stehen, oder nach neuesten Kenntnissen in den Aktenvernichter wandern muss.

Doch kippt man damit nicht vielleicht auch das Kind mit dem Bade aus? Eine Liebe kann sehr wohl für beide Partner vollständig erfüllend sein und einen der beiden trotzdem in einer späteren Beziehungsphase fühlen lassen, dass es ihn zu neuen Ufern zieht. Wer nun resümiert, dass von Anfang an der Wurm drin war oder dass der Partner jetzt sein »wahres Gesicht« gezeigt habe, der zieht sich damit selber den Boden unter den Füßen weg. Alles, was war, ist nicht mehr, nein, genauer gesagt, »ist nie gewesen«! Es gibt keinen Halt, und diese Situation ist unerträglich. Denn das, was nun bleibt, sind nur noch Entwertung und Leere. Aus zehn Jahren Beziehung wird plötzlich ein großes Nichts, mehr noch: ein fataler Irrtum!

Und schlimmer noch ist die Erkenntnis, dass man wohl nicht genug wert war, geliebt zu werden. Die im wahrsten Sinne verrücktesten logischen Schlüsse von hoher Überzeugungskraft werden kreiert. Wenn das alles so enden muss, ist es nie Liebe gewesen. War ich dann zu dumm, wenn ich es angenommen, sogar gefühlt habe? Sind meine Gefühle überhaupt noch etwas wert, kann ich mich doch ohnehin nicht auf sie verlassen? Wer mich so leicht mit einem anderen hintergeht, der liebt mich nicht mehr und hat mich nie geliebt. Demzufolge scheint etwas an mir zu sein, das falsch oder abstoßend ist.

Mit dieser zerstörerischen Vorgehensweise ist keinem geholfen. Die akute Wut scheint vielleicht in Teilen dadurch befriedigt. Aber der Versuch, eine einst erfüllende Liebe mit einem scharfen Messer aus dem Herzen, den Gefühlen und der Erinnerung herauszuoperieren, hinterlässt immer eine große Wunde und viele Narben. Die Hoffnung, dass es sich nach der Operation besser anfühlt, wird selten erfüllt. Mit genügend Abstand und mit angemessen viel Zeit entdecken die meisten, dass doch vieles an der Beziehung glücklich und liebeswert war. Nach der persönlichen Heilung ist ein milderer Blick wieder möglich. Und dieser ist ganz wichtig für einen selbst.

Die meisten würden sich zum Zeitpunkt eines dramatischen Erlebens eine Amnesie wünschen, eine »örtliche Betäubung« des Bewusstseins in diesem Lebensabschnitt. Doch im Nachhinein hängen wir an all unseren Erinnerungen, auch an den schmerzvollen. Sie gehören zu uns und unserem Leben, und nicht selten helfen sie uns, von diesem Vergleichspunkt aus das Schöne und Positive zu beurteilen. Daher sollte in der vermeintlichen Wahrheitssuche nicht danach geforscht werden, was die Gründe für das Scheitern der Beziehung und der Anlass für den Betrug waren. Wir werden im nächsten Kapitel nämlich sehen, wie wenig Untreue über die Qualität der Beziehung und die eigene Person aussagen kann.

Zu diesem Punkt ergänzend ein paar Ergebnisse aus einer Studie von Gunter Schmidt aus dem Jahre 2002. Im Zuge dieser Untersuchung wurde eine Gruppe von fast achthundert Menschen über ihr Beziehungs- und Sexualleben befragt. Das Thema Untreue war ebenfalls Bestandteil. Diejenigen in der Studie, die untreu waren, wurden unter anderem nach den Gründen für ihre Außenbeziehungen befragt. Wichtig zu wissen ist, dass nur etwa ein Viertel der Männer und Frauen Probleme in der Hauptbeziehung als Grund sahen. Etwa drei Viertel gaben an, dem

Reiz des Neuen oder einer sexuellen Attraktion wegen fremdgegangen zu sein, und etwas über ein Drittel sagte, dass sie verliebt waren.

Diese Zahlen sind für Betrogene nicht viel wert, aber immerhin machen sie eine Aussage darüber, dass in der überwiegenden Zahl der Fälle die Hauptbeziehung als intakt und befriedigend angesehen wurde. Das ist eine zumindest statistisch gültige Antwort auf die Frage, ob denn in der Beziehung alles in Ordnung ist, wenn einer der Partner fremdgeht. Drei von vier Fremdgehern würden Ja sagen! Vielleicht trägt das zur Beruhigung bei.

Was sagt das über unsere Beziehung aus – Untreue als Signal

Wir klagen die Natur nicht als unmoralisch an, wenn sie uns ein Donnerwetter schickt und uns nass macht: Warum nennen wir den schädigenden Menschen unmoralisch? Weil wir hier einen willkürlich waltenden, freien Willen, dort Notwendigkeit annehmen. Aber diese Unterscheidung ist ein Irrtum.
Friedrich Nietzsche

Isabelle kommt in die Beratung, weil sie innerlich völlig zerrissen ist. Sie kannte sich als liebende, treue, engagierte Ehefrau und Mutter, bis sie eines Tages eine Party betritt und sich auf den ersten Blick in einen wildfremden Mann verliebt. Filmreif – anschauen, und »Bumm«! Gegen Ende des Festes findet sie sich in wilder Umarmung knutschend mit diesem ziemlich jungen Herrn in der Besenkammer wieder. Er stellt in den kommenden Monaten alles in ihrem Leben auf den Kopf, und sie hat das Gefühl, noch nie so geliebt zu haben.

Wir haben bereits gesehen, dass der Außenpartner gewissermaßen das Unbewusste des Fremdgängers und der gesamten Hauptbeziehung verkörpert. Dies ist das perfekte Beispiel für den Überrumpelungseffekt, den der Seitensprung und die Affäre oft sogar für den Fremdgänger selbst haben.

Die quälende Frage, die sich von ihrem Partner Betrogene sehr oft stellen und die Psychologen immer wieder neu beantworten, nämlich was Untreue über die Hauptbeziehung aussagt, ist sehr berechtigt und auch sinnvoll, denn manchmal kann man sie auch sehr plausibel beantworten.

Harald und Kirsten wirkten glücklich miteinander auf alle Paare in ihrem Freundeskreis, und so beschrieben sie sich auch selbst. Sie hatten viele gemeinsame Interessen, gingen zusammen Joggen, liebten ähnliches Essen, harmonierten auch in ihrem Biorhythmus, hatten gerne Sex und fanden die gleichen Urlaubsziele anziehend. Wo sie weniger ähnlich waren, beispielsweise im Musikgeschmack oder im leicht unterschiedlich ausgeprägten Nähebedürfnis, tolerierten sie sich.

Plötzlich der dramatische Einbruch: Eine Affäre von Harald kommt heraus – es läuft seit fast drei Jahren! Mit Ramona, einer alten Bekannten – einer gemeinsamen Bekannten! Kirsten hatte nichts gemerkt, aber auch gar nichts. Keine Anzeichen, keine Veränderung in der Beziehung. Im Bett lief es gut und befriedigend. Sie selbst war sexuell recht experimentierfreudig, er eher konservativ-klassisch, und so fühlte sie sich selbst hier sicher, denn sie hätte mehr Abwechslung oder Frequenz bieten können, als er verlangte.

Die Unerklärlichkeit, das völlige Fehlen von ersichtlichen Gründen brachte Kirsten in die Beratung zu Lisa Fischbach. Harald war nicht dazu bereit, mitzukommen, er schämte sich offensichtlich zu sehr. Kirsten war eine sehr attraktive, intelligente und gebildete Frau. Haralds Liebschaft konnte Kirsten in vielerlei Hinsicht nicht »das Wasser reichen«: Sie war nicht der typische goldgelockte und sanft getönte Ehefrauenalbtraum mit Spannbetonbrüsten und Stairmaster-Popöchen, verwegenem Tattoo hier und glitzerndem Piercing da, der im Bett eine heiße Zeit verspricht, ohne gleich die Kirchenglocken zu läuten. Ramona war nahezu gleichen Alters, recht korpulent und eindeutig weniger attraktiv als Kirsten – also warum, verdammt! Kirsten brachte in überaus zähen Gesprächen zu Hause irgendwann indirekt triftige Gründe aus Harald heraus. Kirsten war was! Sie war beeindruckend auf Partys, hatte exzellente Manieren, konnte reden, wie er es nie gelernt hatte, und war beruflich erfolgreicher. Harald litt angesichts seiner Traumfrau an permanent leise kratzenden Unterlegenheitsgefühlen. Bei Ramona war er der Überlegene. Bei seiner Affäre lud er sich mit Anerkennung auf. Nicht, dass Kirsten geizig war mit Lob und Komplimenten – sie war wirklich stolz auf ihren Mann, so wie er war. Aber ihre Anerkennung kam für ihn »von oben«, denn sie war ihm in vielem überlegen. Da war einfach kein Anhimmeln.

Wieder wird deutlich, was in Außenbeziehungen eher gefunden als gesucht wird: das andere! Das, was es zu Hause nicht gibt, etwas, das der Partner nicht erfüllen mag oder eben nicht erfüllen kann! Die Erkenntnis war für Kirsten zugleich bitter als auch entlastend. Sie hatte nichts falsch gemacht. Sie hätte Harald alles gegeben, aber das war nicht sein Problem. Wie hätte sie ihm die Bewunderung einer Frau geben können, die ihm »von unten« applaudiert? Haare kann man färben, Sex abwechslungsreicher gestalten, Freiräume gewähren, die Interessen des anderen nachvollziehen, auch wenn es nur aus Liebe zu ihm geschieht. Was Kirsten nicht sein konnte, war »weniger Traumfrau«! Und genau das war es letztlich, was Harald in Ramona gefunden hatte – weniger Perfektion! Das bedeutete für ihn mehr Selbstbestätigung, mehr Überlegenheitsgefühle. Die Entlastung für Kirsten bestand natürlich darin, dass sie seine Traumfrau blieb, nur auf die Frage, was sie hätte anders machen können, gab es keine sinnvolle Antwort. Hätte sich Harald stattdessen mit Ramona zusammengetan, hätte er sie bei Gelegenheit vermutlich mit einer Traumfrau wie Kirsten betrogen, weil es ihm nicht gereicht hätte. Wie man's macht …

Werfen wir noch einmal einen Blick auf den zu Beginn des Kapitels erwähnten Fall von Isabelle. Sie hätte als die Fremdgängerin doch noch bis zum Öffnen der Tür zu dieser folgenschweren Party im Brustton der Überzeugung behauptet, dass ihre Beziehung nichts zu wünschen übrig ließe. Sie hätte sogar für ihre eigene Treue die Hand ins Feuer gelegt, jeden Eid auf ihre entzückende Familie geschworen – und dann das! Es passiert, wovor jeder Eifersüchtige Angst hat – ohne sein Zutun oder das des Partners hat Amor einen Blattschuss gelandet, wie ein Heckenschütze aus dem Hinterhalt. »Dass Liebe so sein kann«, hätte sie sich niemals träumen lassen. Das Furchtbare für ihren arglosen Ehemann war, dass dieser Fehltritt niemals hätte vorausgesehen werden können, und trotzdem wurde die neue Liebe nun ein Maßstab für die Hauptbeziehung.

Jede neue Liebe beschwört leider sofort einen Vergleich herauf, der beiden Beziehungen nicht gerecht werden kann. Eine junge, frische Verliebtheit wird emotional eine altgediente Beziehung meist in den Schatten stellen, weil sie so geheimnis- und damit auch verheißungsvoll erscheint. Sie ist pures, ungelebtes, unerforschtes Potenzial. Die Partnerschaft erscheint hingegen erprobt und bekannt, vielleicht sogar erschöpft oder »ausgereizt«. Und da man den Hauptpartner in etwas scheinbar Bekanntes verwandelt hat, zieht der Reiz des Unbekannten so oft nach außen.

Durch jede neue Außenbeziehung wird die alte Partnerschaft zwangsläufig fundamental infrage gestellt, und genau das kann auch der Sinn der Affäre sein. Als Faustregel für die Selbsterforschung kann gesagt werden, dass in einer Affäre das gesucht wird, was in der Hauptbeziehung vermisst wird. Der hart arbeitende Mann kann sich mit seiner Geliebten einfach mal entspannen, die kontrollierte Ehefrau und selbstlose Mutter kann sich jung, wild, frei und egoistisch fühlen – diese Bedürfnisse sind vermutlich in der Beziehung zu kurz gekommen. Nur werden sie eben oft erst entdeckt, wenn »es« schon passiert ist, also zu spät, durch Learning by doing sozusagen.

Auf die Frage nach dem Warum von Seitensprüngen kann man also den Betroffenen antworten: In sehr vielen Fällen sagt dies nur eines über die Beziehung aus – sie hat Grenzen, und das ist trivial, denn alles im Universum hat das! Selbst wenn es möglich gewesen wäre, dem Partner das zu geben, was er im Außen fand, sind die Beteiligten sehr oft erst hinterher schlauer, und die monogame Katastrophe wäre durch noch so viel Reflexion vorab nicht zu verhindern gewesen.

Es gibt natürlich noch eine andere quälende Frage: Was sagt das über mich selber aus?

Die Antwort darauf fällt verschieden aus, sie richtet sich nach dem, der die Frage stellt. Ist es der Betrogene, dann liegt dem ein Selbstwertproblem zugrunde. Der Partner, der uns einst vollkommen liebte und für den wir alles waren, will offensichtlich mehr oder zumindest etwas anderes, als ich zu bieten habe. Da drängt sich das Gefühl des Ungenügens geradezu auf. Ich habe meinem Partner nicht mehr gereicht! Wie oben gezeigt, heißt das aber nur, dass wir begrenzt sind, und das lässt sich auch nicht grundsätzlich ändern. Sogar die Traumfrau Kirsten kann nicht alles bieten, was der Partner braucht. Das sollte uns schon zu denken geben. Ich biete jeden Tag Sterneküche, und der Partner geht zur Wurstbude ums Eck? Kränkender kann es nicht sein für unser Ego! Vielleicht steckt in diesem Wunsch, dem Partner alles sein zu wollen, sogar noch ein gesunder Kern des Liebeserlebens. Wenn Liebe allumfassend ist, wenn sie uns den anderen in seiner Vollkommenheit zeigt, dann wollen wir dem Partner alles sein, weil das der Natur der Liebe entspricht – alles sein! Die kluge Intellektuelle auf Augenhöhe hat aber keine Chance gegen das freche Mädchen von der Straße – jede ist, wie sie ist, und keine ist besser. Allerdings ist auch klar, dass keine die andere wirklich glaubwürdig imitieren könnte. Wir können nicht blond und brünett sein – außer vielleicht nacheinander. Wir haben Grenzen, und an die stoßen wir, wenn uns der Partner betrügt. Manche Paare rücken fester zusammen, nachdem sich der Untreue erneut zu der Hauptbeziehung bekannt hat, und manche Paare wachsen, wenn über die Außenbeziehung plötzlich bewusst wird, dass der Untreue es gerne mal etwas weniger überlegt oder gesittet haben möchte.

Wenn sich nämlich der Fremdgeher fragt, was seine »Tat« über ihn aussagt, dann hat er eine andere Ausgangslage. Er hat sehr wahrscheinlich etwas Bereicherndes erlebt – 70 Prozent gaben dies jedenfalls in besagter Umfrage von Gunter Schmidt zu Protokoll. Der Untreue ist durch die Begegnung mit dem Dritten über seine Grenzen getreten, er hat das Flussbett der Hauptbeziehung verlassen. Er hat Schritte in sein Unbewusstes getan, in das Unbewusste der Beziehung. Ramona war wie eine dunkle Schwester, war das Unbewusste der Traumfrau Kirsten, die so perfekt war, dass Harald an ihr versagte, wenn es um seine Selbstbehauptung ging. Erst in Ramonas Gegenwart konnte er seinen Selbstwert spontan und sicher fühlen. Der Wunsch, »auch noch das zu sein«, trieb ihn über die Grenzen des Erlaubten hinaus. Fremdgehen zeigt sich auch hier wieder als Wunsch nach Wachstum, nach mehr, nach dem anderen, das manchmal in der Hauptbeziehung einfach nicht zu haben ist. Diesem Teil in sich gaben Fremdgänger in unserer Praxis im Laufe der Zeit verschiedene Namen: die Neugierige, der Mehrwoller, der Abenteurer, die Entdeckerin ... Es gibt viele Variationen des Themas Aufbruch, Neugier, Sehnsucht und Wachstum!

In einer Kultur der Monogamie können wir die Buntheit des Lebens, die Vielfältigkeit des Seins, wie es sich in verschiedenen Menschen ausdrückt, nicht genießen oder als Bereicherung empfinden, sondern nur als Bedrohung für die eigene Beziehung. Eine Stimme in uns flüstert vielleicht kaum hörbar: So bist du auch – werde es! Aber im Allgemeinen sehen wir darin etwas Teuflisches, eine Versuchung und nicht etwa die Stimme der Liebe! Außer der Fremdgänger verliebt sich auch. Dann kommt er vermutlich zu einem Punkt, an dem ihn die neue Liebe in Bezug auf seine alte verunsichert. Dann mutiert unter dem Diktat der Treue der Seitenspringer oft zu einem Häufchen Schuldbewusstsein – was auch keine gute Lösung ist, wie sich gleich zeigen wird.

Die Suche nach dem Sündenbock – wer die Schuld hat, hat die Macht

In jeder asketischen Moral betet der Mensch einen Teil von sich als Gott an und hat dazu nötig, den übrigen Teil zu diabolisieren.
Friedrich Nietzsche

All die Fragen nach der Bedeutung von Untreue für die Beziehung, den Betrogenen oder die Liebe geschehen letztlich auch vor dem Hintergrund eines monogamen Rechtsempfindens. Da die Gesetze der Monogamie durch Untreue verletzt wurden, gibt es damit automatisch ein Unrecht, folglich ein Tribunal, eine Straftat und zwangsläufig Täter und Opfer. Wer also nach Gründen fragt, der will sich dadurch meist auch auf die Suche nach dem Täter machen – verständlich!

Wer ist schuld an dem Desaster? Ist es der untreue Partner? Ist es der Dritte im Außen, oder verlagern wir den Schwerpunkt unserer Suche auf uns selbst, damit wir daraus lernen können? Wir haben die beiden Hauptpartner bereits teilweise entlastet, ohne sie freizusprechen. Aus der Sicht des Betrogenen bietet sich deshalb natürlich der teuflische Affärenpartner an. Wer ihn dämonisiert, trifft auf den ersten Blick eine ebenso naheliegende wie sinnvolle Wahl. Es scheint eine kluge Entscheidung zu sein, den bösen Verführer von außerhalb verantwortlich zu machen, denn das hält die Hauptbeziehung stabil. Wenn der Feind im Außen herumspaziert, dann ist die Paarbeziehung damit entlastet, und angesichts einer tiefen Verunsicherung bezüglich der verbleibenden Gemeinsamkeiten in der Beziehung schafft ein gemeinsamer Gegner immerhin einen kleinen, aber wichtigen Ersatz.

Der Sündenbock war ursprünglich ein echter Ziegenbock, der am Tag der Sündenvergebung vom Priester symbolisch mit Handauflegen (so einfach geht das – versuchen Sie das doch auch mal) mit allen Sünden des Volkes beladen und danach hinaus aus dem Dorf in die Wüste getrieben wurde. Diese Praktik ist aber ein Hinweis auf die typische, problematische Art zu denken, wie sie damals in den Leitreligionen üblich war. Sie erinnern sich: Abtrennen und weg damit! Aber das Abgetrennte ist nicht weg, sondern führt nur ein Dasein im Dunkeln, und im Falle des Sündenbocks nimmt es noch etwas mit: die Schuld und mit der Schuld auch die Macht.

Wem wir die Schuld geben, dem geben wir die Macht!

Ein wichtiger Satz – bitte merken. Wir treiben den Sündenbock aus dem Dorf? Fein, damit ent-schuldigen wir uns zwar, aber wir ent-machten uns damit auch! Wenn ein Paar sich eher unbewusst für die Deutungsperspektive entscheidet, dass der furchtbare Dritte die Schuld trägt, quasi wie der böse Wolf, sind damit der Fremdgeher und auch der Betrogene freigesprochen, aber sie sind dann auch Opfer der Umstände, und die können sie nicht mehr verändern. Wir degradieren mit dieser Finte uns und unseren Partner zu hilflosen Opfern und verlieren uns dadurch als Gegenüber in der Diskussion als Verantwortliche. Ein Opfer kann bedauert werden, und es kann sich moralisch entrüsten – ändern kann es aber nichts. Ein Täter hingegen muss die Last der Sünde tragen, ist aber in der Lage zu handeln, aktiv zu werden, Dinge zu verändern. Wer also die Schuld zugespielt bekommt, der bekommt auch die Macht über die Geschehnisse.

Wer sich nun viel Handlungsspielraum zurückerobern will, der tut gut daran, sich verantwortlich für das Geschehene zu fühlen. Wie wir noch zeigen werden, ist unsere Schuldfähigkeit viel geringer, als wir denken, aber wir sollten geradezu »hier« schreien, wenn die Schuld verteilt wird.

Wie Sie vielleicht gemerkt haben, will dieses Buch den Verdacht wecken und erhärten, dass es nicht so sehr die Betrüger, die Dritten oder die Betrogenen sind, die die Schuld am Dilemma von Eifersucht und Fremdgeherei tragen, sondern jemand ganz anderes, jemand, der sehr viel verborgener agiert und unverdächtiger daherkommt: die gute, alte Moral!

Nicht nur im Außen, sondern auch in unserem inneren, psychischen Gefüge haben wir eine Gesetzgebung, eine Legislative, die gleichzeitig die Rechtsprechung übernimmt, also Judikative spielt: unser Großhirn, das sich so gerne über die Natur der anderen, älteren Hirnteile erhebt und ihr Treiben verurteilt, obwohl das – wie ausführlich gezeigt wurde – absolut natürlich ist. Das Großhirn agiert im Falle der Monogamiemoral als diktatorischer Vater, der den Rest der Familie mit unrealistischen Regeln quält und unterdrückt. Er schafft all den Unfrieden, unter dem wir leiden, durch Regeln, die Selbstverständliches unter Strafe stellen. Unsere natürliche instinktive und emotionale Neugier wird unterjocht, soll sich aber eingepfercht in ein enges moralisches Korsett trotzdem nicht beschweren. Wir leben in einem Patriarchat, in der Herrschaft der Väter. Und vermutlich ist unser aller innerer Patriarch, unser aus Tradition fehlgeleitetes Werteempfinden, derjenige, der die Schuld definiert, und damit der Mächtigste überhaupt.

Selbstschädigung, Depressionen – verirrte Aggressionen

Eine durch Gewalt erworbene Sache kann nur durch Gewalt erhalten werden, eine durch Wahrheit erworbene Sache hingegen kann nur durch die Wahrheit erhalten werden.
Mahatma Gandhi

Ist unser innerer Vater stark und dazu noch recht despotisch, wie es uns meist durch die subtilen Regeln dieser Gesellschaft beigebracht wurde, unterdrückt er gern unpassende Emotionen. Aggressionen gehören ganz klar zu den wenig wünschenswerten Gefühlen in unserem Repertoire. Deshalb gibt es viele »gute Jungs und Mädchen«, die eine gehörige Beißhemmung entwickeln, selbst wenn ein gewisses Abwehrverhalten eigentlich ganz gesund wäre. Aggressionen sind bei Untreuedelikten keine Mangelware!

Die große Frage, die sich im Zusammenhang mit auftauchender Wut zeigt, ist die nach der Richtung, die der Aggression erlaubt wird. Natürlich richten sich die Aggressionen meist auf den, den wir als den Schuldigen ausgemacht haben. Ausschließlich denjenigen Fremdgängern, die spüren, dass es absolut möglich ist, mehr als einen Menschen dauerhaft zu lieben, gelingt es manchmal, den inneren Vater, die Moralinstanz als den Schuldigen zu entlarven. Sie richten ihre Wut und Aggressionen somit zielgerichtet auf die engstirnige Gesellschaft, die für unmöglich erklärt, was sie gerade kristallklar als Realität erleben. Nur lässt sie sich dort schlecht artikulieren.

In allen anderen Fällen mäandert die Wut der Betrogenen mal hierhin, mal dorthin.

An dieser Stelle macht es Sinn, etwas Grundsätzliches über Aggressionen und Wut zu sagen. Aggressionen kann man – wie so vieles – verteufeln. Interessant ist jedoch, sie auch mal wertschätzender zu betrachten. Durch diese Perspektive wären Aggressionen, wie Schmerzen, ein Signal für einen Impuls der Selbstbehauptung. Der Begriff Aggression bedeutet übersetzt eigentlich »heranschreiten oder angreifen«. Deshalb ist damit zunächst nur reine Handlungsenergie und Tatkraft gemeint. Was bedeutet angreifen an sich? Wir packen zu, während wir uns dem anderen nähern. Wir wollen mit Nachdruck etwas im Beziehungsgefüge zum anderen verändern. Der gesamte Muskeltonus verändert sich, wir machen uns hart. Das ist rein physisch ein Abwehrvorgang angesichts einer Bedrohung, die wir zunächst vielleicht noch nicht abschätzen können. Wenn sie unüberwindbar erscheint, dann schaltet unser Gehirn auf Flucht um, erscheint der »Gegner« bezwingbar, geht es nach vorn ins An-Greifen, in die Veränderung. Wir wollen unsere Interessen durchsetzen, wie auch immer die aussehen mögen. Wir verweisen den anderen in seine Grenzen.

Wie allen sozialen Lebewesen wurde uns ebenso ein Verhaltensrepertoire mitgegeben, das lange vor der physischen Gewaltausübung eine Einschätzung des Gegenübers durch Drohen erlaubt. Jungs plustern sich auf, machen sich groß, pöbeln, schubsen sich, und erst *dann* wird draufgehauen.

Wer einen Nebenbuhler serviert bekommt, der will seine persönlichen Grenzen und die der infrage gestellten Partnerschaft neu ziehen, sich tatkräftig behaupten, der will wissen, wie viel der Konkurrent »wiegt« in jeder Hinsicht – der will schubsen und oft noch sehr viel mehr. Er ringt mit Trennungsabsichten, also

Fluchtverhalten, oder dem Wunsch nach Angriff, den Kontrahenten zu packen. Nun kommt es stark auf den inneren Vater, die moralische Instanz an, auf welche Weise und in welchem Ausmaß der Aggression Raum gegeben wird, und auf die realistischen Optionen, den vermeintlich Schuldigen zu packen. Dabei ist das Ziel, auf das sich die Aggressionen richten, nicht immer geklärt. Tendenziell wird, wie wir gesehen haben, der Partner eher von »Schuld« freigesprochen und die Ursache für die Verführung ins Außen, also auf den Dritten, verlagert. Andere Varianten der Schuldaufteilung sind allerdings möglich. Schwierig wird es, seine Aggressionen auszurichten, wenn die Wahrheit des Betrugs nur teilweise und bruchstückhaft ans Tageslicht kommt, vom Partner weitere Aufklärung eher verhindert wird oder gar Tatsachen geleugnet werden. Das führt nicht selten zu noch mehr Hilflosigkeit und sprunghaften Wechseln der Aggressionsausrichtung.

Offen gelebte Aggressionen sind am sichtbarsten und machen sie uns am meisten Angst. Wir haben keinen geübten Umgang mit solch vehementen Gefühlen, weil wir sie in unserer Gesellschaft meist stark unterdrücken und sie stattdessen im sicheren Rahmen konsumieren (ja – auch aus der Aggression macht der Kapitalismus eine Ware), beispielsweise in Form von Kinofilmen mit Mindest-Minuten-Metzelgarantie. Häufig haben wir also keinen besonders positiven Bezug zu Aggressionen, weil sie fast immer mit egoistischen Interessen einhergehen, und diese sind nach wie vor nicht sehr wohlgelitten. Da wir auf der anderen Seite – und das ist genau wie beim medial aufbereiteten Sex – in den Gewaltpornos derart überschießende und unpersönliche Gewalt präsentiert bekommen, schaffen wir uns höchst gefährliche Vorbilder. Aggression kann eigentlich ein Wutausbruch von ungeheurer Kraft sein, der reinigend wie ein Sommergewitter die Luft in einer Partnerschaft wäscht. Den Untreuen wären intensive, sichtbare Wutausbrüche manchmal lieber als der verhaltene, dafür aber lang verschleppte Zorn. Wohlgemerkt: Wir predigen nicht die Aggression in Form von verbaler oder physischer Gewalt. Was man aber in der Aggression entdecken kann, ist eine tiefe, positive Lebenskraft, denn sich zu wehren hat mit Selbsterhalt zu tun.

Mit einem »Mann, bin ich sauer!« oder einem Schlag auf den Tisch ist der Affekt meist raus, und jeder hat verstanden, was der Wüterich gerade fühlt.

Diese Stärke verleugnen all diejenigen, die Aggressionen zurückhalten, reglementieren und nicht rauslassen. Etliche Eifersüchtige, Neidische oder Betrogene blockieren ihre Aggressionen – meist aus höchst ehrbaren Motiven. Was passiert aber, wenn Aggressionen blockiert werden? Sie verändern ihren Charakter, sie »werden schlecht«, richten sich nach innen und verwandeln sich somit in Selbstschädigungen. Es kann sein, dass der Betrogene eine Reihe von klassischen, selbstschädigenden Handlungen kombiniert. Er zieht sich wortlos zurück, also ohne seine Position vertreten zu haben, frisst alles in sich hinein, betrinkt sich, fängt vielleicht wieder das Rauchen an, verkrampft innerlich, entwickelt eine Gastritis oder andere psycho-vegetative Symptome oder kommt auf weitere Ideen, die er bei klarem Verstand nicht für sinnvoll empfinden würde.

Viele bewahren sich ihren klaren Verstand und blockieren sogar diese Form der nach innen gerichteten Aggressionen. In diesem Fall ist der Nährboden dafür gesät, dass sich auf Dauer Depressionen breitmachen können. Das dumpfe Brüten, bei dem am Ende ein inneres Erstorbensein steht, ist somit das Ende einer Art Kellertreppe, die die Aggressionen herabgestiegen, vielleicht gefallen sind.

Wenn die Aggressionen aber nach außen dringen, dann meist in Form eines großen Themas: Rache! Und hier sind der Phantasie keine Grenzen gesteckt. Rache kann Auswüchse ganz unterschiedlicher Couleur haben. Völlig verblüffend, wozu gehörnte Frauen und Männer imstande sind.

Egal, ob es Neid, Eifersucht oder Rache ist – destruktiv werden diese Gefühle erst durch die darin enthaltenen Aggressionen. Der Unterschied zwischen Rache und nach außen gerichteten Aggressionen ist jedoch, dass Erstgenanntes nur eine Motivation, nur ein Ziel hat: dem anderen zu schaden! Rache ist weder ein Verteidigungsverhalten noch ein Schutzreflex, sondern eine mit Lust aufgeladene Handlung, die den Ausgleich des zuvor erlittenen Unrechts bewirken soll. Sie ist immer eine physische oder psychische Gewalttat zur Demonstration der eigenen Macht.

Brisant sind hier die Rachephantasien einer Klientin, die in der Phase des akuten Liebeskummers wiederholt in den Beratungssitzungen berichtet hat, wie sie perfekte Rachepläne schmiedet. Nach einer Affäre ihres Mannes erschien ihr die Demütigung bodenlos. In unerträglichen Momenten half sie sich, ihre Aggressionen und Gefühle von Ausgeliefertsein in Rachephantasien umzusetzen. Sie überlegte sich, wie sie über einen Vorwand die Affäre besuchen könne. Ausgestattet mit Handschuhen, Fesseln, Gaffaband, Betäubungsäther, Mundknebel, wollte sie die Geliebte ihres Mannes an die Heizung in ihrem Hause fesseln. Niemand würde sie hören, da das Haus von einem großen Garten umgeben war. Ein Alibi hatte sie sich schon verschafft. Sie malte sich aus, wie sie das panikgezeichnete Gesicht dieser Frau genießen würde. Sie würde ihr den Kopf rasieren und sie aufs Übelste beschimpfen. Es gab Momente, da sei sie kurz davor gewesen, ihren Plan in die Tat umzusetzen und dafür auch die Strafe in Kauf zu nehmen, wobei sie sich ausrechnete, mit ein paar Jahren Bewährung davonzukommen, denn es sollte keine Körperverletzung geben. Präventiv hatte sie sich in dieser Phase von ihrem Arzt Notfallpillen verschreiben lassen und griff denn auch einige Male zu einem Tranquilizer. Was sie an Rachephantasien nicht umgesetzt hatte, verfolgte sie gnadenlos im Traum. Oft wurde sie in dieser Zeit nachts durch perverse Abschlachtszenarien geschüttelt, die nur so vor Blutrünstigkeit trieften und in der nächtlichen Traumphantasie bis ins Kleinste ausgelebt wurden. Doch nach jedem Aufschrecken und Schweißausbruch war sie froh, dass es nur ein Traum war. In der Beratung erarbeiteten wir einen anderen Weg, um mit diesen gewaltigen Aggressionen umzugehen und sie in produktivere Bahnen zu lenken.

Rache kann höchst unterschiedliche Früchte tragen und ein verheerendes Ausmaß annehmen. Die neuen Medien machen es möglich, Opfern von Racheangriffen nachhaltig zu schaden, sie übler Nachrede auszusetzen und psychisch äußerst zu demütigen. Die Formel ist ganz einfach: Auge um Auge, Zahn um Zahn.

Wer nicht zu öffentlichen Mitteln wie dem World Wide Web greifen will, dem bleiben andere Wege für die persönliche Genugtuung, dem Übeltäter eins auszuwischen.

So sind Lisa Fischbach offene Erzählungen von Rachefeldzügen aus ihrem Beratungsalltag bekannt. In einem Fall schreckte ein Mann nicht davor zurück, seiner Freundin, die ihn betrogenen hatte, Ratten in die Wohnung zu setzen. Natürlich nicht plump einfach mitten ins Wohnzimmer. Nein, es musste gemeiner und raffinierter sein. So wurden die drei Nagetiere, die aufwendig im Internet recherchiert und bestellt wurden, in die Speisekammer gesetzt und in den Abstellraum. Wohl wissend, dass sich die Tiere hier im Dunkeln erst einmal relativ still verhalten, weil versorgt, und eher durch zunehmende Raschelei den Wohnungsbesitzer in Unruhe versetzen würden. Selbstverständlich wusste der Täter von der ausgeprägten Rattenphobie seiner Freundin. Und da die Wohnungsschlüssel noch nicht übergeben waren, war die Umsetzung ein Leichtes.

Ebenfalls unschön der Bericht eines Kollegen, der eines Morgens vor seinem Auto stand, das über und über mit Sprühlack sehr unflätig beschriftet war, während im ganzen Viertel Handzettel mit wüsten Beschimpfungen über ihn und seine Affäre ausgeteilt worden waren. Besonders delikat, wohnten doch die Eltern seiner Geliebten ebenfalls in der Straße.

Nachdem wir gesehen haben, in welch unterschiedlichen Formen Aggressionen mehr oder weniger offen gelebt werden können, wollen wir nun noch darauf zu sprechen kommen, was passiert, wenn Aggressionen jegliches Maß verlieren.

Ehrenmörder – ohnmächtige Rächer

Der Hass ist die Liebe, die gescheitert ist.
Søren Kierkegaard

Vorwarnung: Dieses Kapitel ist dem Hass gewidmet, und es ist entsprechend schwer erträglich – überspringen Sie es bei Bedarf. Falls Sie das tun, sollten Sie bloß wissen, dass die Vorstellung von Monogamie und sexueller Exklusivität den Boden bereitet für Verbrechen mit bis ins Extrem überschießender Grausamkeit.

Der Dalai-Lama sagte mal in einer Rede, dass er angesichts dessen, was im Namen der Religionen für Gräueltaten begangen worden seien, oft den Eindruck habe, die Menschheit wäre besser ohne sie dran. Wir glauben, dass jeder Dogmatismus zu Gewalt und anderen Problemen zwischen Menschen führen kann. Das besonders Prekäre an der Monogamie ist, dass sie so eng verknüpft wird mit der Vorstellung von Liebe und dass der Hass, der aus diesem Dogma entspringt, oft urplötzlich zwischen zwei Menschen auflodert, die sich kurz vorher noch innig liebten. Wenn wir uns daran erinnern, dass sowohl Treue als auch Vertrauen in der ursprünglichen Bedeutung »fest« oder »stark« bedeuten, dann wird hier deutlich, dass sich dieses Konzept gegen sich selbst wendet, denn nichts ist unzuverlässiger, instabiler, verwandelt sich schneller von tief empfundener Liebe in abgrundtiefe, mordgierige Zerstörungswut gegen dieselbe Person, als eine Beziehung unter dem Diktat der Treue.

In etlichen Jahren Arbeit mit Kriminellen hörte Holger Lendt mehr als eine Geschichte über extreme Gewalttaten aus Eifersucht. Da gab es im Gefängnis zum Beispiel Josef, Mitte 40, der seine Frau mit einem Liebhaber erwischte und eine Orgie der Gewalt inszenierte. Er schlug zunächst seinen überraschten Konkurrenten mit einem Dreschflegel aus einer Wanddekoration nieder und fesselte ihn und seine Frau mit Kabelbindern. Danach ging er in seine Werkstatt und kam mit diversen Folterwerkzeugen zurück. Er band seine Frau ans Bett und führte ihr einen Lötkolben ein, fixierte die Vorrichtung mit Klebeband und schaltete ein. Unter ihren Schreien versetzte er nun seinem Kontrahenten zunächst mit einem elektrischen Viehtreiber Stromstöße am Penis und zerschlug ihm danach mit dem Dreschflegel Stück für Stück Finger, Hände, Füße, Beine und Arme. Zum Schluss kastrierte er ihn mit einem Teppichmesser und tötete ihn mit mehreren Axtschlägen auf den Kopf.

Wie kann es zu solchen Entgleisungen menschlichen Verhaltens kommen? Was macht aus Menschen wie Josef derart blutrünstige Bestien?

Ehrgefühl und Monogamie!

Das Gefühl, entehrt worden zu sein, stellt sich bei Menschen zu unterschiedlichen Gelegenheiten und in unterschiedlicher Stärke ein. Wenn ein junger Türke im Auftrag der Familie seine Schwester tötet, um die Ehre der Sippe zu retten, dann gehorcht er den gleichen Mechanismen wie der Einzeltäter Josef. Das Bekannte, das Ich, das in Beziehungen gern auf ein Wir erweitert wird, wird nach den Spielregeln der Monogamie durch einen Seitensprung verletzt, je nach Schwere der Tat und nach Fragilität des Selbstwertgefühls sogar zerstört. Der Fremdgänger hat gegen die Regeln verstoßen, gegen den Kontrakt mit dem Partner. Um dem eigenen, verletzten Ich wieder eine geschlossene Gestalt zu geben, muss der Betrogene in dieser Logik die Grenzen gegenüber seinem Partner schließen, ihn ausstoßen und ihn aus dem Bewusstsein löschen. Dazu tut er das Gegenteil dessen, was er vorher tat: Er zerstört das, was er pfleglich behandelte und liebte. Manchen reicht es dafür, den Untreuen aus der Beziehung zu verstoßen, in den genannten Extremfällen erscheint es den Betrogenen unmöglich, den untreuen Partner auch nur am Leben zu lassen. Die Intensität der Gewalt ist dabei ein Spiegelbild der Unauflösbarkeit der vorhergehenden Bindung und der empfundenen Intimität.

Je mehr zwei Menschen ihre psychische Selbstständigkeit für eine gemeinsame Verschmelzung opfern, desto psychotischer, grenzenloser gebärdet sich der Schmerz der Trennung, wenn ihr Vertrauen enttäuscht wird. Das Gefühl der Ohnmacht erscheint übermächtig, und der Eifersüchtige stürzt ins Bodenlose. Wer aus

Eifersucht oder Neid hasst, der will Kontrolle wiederherstellen, wo sich die Situation oder der andere unkontrollierbar anfühlen. Wer sich rächen will, der will Genugtuung, indem er sich und anderen zeigt, dass er sehr wohl auf anderen Wegen Macht über seine Peiniger erlangen kann. Er stellt seine verloren geglaubte Ehre wieder her. Emotional ist Rache so gut nachvollziehbar, dass kaum ein Gewaltporno aus Hollywood ohne dieses Motiv auskommt. – Sie ist billig zu haben.

In der realen Welt sieht es aber anders aus, wenn Rache geübt wird. Nie macht der Akt der Rache den Verlust oder die eigene Ohnmacht wirklich wett. Josefs Jahre in der Haftanstalt werden sicherlich nicht durch ein entsprechendes Hochgefühl während oder nach der Tat aufgewogen.

Rache bleibt deshalb immer der missglückte Versuch einer Aufwertung der eigenen Position, einer Aufrichtung der Ehre, ohne dabei den Schmerz des eigenen Unglücks spüren oder zeigen zu müssen.

Wirklich souverän wirkt dabei nur der coole Racheengel, der den Bösewicht mit einer Kippe zwischen den Zähnen und einem lockeren Spruch auf den Lippen vernichtet. Der Choleriker zeigt hingegen offen, wie wenig er selber Herr seiner Sinne ist, und gibt damit seine eigene Schwäche preis. Deshalb heißt es, Rache sei ein Gericht, das am besten kalt serviert wird. Aber je kälter die Rache, desto mehr begibt sich der Rächer in abgründige Gefilde.

Der Leibarzt des Dalai-Lama wurde mehrere Jahre lang von den Chinesen gefoltert. Er verlor dabei diverse Zähne und erzählte in einem Vortrag, wie er aus Unterernährung eines Tages begann, seine Lederstiefel zu essen. Auf die Frage, was während der Folterungen seine größte Sorge war, antwortete er: »Das Mitgefühl mit meinen Folterern zu verlieren.«

Es erscheint uns unglaublich, aber dies war tatsächlich das Wichtigste, das ihn davon trennte, auf die Ebene seiner Folterer hinabzurutschen und sie zu hassen. Das Wichtigste, was er hatte, war seine universelle Liebe. In einem Hollywoodfilm hätte es stattdessen wohl eine Szene gegeben, in der die Freunde des Tibeters das chinesische Gefängnis einnehmen und daraufhin die

Chinesen zu Gefolterten machen. Mit entsprechender Musik und in Szene gesetzt, würde sich dabei sicherlich Genugtuung einstellen. Im echten Leben hat Gewalt hingegen etwas peinlich Beschämendes. Einer der besten Filme zu diesem Thema ist sicherlich die deutsche Produktion »Funny Games« vom Österreicher Michael Harneke. Doch selbst dieser hochkarätig besetzte und kaum erträgliche Film war für einige Gewalttäter Vorbild … in einer kalten Gesellschaft.

Es war uns leider nicht möglich, an eine glaubwürdige Statistik zu kommen, die eine Einschätzung erlaubt, wie viele Gewalttaten und Morde von Eifersucht motiviert sind. Sicher ist jedoch, dass ein Blick in bestimmte Gebiete der Erde genügt, um die furchtbaren Auswirkungen von monogamem Besitzdenken – und das bedeutet meistens den Anspruch des Mannes gegenüber der Frau – auf ganze Kulturen einzuschätzen. Der weit gereiste Survival-Experte Rüdiger Nehberg sah in Afrika weibliche Beschneidungen. Dies schockierte ihn derart, dass er die Hilfsorganisation Target ins Leben rief. Was in Afrika im Namen der Ehre, aus Besitzdenken und eifersüchtiger Angst der Männer traditionell und massenhaft passiert, beschreibt er auf seiner Seite www.target-nehberg.de:

»Fatima muss die härteste Form der Beschneidung ertragen. Sie ist 8 Jahre alt, Muslimin, lebt in der Danakilwüste, Äthiopien. Sie wird pharaonisch verstümmelt. Wie ihre Spielkameradinnen. Laila zum Beispiel, die seitdem nie wieder gesprochen hat. Stumm seit elf Wochen. Ein Drittel der Mädchen wird nie wieder sprechen. Tod durch Verbluten, schätzt die UNO. Vier Erwachsene haben Mühe, die um ihr Leben strampelnde Fatima zu halten. Die Rasierklinge raubt die Klitoris, die Schamlippen, alles, unbarmherzig. Auch die Seele. Das Vertrauen in das Leben. Auch das Vertrauen zu den Erwachsenen, deren Hände die Schreie ersticken. Fatima ist ohnmächtig. Die Scheide wird verschlossen. Mit Akaziendornen. Wie ein Reißverschluss. Gnadenlos. Die Schenkel werden umwickelt. Nach vier Wochen sind die Wundränder zusammengewachsen. Was Fatima bleibt, ist eine Öffnung, klein wie ein Reiskorn. Ab jetzt dauert das Urinieren eine halbe Stunde. Die

Regelblutung zwei Wochen. Wenn sie Kinder haben will, wird sie aufgeschnitten. Bei der Geburt noch einmal das Messer. Dann die erneute Verschließung. Folter lebenslänglich.« Solche oder ähnliche Beschneidungen passieren alle elf Sekunden, 8000-mal am Tag. Nicht im Affekt, sondern mit derselben Selbstverständlichkeit wie bei den Grausamkeiten im »Dritten Reich« und überall in der Weltgeschichte. Übrigens stehen diese Rituale durchaus im Widerspruch zum Islam, obwohl sich diese Praktik auf den Islam beruft. Im Namen der Liebe wie im Namen der Religion haben sich Menschen unendliches Leid zugefügt. All dies waren Früchte der Ich-Bildung, Früchte der Abgrenzung gegenüber anderen, Früchte des verletzten Ehrgefühls, Dogmatismus. Im Falle der Monogamie ist das Dogma eine perverse Kombination von religiösem Überbau und privat-juristischem Anspruch auf das Leben einer Person, wie es auch bei uns noch vor wenigen Jahrhunderten der Fall war.

Es bleibt festzuhalten: Die Ideologie der Monogamie bereitet den Boden für viel Unglück in und die Trennung von Beziehungen, für Gewalttaten aus Eifersucht und die Verstümmelung und Ermordung von Menschen – millionenfach. Wie bringen wir nun die feindlichen Schwestern Treue und Untreue an einen Tisch?

3 LIEBE

Genau in dem Moment,
als die Raupe dachte,
die Welt geht unter,
wurde sie zum Schmetterling.
Peter Benary

HEILUNG

Treue vs. Untreue – Liebe als Synthese

Der Sieg eines moralischen Ideals wird durch dieselben »unmoralischen« Mittel errungen wie jeder Sieg: Gewalt, Lüge, Verleumdung, Ungerechtigkeit.
Friedrich Nietzsche

These, Antithese, Synthese?

Sie stehen sich unvereinbar gegenüber, und doch tragen wir beides in uns, den Wunsch nach Festigkeit, Zugehörigkeit hier und die Sehnsucht nach Neuem dort. Wenn wir eine Seite leugnen, führt sie ihr Leben im Untergrund weiter und ist da noch schlechter kontrollierbar. Wir scheinen weder gemacht zu sein für die schrankenlose Freiheit noch für die totale Sicherheit – entweder fehlt uns der Boden oder die Luft zum Atmen. Mit der Monogamie fällt die Entscheidung zugunsten von Sicherheit, festen Wurzeln und Grenzen. Werden diese gebrochen, stehen sich die Treue und die Untreue mit fragendem Blick gegenüber – jeder als Vertreter eines Pols der ganzen Wirklichkeit. Was könnte beide zusammenbringen? Vielleicht das, was beide überhaupt zusammenbrachte: Liebe!

Wir haben bisher so getan, als ob Treue und Untreue unvereinbar wären, denn so empfinden wir es – aber sie sind tatsächlich nur zwei Aspekte eines Phänomens. Um das zu erkennen, müssen wir das Ganze jedoch vom Standpunkt der Liebe aus sehen, nicht aus unserer Perspektive.

Menschen sind sich treu, weil sie lieben, und sie gehen fremd, weil sie lieben. Liebe ist es in beiden Fällen, und wenn wir Sexualität als die körperliche Variante der Liebe anerkennen, dann ist sogar der rein sexuelle Seitensprung eine Form von vagabundierender Liebe. Die neue Liebe des untreuen Partners verletzt die ältere des treuen Partners zutiefst und bedroht diese. Tatsächlich finden etliche Beziehungen durch eine neue Liebe ihr Ende, das lässt sich kaum leugnen. Die Frage ist nur, ob wir dann gescheitert sind oder gescheiter! Vielleicht ist es kein Scheitern, sondern eine radikale Veränderung. Krisen haben ein Wachstumspotenzial in sich, das wir nur nutzen können, wenn wir es sehen wollen.

Meist kämpfen wir gegen Schmerzen und Trauer an, weil es so schwerfällt, sie anzunehmen und »hineinzuatmen«. Wir vermeiden Schmerzen gern – zumindest geistig. Aber leider hilft das nicht – die alte Beziehung ist nämlich bereits beendet, weil die beiden Partner nun in völlig verschiedenen Welten leben. Der Betrogene blickt fassungslos zurück und will verstehen, was da geschehen ist, der Untreue möchte wahrscheinlich möglichst schnell nach vorne gehen und in Zukunft alles besser machen. Wer begreift, dass es gar keine Beziehung mehr gibt, hat etwas gewonnen. Arnold Retzer sagt in seinem Buch »Systemische Paartherapie« so schön, dass es für das Ende einer Beziehung nur einen braucht, für den Anfang aber zwei. Es macht demnach einen Unterschied, ob wir eine Liebe von vorne oder hinten betrachten. Von hinten sehen wir mit der Zeit Sinn, von vorne sehen wir Möglichkeiten oder eben unüberwindbare Hindernisse. Es kann deshalb helfen, die alte Beziehung als erfüllt anzusehen, sie von hinten zu betrachten, um sie und den Schmerz des Verlustes zu würdigen. Eine typische Beraterfrage wäre: Wenn Sie später auf diese Ereignisse zurückblicken, wozu wird das alles gut gewesen sein? Das hilft oft, einen Sinn im Drama des Augenblicks zu erkennen, denn gleichzeitig eröffnet die Antwort auf diese Frage auch einen Blick nach vorn – vorbei am Schmerz.

Um den Schmerz verarbeiten zu können, empfiehlt der Kollege Ulrich Clement klare Verhandlungen über Ausgleich. Wer sowieso viel darüber spricht, »ob sich das Ganze noch lohnt«, der hat den Bereich Romantik eh verlassen und denkt geschäftsmäßig. Es ist nur heikel, den Gegenwert einer Affäre zu berechnen. Hier entscheidet der Betrogene allein über den Preis. Dann müssen beide verhandeln und sich einig werden. Ein neues Auto? Ein Urlaub allein? Einfach ein ehrliches, fühlbares Geständnis? Eine Strafe? Was darf es sein?

Oft ist das nicht möglich, denn Vertrauen kann eigentlich nicht erkauft werden – es ist immer ein Geschenk, und es liegt auch sehr viel mehr gefühlte Größe darin, seinem Partner wieder Vertrauen zu schenken. Deshalb empfiehlt Kollege Retzer dem Betrogenen, etwas Paradoxes zu tun: die Schuld des Untreuen akribisch in einem Büchlein aufzulisten und sich damit als tägliche Pflicht zu beschäftigen. Der Effekt wird früher oder später ein Überdruss sein, und das wäre dann der Augenblick, das Schuldbuch zu verbrennen und zu der Erkenntnis zu kommen, dass Schuld ein sehr problematisches Konzept ist, das keinem wirklich nützt.

Michael Schmidt-Salomon legt das in seinem Buch »Jenseits von Gut und Böse – warum wir ohne Moral die besseren Menschen sind«, sehr schlüssig dar. Wir glauben alle, das Richtige oder Gute zu tun. Bös-Willigkeit gibt es praktisch nicht – denken Sie an Jekyll und Hyde. Die wenigsten Untreuen wollen ihren Partner willentlich verletzen. Auf noch tieferer Ebene gilt, dass wir Menschen auch nach Erkenntnissen der Hirnforschung keinerlei freien Willen besitzen. Wir treffen Entscheidungen vollkommen unbewusst und bilden uns hinterher nur ein, dass wir sie bewusst getroffen hätten, so wie ein Pressesprecher keine Entscheidungsbefugnis im Konzern hat, aber alles wie ein Chef kommentieren kann.

Psychologisch gesprochen, kommt noch etwas »Entlastendes« dazu: In einem Paar geschieht nichts ohne den anderen. Wenn Liebende in die Beratung kommen, weil sie nicht mehr miteinander reden können, da er »die Zähne nicht auseinanderkriegt« und sie »nicht mal fünf Minuten Ruhe geben kann«, dann haben beide ein Problem: den jeweils anderen. Sie wollen das Problem damit beheben, indem sie den anderen ändern. Wie man sich vorstellen kann, funktioniert das nie. Der Lösungsversuch des einen ist nämlich das Problem des anderen. Je mehr sie redet, umso mehr wird er schweigen. Je mehr er schweigt, desto eher wird sie reden wollen. Wer ist schuld? Keiner! Wer trägt die Verantwortung? Beide! Und zwar nicht zu 50 Prozent, sondern zu 100! Diese Rechung ist nur mathematisch widersinnig. Wenn bei solchen Paaren er zu sprechen anfängt, wird sie oft überraschend still. Hört sie auf, ihn zu bedrängen, kommt er oft von ganz alleine zu ihr. In einem solchen systemischen Zirkel gibt es nur Verantwortliche, keine Schuldigen. Den anderen ändert man hier nie – außer man beginnt bei sich selbst.

Also: tief durchatmen und weg mit dem Gerümpel. Vergessen wäre dabei eine ganz und gar unsinnige Zielsetzung, Vergebung ist gefragt. Wer den Seitensprung vergessen würde, wäre nicht gescheiter.

Um aus dem Alten zu lernen und die Möglichkeiten des Neuen zu sehen, braucht es vor allem eine Integration dessen, was den untreuen Partner nach außen trieb. Dafür benötigen beide Partner ein gutes Gespräch. Eines von der Art, wie sie der große Michael Lukas Möller in seinen Büchern beschrieb: das Zwiegespräch. Erst spricht der eine zwanzig Minuten über sich, dann der andere, und der Partner lauscht nur schweigend – mehr nicht! Es geht ums Zuhören, nicht ums Verhören, wie es nach Seitensprüngen üblich ist. Zwiegespräche sollten aus unserer Sicht zum Standard für Paare gehören, denn ihr Entwicklungspotenzial ist gigantisch. Sie erst zu lernen, wenn man in einer Krise steckt, ist natürlich schwierig. Der Betrogene hört dann oft sehr Schmerzliches. Aber vielleicht hilft es für die neue Beziehung zu hören, dass der Untreue sich mit dem anderen plötzlich wieder frei und lebendig fühlte, um sich auf die Suche danach zu machen, wie Freiheit und Lebendigkeit auch miteinander wieder wahrscheinlicher werden? Wie setzt sich der Betrogene in Beziehung mit einem »freien, lebendigen« Partner? Der eine wurde durch einen Dritten an vergessene Qualitäten erinnert – welche setzt der andere dagegen? Die Frage an beide wäre: Wer wollen wir füreinander in der neuen Beziehung sein?

Wenn wir so weit kommen – und das braucht viel Zeit und Geduld miteinander –, können wir langsam von Heilung sprechen. Dann geht es um etwas Neues. Die Erkenntnis, dass der

Dritte für ein Paar das gemeinsame Unbekannte verkörpert, kann nun genutzt werden. Viele behaupten, dass in einer Partnerschaft irgendetwas gefehlt haben muss, wenn es zum Seitensprung kommt, und der Betrogene bezieht dies auf sich, sodass sein Selbstwertgefühl kollabiert. Es hat auch etwas gefehlt – aber vor allem dem Untreuen. Was? Teile seiner selbst – vielleicht eben Lebendigkeit! Er ist durch den Dritten auf etwas gestoßen worden, das ihm bis dahin vielleicht sogar als Bedürfnis unbewusst war. Nun ist die Frage, ob beide Partner es schaffen, das Neue zu integrieren und sich diesem seltsamen Unbekannten zu öffnen – oder *gar dem* oder *der* Unbekannten?

Upps – dramaturgisch haben wir jetzt Mist gebaut, denn wir sind mal eben innerhalb allerkürzester Zeit vom Schmerz des Betrogenwerdens zur Sehnsucht nach mehr gerast und führen von jetzt auf gleich die wesentliche Frage dieses Buches ein – ob wir nämlich mehr als einen Menschen lieben können.

Dabei hängen wir leider jeden noch so wohlmeinenden Leser ab, der dieses Kapitel nach einer Affäre liest, um zu versuchen, mit dem alten Partner eine neue Beziehung auf die Beine zu stellen. Wir wissen das – Entschuldigung – und können es nicht ändern, auch wenn dieses Vorgehen für einen Ratgeber unverzeihlich ist. Dieses Buch ist aber kein Ratgeber, sondern ein Thesenbuch, und für die These kommt jetzt der richtige Zeitpunkt, um das Dilemma wieder aufzugreifen, auf das wir ganz vorne zu sprechen kamen: Wenn ein Paar bei uns sitzt und sich für die »neue Beziehung« Treue gelobt, nachdem Untreue die alte Beziehung zerlegte, dann wäre das der Zeitpunkt, sich zu fragen, ob das schlau ist. Es hat einmal nicht geklappt – warum also diesmal? Es war kein böser Wille. Wille ist eine Illusion und wird nicht viel nützen gegen ein Rumoren im Unbewussten.

All diese Paare müssten sich theoretisch etwas unglaublich Wichtiges eingestehen, etwas, das man ganz schlicht formulieren könnte, was aber nicht leicht über die Lippen geht: »Schatz … ich glaube, wir sind gar kein treues Paar!« Zumindest einer ist es nachweislich nicht, und damit kann es das Paar auch nicht sein. Es braucht bereits Größe und gute Nerven, um zu sagen: »Ich war untreu« – es braucht noch mehr Größe und noch viel bessere Nerven für das Bekenntnis: »*Ich bin* untreu!«

Das ist das Coming-out, das durch den legendären Dämmstoff im Kopf verhindert wird – trotzdem ist dies die einzig korrekte Schlussfolgerung. Eine neue Beziehung sollte dieser nicht ganz unwesentlichen Tatsache in irgendeiner Weise Rechnung tragen. Wie, gilt es herauszufinden, und da sind individuelle Lösungen gefragt.

Moralische Normen – Ethik der Freiheit

Liebe verschenkt sich im Überfluss, wie eine Blume ihren Duft verströmt; doch immer messen wir die Liebe in unseren Beziehungen, und damit zerstören wir sie.
Krishnamurti, »Vollkommene Freiheit«

Wieder und wieder bekommen wir in Beratungen die gleiche Frage gestellt, meist in schuldbewusstem Tonfall. Sie lautet: »Ist das normal?« Wir beantworten sie am liebsten mit einem verschwörerisch geraunten: »Ist das nicht völlig schnurz?«

Hätten Sie gern 1,3 Kinder, wenn das normal wäre? Normalität ist ebenso wie Moral ein Hilfskonstrukt, das für den Einzelnen kaum Sinn macht. Was wir stattdessen einführen müssten, wäre eine Ethik der Einvernehmlichkeit. Homosexualität ist nach wie vor nicht normal, aber sie steht nun nicht mehr unter Strafe wie noch in den Neunzigerjahren (ja – wirklich!). Warum? Weil sogar das Strafrecht anerkennt, dass zwei Menschen miteinander machen können, was sie wollen, solange es einvernehmlich geschieht. Moral und Konformitätsdruck bringen uns wenig Lebensqualität.

Sie lesen gerade ein »unmoralisches Buch«, aber das haben Sie sicherlich schon gemerkt. Uns geht es nicht um Moral, sondern vielmehr um eine intelligente Ethik der Liebe. Ethik ist ihrem Wesen nach flexibel und anpassungsfähig, so wie Kants kategorischer

Imperativ den Einzelnen und sein Urteilsvermögen fragt und keine Bibel- oder Gesetzestexte, die die Welt in Hell und Dunkel teilen.

Unser Gesetzgeber straft zwar keine Ehebrecher mehr, polyamore Menschen können aber nicht heiraten, das dürften nur zwei von ihnen, der Rest muss draußen bleiben. Will er aber nicht! So wie die meisten Eltern selbst entscheiden wollen, wie viele Kinder sie haben, möchten manche Menschen auch entscheiden dürfen, wie viele Partner sie lieben dürfen. Die meisten wollen auch entscheiden, wie sie die verschiedenen Partner lieben, was sie also mit ihnen teilen. Wer selbst mal untreu war, hat bereits gemerkt, dass man sein Herz durchaus mehrfach verschenken kann, und es ist trotzdem noch da, wenn man nachschaut! Im Gegenteil fühlen sich »Partner auf Abwegen« meist sehr bereichert durch die Andersartigkeit des Außenpartners. In sogenannten Affären kommt ein anderes Lebensgefühl zum Tragen als in Lebenspartnerschaften. Das »Ziel« der Liebenden ist ihr gemeinsamer Weg, der Prozess, sich dem Unbekannten auszusetzen, dem, was einen Unterschied macht. Ulrich Clement drückt das so aus: »Warum ist der Unterschied attraktiv? Weil er der fühlbare Beweis dafür ist, dass wir leben. Weil er ein Gefühl von Neuem erzeugt. Eine Liebesaffäre erschafft unsere Welt neu. Wir sehen anders, fühlen anders, sind anders wir selbst. Richtig anders. Anders richtig … Liebesaffären leben von der Bewegung, nicht vom Ergebnis … Deshalb sprechen wir zwar von einer ›gescheiterten Ehe‹, aber nicht von einer ›gescheiterten Affäre‹.«[28]

Wir leben andere Teile unserer selbst mit anderen Partnern. Wäre es also möglich, mit Stefan in die Oper zu gehen, weil der eigene Partner lieber Death Metal hört, und mit Tom ins Bett, weil der Lust hat auf die Verwendung von Sexspielzeug, mit dem der eigene Partner einfach nichts anfangen kann? Im Gegensatz zur Liebe aus dem Mangel heraus, wie sie für den Neid und die Eifersucht typisch ist, kann so aus dem Zustand der Fülle heraus geliebt werden. Selbst eine wirklich ehrlich geführte Konsumlogik müsste den »Mehr-Wert« von Mehrfachbeziehungen nachvollziehen. Der Spruch »Warum einen, wenn Sie auch drei haben können?« soll sonst unsere Taschen leeren helfen – wie wäre es, wenn wir nach diesem Motto unser Herz füllten? Ein Sowohl-als-auch ist möglich. Eng wird es nur, wenn wir uns durch die Wahl von Ursula zwangsläufig gegen die Liebe zu Lotta entscheiden müssen.

Sobald wir mehrfach lieben, nimmt die Angst vor Verlust ab. Was sollen wir auch verlieren, wenn wir spüren können, dass unser Herz randvoll mit Liebe ist? Angst verträgt sich mit vielen unangenehmen Gefühlen, aber nicht mit Liebe. Angst verhindert Liebe, und Liebe löst Ängste auf. Wie viel Liebe wollen wir, wie viel verkraften wir, wie viel macht uns glücklich? Sich darauf gegenseitig Antwort zu geben braucht Mut!

Aber wer hat den schon?

FREIHEIT

Stell dir vor, es ist Freiheit, und keiner geht hin – Massentrance

Wer sich nicht rührt, spürt seine Fesseln nicht!
Alfredo Rossi

Das Dilemma der Liebe in unserer Zeit ist nicht das Fehlen von Freiheit, von mangelnden Möglichkeiten, unser Leben individuell zu gestalten. Das Dilemma der Liebe ist der tiefe Schlaf, in dem wir liegen und der verhindert, dass wir den immensen Freiraum nutzen, der uns zur Verfügung steht.

Wir brauchen keine Verschwörungstheoretiker zu sein, um die Idee nachvollziehen zu können, dass wir nicht wirklich wach und frei in unserer Wahrnehmung sind, dafür reichen ein paar schlichte psychologische Beobachtungen:

Das menschliche Gehirn ist vermutlich der offenste Bio-Computer, der existiert. Es ist nur sehr wenig im Menschen instinktiv vorgegeben. Wir sind äußerst lernfähig und als Kleinkinder auch extrem lernwillig.

Unser System ist so anpassungsfähig, dass es auch vollkommenen Unsinn aufnimmt und weiteren Unsinn darauf aufbaut. Der Homo sapiens – der angeblich weise Mensch – ist nur so weise, wie ihm sein Umfeld und seine Erziehung zu sein erlauben. Wird jemand von Adolf Hitler erzogen, kommt etwas anderes heraus, als wenn er beim Dalai-Lama aufwachsen würde. Unsere Kultur ist unser Betriebssystem. Unter Lernen verstehen wir »Einochsen von Fakten«, das uns hilft, unseren Platz in dieser Gesellschaft effizienter zu füllen, und nicht das Nutzen unserer analytischen Fähigkeiten für wirkliches Lernen, das unsere Realität verändert. Wir werden nicht dazu erzogen, Dinge infrage zu stellen und uns ein eigenes Urteil zu bilden. Das ist nicht paranoid gedacht, sondern vernünftig! Wer sollte ein Interesse daran haben, dass wir über unseren Tellerrand hinausschauen? Nicht einmal wir selbst, geschweige denn andere. Es ist viel praktischer, wenn wir gut funktionieren und uns so in das gesellschaftliche Gefüge einpassen. Dass wir dabei heutzutage alle unglaublich individuell wirken, ist auch nur eine Art der Gleichmacherei. Es gaukelt Freiheit vor, wo alle »määäh!« sagen.

Sobald ein Thema beim Denken wirklich »heiß« wird, hören wir meistens mit dem Lernen auf! Das nennt der Fachmann Dissonanzreduktion. Wenn wir Hinweise erhalten, die unsere Weltsicht grundsätzlich infrage stellen, dann mildern wir diese ab, ignorieren sie, so gut es geht, oder ziehen (auch an den Haaren) Fakten heran, die unsere Position stützen. Im Falle der Monogamie tun wir alles drei. Wir sehen Momente der Untreue als Kleinigkeiten, die die Sache nicht grundsätzlich infrage stellen. Wir ignorieren die Möglichkeiten, die es gäbe, wenn wir unsere Gedankenwelt erweitern könnten (also offenere Beziehungen), und wir untermauern mit einigen wenigen Paaren, die wir noch kennen (aber nicht gut genug, um von deren möglicher Untreue zu wissen), die Position, dass »es schon gut gehen könne« mit der Monogamie.

Bei alternativen Modellen wird ein anderer Maßstab angelegt. Wenn experimentelle Beziehungen im Einzelfall zu unbefriedigenden Ergebnissen führen, wird dies als Beweis für die Untauglichkeit des Modells herangezogen. Die reichlich nachweisbare Fremdgeherei angeblich monogamer Menschen sehen wir hingegen als »kleine Ausrutscher« und lassen sie unter den Tisch fallen.

Dies alles zeigt, wie viel Angst wir vor der Erkenntnis haben, dass unser traditionsreichstes Modell für Beziehungsglück nicht hält, was es verspricht.

Dieses Buch trägt den Titel »Treue ist auch keine Lösung«. Es wurde bereits hinreichend erklärt, warum Treue nach traditionellem Muster nicht als Lösung taugt. Wichtig ist uns aber das »auch« im Titel. Wir glauben nicht, dass es ein Standardbeziehungsmodell geben kann, und somit sagen wir nicht, Polyamorie, offene Beziehungen oder Swingen seien die Lösung. Warum? Weil der Untertitel unseres Buches lautet: »Ein Plädoyer für mehr Freiheit in der Liebe«.

Wir glauben nämlich, dass Freiheit sehr heilsam für Beziehungen ist. Sie lässt sich aber ebenso wenig auf Flaschen ziehen, wie sie für eine Beziehungsform spricht. Freiheit drückt sich nicht mehr in einem Modell aus als in einem anderen. Ein Poly kann genauso vernagelt und engstirnig zehn Menschen lieben, wie der Monogame verbissen einen Partner liebt. Der Vorsprung eines Polys ist lediglich, dass er in dieser Gesellschaft über sich und sein Beziehungsmodell nachdenken musste, um es bewusst zu wählen; ein Monogamer kann das – muss aber nicht. Freiheit bedeutet jedoch, dass sich die Zahl der Optionen erhöht.

Sie werden in diesem Buch keine neue Wahrheit finden. Wahrheit ist eine Frage der Interpretation. Wir helfen bei Veränderungen im Leben von Menschen meist »nur« durch ein neues Verständnis ihrer Situation. Kollege Gunter Schmidt nennt Therapeuten und Coaches »Realitätenkellner«. Glauben Sie also bitte nicht, dass all die biologischen oder geschichtlichen Fakten aus unserer Sicht »die Wahrheit« sind. Sie sind nur eine andere Interpretation der gleichen »Fakten« (was auch immer ein Fakt sein mag). Der große Kybernetiker Heinz von Foerster hat es treffend formuliert: »Freiheit und Verantwortung gehören zusammen. Nur wer frei ist – und immer auch anders agieren könnte –, kann verantwortlich handeln. Alles, was ich will, ist, dazu aufzufordern, die Vielzahl der Möglichkeiten zu bedenken: Wir sind frei zu wählen, wir sind frei, uns zu entscheiden. Es gibt nicht irgendeine absolute Wahrheit, die einen zwingt, die Dinge so und nicht anders zu sehen, so und nicht anders zu handeln. Meine Auffassung ist, dass die Rede von der Wahrheit katastrophale Folgen hat und die Einheit der Menschheit zerstört. Der Begriff bedeutet … Krieg.«[29] Vielen, vielen Dank, Herr von Foerster!

Den nächsten Absatz schreiben wir deshalb mit aller Empathie und viel eigener Erfahrung darin, sich in scheinbar Selbstverständlichem hinterfragen zu lassen. Er ist zentral für dieses Buch, und wir hoffen, Sie interpretieren ihn zumindest annähernd so, wie wir ihn beim Schreiben gemeint haben, obwohl er sich wie eine unumstößliche Wahrheit liest und deshalb ziemlich dreist klingt:

Sie haben überhaupt keine Wahl!

Dramatische Kunstpause.

Noch einen Augenblick wirken lassen, bitte!

Sie glauben, dass Sie monogam leben, weil Sie das wollen? Sie können tun, was Sie wollen, aber Sie können nicht wählen, was Sie wollen, denn das erledigen der religiös-verklemmte Hintergrund dieser scheinbar offenen Gesellschaft, ihre Werbung, ihr Monogamiemythos. Wenn Sie so was wie Swingen, Polyamorie oder offene Beziehungen nicht kennen, können Sie sich nicht entscheiden. Kennen bedeutet dabei nicht: Schön, dass wir mal drüber gesprochen haben, sondern ein wirkliches, praktisches Verständnis aus Erfahrung oder Ansicht aus nächster Nähe. Lesen bringt keine Erfahrung. Eine schonungslos ehrliche Inventur der eigenen Sehnsüchte und Ängste ist die Grundvoraussetzung dafür, dass wir aus der Massenhypnose der Normalität überhaupt aufwachen können.

Im psychologisch sehr interessanten Film »Matrix« formuliert der weise Morpheus diesen Sachverhalt gegenüber dem gerade »erwachten« Neo so: Morpheus: »Es ist eine Scheinwelt, die man dir vorgaukelt, um dich von der Wahrheit abzulenken.« Neo: »Welcher Wahrheit?« Morpheus: »Dass du ein Sklave bist, Neo. Du wurdest wie alle in die Sklaverei geboren und lebst in einem Gefängnis, das du weder anfassen noch riechen kannst. Ein Gefängnis für deinen Verstand.«[30]

Dieses Gefängnis kennen wir von uns und jedem der Menschen, der im Laufe unseres beruflichen Daseins mehr oder weniger erfolgreich mit seinem nächsten Entwicklungsschritt rang.

Die Frage dieses Buches lautet also nicht, ob jemand traute, treue Zweisamkeit leben möchte oder ein offeneres Konzept von Beziehungen, sondern ob derjenige die innere Freiheit besitzt, wirklich (!) über seinen eigenen Liebesstil nachdenken und dann entscheiden zu können, wie er oder sie lieben will.

Monopoly – wir haben keine Wahl

Die Unfähigkeit, die Perspektive zu wechseln, wird psychiatrisch als Wahn definiert. Der Wahnkranke kann die ganze Welt nur unter dem alles beherrschenden Gesichtspunkt sehen ...
Manfred Lütz

Riesengebrüll aus dem Tagesraum! Hier stehen sich in einer Fastschlägerei Boris der Möchtegernlude von St. Pauli und Cem der Gettotürke aus Mümmelmannsberg gegenüber und werfen mit Beleidigungen um sich, von denen man blind werden kann. Also, einschreiten, runterfahren, nachfragen: Was war?

Boris hat beim Skat auf Cems Frage »Wer gibt?« mit »Deine Mudda Digga« geantwortet. Cem stand sofort wie ein Kastenteufel vor ihm mit Mordlust in den Augen. Ein Türke mit Ehre müsse seine Mutter schützen, erklärt Cem sehr viel später. So, so! Auch wenn er dadurch Rauswurf, Bewährungswiderruf und Knast riskiert? Ja!

Cem hat nicht das Gefühl, uncool zu sein, aber er versteht, dass es nicht besonders souverän ist, wenn ein dummer Spruch von irgendwem ausreicht, damit er sein Leben wegwirft. Cem ist ein Opfer der Umstände. Ein falsches Wort – und bumm! Das Wort Opfer mag Cem so gar nicht, aber er sieht, dass es hier stimmt. Ihm fehlen Alternativen, und die gibt es! Auf »Hurensohn« braucht es keinen Schlag auf die Zwölf. Ein »Nee, die hatte 'nen anderen Job«, würde genügen, um cool zu wirken.

Wir mögen Cems skurrilen Ehrbegriff ja gerne albern finden, aber wir sind unseren Prägungen genauso ausgeliefert wie Cem den seinen. Er muss (!) einfach aggressiv durchdrehen – es sei denn, er hat die Größe, sich und seine Ehre infrage zu stellen. Cem, der drogensüchtige, kriminelle, arbeitslose, »schlecht integrierte Türke«, hatte sie übrigens!

Was »müssten« *Sie* tun, wenn Sie Ihren Partner in flagranti beim Akt mit einem anderen ertappen? Das nämlich macht *uns* lächerlich und zum Opfer der Umstände. Ein Gedankenexperiment: Lassen Sie uns mal humoristisch überspitzt darstellen, was Anhänger anderer Modelle in so einer Situation vielleicht täten.

Der Poly würde den Raum betreten und sagen: »Huch, warum hast du mir nichts erzählt? Was für ein schönes Bild ihr zwei abgebt. Nachher musst du mir ganz detailliert erzählen, wie ihr euch verliebt habt!«

Der Mensch der offenen Beziehung des »Frag nichts, sag nichts«-Typs würde die Stirn runzeln und sagen: »Schatz, wir hatten doch ausgemacht, nicht zu Hause. Hier habt ihr Geld und die Visitenkarte von einem netten Hotel. Der Service ist gut da, und im Zimmer 55 kann man so laut sein, wie man will, das stört niemanden.«

Der Freund des Cuckold würde sich still erregt danebensetzen und sagen: »Oh, Entschuldigung. Lasst euch von mir nicht stören. Darf ich bitte zuschauen? Soll ich euch ein paar Häppchen für danach vorbereiten?«

Der Swinger fragt womöglich: »Wow, seht ihr geil aus! Kann ich mitmachen?«

Der Monogame erdolcht erst die Konkurrenz mit dem Brotmesser, verprügelt dann den Partner und reicht später aus dem Knast die Scheidung ein.

Welche Reaktion wäre für alle Beteiligten, so »objektiv wie möglich betrachtet«, wohl die angenehmste, liebevollste, kurz die »beste«? Wären Sie zu ebendieser Reaktion in der Lage? Falls nicht, dann stecken Sie noch in Konditionierungen, die Sie bereits selbst als unsinnig durchschauen. Ein Teil sagt vielleicht, dass es lustvoller wäre, gemeinsam Sex zu haben oder den beiden ihr Stelldichein woanders zu gönnen. Aber etwas anderes in Ihnen ist massiv im Weg!

Aufrechterhalten werden solche inneren Hindernisse durch Vermeidungsverhalten. Wer zum Beispiel seit Jahren mit dem Fahrrad durch Wind und Regen kilometerweit zur Arbeit fährt, weil er Angstattacken im Bus befürchtet, der wird nicht erfahren, dass er entspannt Bus fahren könnte, und gibt sich so selbst recht. Angst erhält sich dadurch aufrecht, dass sie die Erfahrungen vermeidet, die sie auflösen könnten.

Von Albert Einstein stammt der bekannte Ausspruch »Kein Problem kann gelöst werden durch dieselbe Denkweise, durch die es verursacht wurde«. Darum finden wir niemals in der Logik der Monogamie Antworten auf ihre Probleme. Wir sagen, Eifersucht ist natürlich, traute Zweisamkeit das Beste, Liebe zu mehreren Partnern nicht machbar. Wir sorgen für Dissonanzreduktion, um nichts verändern zu müssen. Der Segler nennt das: Die Schlauen stehen an Land!

Eifersucht und andere erschreckende Gefühle wurzeln tief in der Denkweise der Monogamie und bestätigen sich selbst als Teufelskreis. Wer glaubt, weitere Partner erhöhten die Gefahr, verlassen zu werden, hat das alternative Konzept nicht verstanden. In monogamer Denke folgt aus dem Auftauchen eines weiteren Partners zwangsläufig die Not der Trennung. Diese Frage ist vollkommener Unsinn in Mehrfachbeziehungen. Darum heißen sie ja so! Ich muss mich nicht gegen Jutta entscheiden, nur weil ich jetzt gerne Diana lieben möchte – ich darf das! Volker *und* Aljoscha geht auch! Warum sollte man den geliebten Partner verlassen? Warum? Weil wir das Gefühl nicht kennen, Volker links und Aljoscha rechts im Arm zu haben, und alle sind glücklich! Wer diese Erfahrung nicht gemacht hat, sollte sich nicht anmaßen, darüber zu urteilen, ob sie möglich sei.

Was steht uns also im Wege zur Freiheit? Lassen wir wieder den weisen Morpheus zu Wort kommen: »Du musst wissen, dass die meisten von ihnen noch nicht so weit sind, abgekoppelt zu werden. Viele dieser Menschen sind so angepasst und vom System abhängig, dass sie alles dafür tun, um es zu schützen.«

Wenn wir einen echten inneren Schritt riskieren, stehen wir erst mal völlig allein da, denn dann machen wir Erfahrungen, die monogam Erzogene geistig nicht nachvollziehen können. Und das mobilisiert gleichzeitig Sehnsüchte und Ängste. Außerdem können (!) wir nicht wissen, was uns auf der anderen Seite erwartet. Morpheus würde sagen: »Ich kann dir nur die Tür zeigen. Hindurchgehen musst du alleine.«

Ich will ja – aber ich kann nicht

Es ist was ganz Tolles, wenn man erkennt, dass man immer noch die Fähigkeit besitzt, sich selbst zu überraschen.
Kevin Spacey, »American Beauty«

Vielleicht stehen Sie ja auch an einem ganz anderen Punkt und finden die Sache mit der »freien« Liebe total logisch? Manchmal heißt es: »Das wäre eigentlich wunderschön, so zu leben!« Das Wörtchen »eigentlich« ist das Problem, denn es zeigt, dass noch etwas den Schritt zur Tat bremst. »Ich will ja, aber ich kann nicht«, ist dann die Aussage.

Lassen Sie uns dieses »Können« etwas erhellen: Wir haben schon weiter oben festgestellt, dass wir ein sehr vielfältiges Innenleben haben. Durch die Brille eines Hypnotherapeuten betrachtet, sind Symptome wichtige und wohlmeinende Äußerungen des Unbewussten. Dazu ein kleines Gedankenspiel: Wenn Sie einen sehr, sehr engen Freund hätten, und dieser Freund wollte plötzlich Mitglied der Mafia werden, was wäre Ihre Reaktion (vorausgesetzt, Sie sind kein Mitglied der Mafia!)? Die meisten sagen, sie würden mit ihm reden, wenn das aber nichts hilft, folgen Ideen wie Anbrüllen, Ohrfeigen oder Festbinden.

Und jetzt bitte die Plätze wechseln: Wie würden Sie sich fühlen, wenn Sie Ihr bester Freund ohrfeigt und anbrüllt? Genau! In diesem Beispiel ist unser Bewusstsein der mit der Mafia liebäugelnde Freund, der ihn an diesem Blödsinn hindern wollende Part ist das Unbewusste. Die Ohrfeige ist voll guter Absicht und nur ein letztes extremes Mittel.

«Ich will, aber ich kann nicht«, sagen oft auch Männer mit Erektionsstörungen oder Frauen, die Schmerzen beim Verkehr haben. Weil der Körper der Betroffenen nicht wunschgemäß funktioniert, heißen solche Symptome Funktionsstörungen.

Wenn wir uns nun fragen, wer da nicht kann, bleibt nur das eigene Unbewusste, denn wer sonst könnte für ein erschlaffendes oder schmerzendes Genital verantwortlich sein? »Es will nicht klappen«, ist schon eine spannendere Formulierung, denn es gibt da offensichtlich einen unbewussten Teil, der nicht will, und dieses Unbewusste ist man selbst. Man müsste also eher sagen: »Ich will« und »ich will nicht«!

Wenn man zur Erkenntnis kommt, dass man will und dass man auch nicht will, wird die Sache produktiv. Wie im Falle der attraktiven Mittvierzigerin Linda, die wegen Schmerzen beim Geschlechtsakt in die Paarberatung unseres Autors Holger Lendt kam. Wir machten uns hypnotisch auf die Suche nach dem unwilligen Teil und kamen auf Erlebnisse mit den Vorgängern ihres Mannes, die sehr egoistisch waren, wenn das Licht ausging. Nach der Sitzung sprach sie von einer Wächterin in ihrem Unterleib und sagte: »Ich habe festgestellt, dass sie berechtigterweise da ist und mir einfach nur zeigt, dass, wenn ich nicht wirklich will, ich es auch wirklich lassen sollte …«

Wenn wir Erkenntnisse dieser Art ernst nehmen, sind die sogenannten Funktionsstörungen eigentlich »Störungsfunktionen«. Sie haben einen tiefen Sinn.

Falls Sie also gerne Ihr Liebesleben verändern würden, aber nicht »können«, dann gibt es wohl gute Gründe dafür, um die Sie sich kümmern sollten. Wir haben ausführlich dargelegt, wie tief unsere Konditionierungen sitzen und wie wenig die angeblich freie Gesellschaft davon hält, wenn wir uns befreien wollen. Das Wichtigste ist aber, dass wir diese Unfreiheit in uns tragen. Wenn wir uns nun aber als unfrei empfinden, warum fällt es uns so schwer, das abzulegen?

Die Antwort ist mal wieder: aus Liebe! Wir haben als Babys und als Kinder die Werte dieser Gesellschaft erlernt – vollkommen unbewusst, in liebender Imitation, in Verehrung unserer Eltern. Dieser Lernprozess war ein reiner Akt der Liebe. Es ist unser Erbe, wir erhalten es aus dem Bedürfnis nach Zugehörigkeit, und ohne gute Vorbilder lernen wir auch nicht mal eben um. Wir bräuchten Vorbilder, an denen wir sehen können, dass das mit der offeneren Art zu lieben funktioniert.

Warum gibt es nur so wenige? Weil Menschen in offeneren Beziehungsformen ihr Liebesleben nicht zwanghaft outen, denn sie haben genug damit zu tun, dieser Lebensform gerecht zu werden, und sie riskieren auch einiges mit einem Coming-out. Künstlern räumte man da immer schon ein anderes Recht ein, aber man nahm sie natürlich auch nicht als Vorbilder her. Otto Waalkes, Dieter Wedel, Paul Bocuse, Tilda Swinton und andere sind eben Beispiele von Personen, die sowieso den Ruf haben, »anders zu sein«, und es sich deshalb leisten, auch ihre Liebe zu mehr als einer Person offen zu zeigen. Ansonsten beißt sich hier die Katze wieder einmal in den Schwanz. Wir sehen deshalb so wenige Paare, die nicht mehr klassisch lieben, weil die Werte unserer Gesellschaft dies verhindern. Es gibt durchaus normale Paare, die eigentlich keine mehr sind. Da wird wild durcheinandergeliebt, doch dem Auge des Betrachters bietet sich eine kleine Vorstadtidylle dar. All diese Menschen sind unsichtbare Vorreiter, die uns daran erinnern, dass wir immer noch harte und schnelle Urteile fällen. Wir könnten mehr als einen recht prominenten Kollegen outen, der offen lebt und liebt, dies aber sicher aus bekannten Gründen niemals vor laufender Kamera sagen würde. Schade, oder? So bleibt die Krux der monogamen Missgeschicke in Partnerschaften eine unwidersprochene Zwangsläufigkeit, eine selbst erfüllende Prophezeiung.

Wenn Sie also wollen, suchen Sie sich Vorbilder. Allerdings kommen gerade die, die ihr ungewöhnliches Liebesmodell ganz selbstverständlich im Alltag leben, oft nicht dahin, wo vereinsgemeiert wird, und bleiben dadurch sogar für die eigene Szene unsichtbar. Sollte es also an Vorbildern mangeln, kann man sich fragen, welcher Teil im Unbewussten nicht will. In winzig kleinen und liebevollen Schritten kann man diesem Teil oft schonend beibringen, dass schlechte Erfahrungen nur Erinnerungen sind und die Zukunft völlig anders aussehen kann, wenn man sich nur mit etwas Experimentierfreude darauf einlassen würde.

Wir kennen Paare, die Jahre gebraucht haben, ihre Beziehung einvernehmlich für andere zu öffnen. Geben Sie sich also viel Zeit! Beruhigen Sie Ihre Ängste sanft und geduldig. Das bringt mehr als eine Hauruckaktion. Die Teile, die nicht wollen, sollten Zeit haben, in die innere Gemeinschaft aufgenommen zu werden.

Paradigmenwechsel – Vorher-nachher-Storys

Die christliche Religion ist eine intentionierte politische Revolution, die, verfehlt, nachher moralisch geworden ist.
Johann Wolfgang von Goethe

Jesus war ein Revolutionär und ein politisch gefährlicher Mann. Die ersten Christen sahen sich denn auch gezwungen, im wörtlichsten Sinne in den Untergrund zu gehen. Wahrscheinlich würden wir sie als fanatische Sekte oder Terroristen bezeichnen. Wer heute brav in die Kirche geht, folgt also einer ehemals terroristischen Vereinigung, die sich irgendwann etabliert hat. Dabei, so möchte man sagen, ist ihr revolutionärer Elan etwas verblasst.

So ist das immer im Nachhinein. Das Gedankengut der Aufklärung war einst eine Provokation sondergleichen, heute ist es uns selbstverständlich. Ebenso ging es Minne, Romantik, Hippietum und allen anderen Ideen der Geschichte. Manchmal bleiben nur winzige Schnipsel der Originalidee erhalten, bis ins Groteske verzerrt, aber die sind dann ziemlich fest ins Gefüge eindrungen. Es ist auf irgendeine Weise zu einem Wechsel der Perspektive gekommen. Das Weltverständnis hat sich durch neues Wissen oder mächtige Ideen so verwandelt, dass es nicht mehr wirklich möglich ist, wieder in das alte Denken zurückzufallen. Das nennt man heute einen Paradigmenwechsel.

Der Schritt von der Monogamie zur Idee einvernehmlicher Mehrfachbeziehungen erfordert einen Paradigmenwechsel. Eifersucht hier, Mitfreude da? Das, was vorher offensichtlich zwingend zerstörerisch war, schadet unter dem neuen Blickwinkel von offener Beziehung, freier Liebe, Swingertum oder Polyamory nicht nur nicht, es dient sogar der eigenen Beziehung, der Liebe! Die Verunsicherung, die Sex mit anderen hervorruft, fließt in jedem dieser Modelle auch als Erregung zurück in die anderen Beziehungen und bereichert diese. Wurde eine Nebenbeziehung hier ertragen, wird sie dort genossen! Was müssen das für perverse Menschen sein?

Die Gleichen, die es immer gewesen sind: diejenigen, die Etabliertes neugierig infrage stellten und die deshalb zunächst noch als Sonderlinge isoliert werden konnten, wie Künstler oder aufgrund von Andersartigkeit ohnehin Ausgestoßene. Dann folgten die aufgeschlossenen Normalos oder die »Gemäßigt-Verrückten«, und bald darauf breitete sich die neue Idee auch in der Masse der Bevölkerung aus und wurde Mainstream. Dort angekommen, wurde das Verstörende bald zum Selbstverständlichen, zur Normalität.

Die Outsider begreifen Neues zuerst, weil sie offen sind und nicht viel zu verlieren haben. Aber andersherum heißt das auch, die Leistungsträger des alten Systems sind sehr häufig die Verhinderer des neuen! Wenn in Konzernen das Management ein neues Paradigma ausruft, stößt das vor allem denen auf, die in der alten Methode besonders gut waren. Logisch, denn diese Menschen waren stolze Experten und Wissende. Nun haben sie die Wahl: mitschwimmen oder als Fossil untergehen! Viele beharren auf dem Alten und müssen entlassen werden, weil sie den Fortschritt boykottieren würden. Das ist bitter!

Die Alternative ist zunächst nicht attraktiv: Wer von einem System auf ein anderes umsteigt, wird einen gewaltigen »Leistungseinbruch« hinnehmen müssen. Die Experten von gestern sind die Dummies von heute.

Aber da müssen wir durch, wenn wir »das Neue« wollen. Der Schwur »Ich werde nie wieder eine andere lieben!«, taugt nichts bei einer »Poly-Frau«. Die würde vielleicht dagegenhalten: »Das wäre aber schade für all die Frauen, die du auch noch glücklich machen könntest, und für dein eigenes Potenzial. Außerdem will ich ja auch andere Männer lieben können und nicht in allem für dich verantwortlich sein … Ich hätte sowieso mal Lust, was mit 'ner Frau anzufangen. Wir könnten unsere Beziehung doch so ganz nett öffnen – würde dich das nicht auch reizen, du und zwei Frauen im Bett?«

Zugegeben, das könnte ihn vielleicht reizen! Wenn der arme Kerl sich nun drauf einließe – wie überzeugt er sein Grummeln im Bauch? Das Stammhirn lässt sich ja nicht viel sagen in solchen Dingen.

Doch – es scheint eine Hintertür zu geben, mit der wir indirekt auf unser Bauchgefühl Einfluss nehmen können. Unser Bauchgefühl lernt durch Bilder und Erfahrungen. Wenn wir also unser Wertempfinden beeinflussen wollen, dann sollten wir uns bewusst Erfahrungen und Bildern aussetzen, die unseren neuen Werten entsprechen. Deshalb wären sichtbare Vorbilder für nichtmonogame Lebensentwürfe so wichtig.

Ein Beispiel: Jemand erzählt seinem Freund, dass moderne Kunst ihn total begeistert. Der Freund geht dem Hinweis nach und steht fassungslos vor einem Werk von Jackson Pollock. Er fühlt sich verschaukelt, weil das, was da als Bild bezeichnet wird, so aussieht, als hätte der Künstler die vollgekleckerte Plane unter der Staffelei gerahmt und als Gemälde verkauft. Er kann sich noch so sehr bemühen, er wird es nicht schön finden können. Er kann sich aber entscheiden, den Tipp seines Freundes nicht gleich als Blödsinn abzutun und weiter dranzubleiben. Er nimmt teil an Führungen, liest Bücher und schaut mehr Kunstwerke dieser Art an. So entwickelt er langsam ein »Gefühl« für diese Kunst. Vermutlich wird es zunehmend Kunstwerke geben, die ihn faszinieren, beeindrucken, und unter Umständen beginnt er sie tatsächlich als Bereicherung zu erleben. Nach einigen Jahren steht er vielleicht als Amateurkunstkritiker wieder vor dem mächtigen, dunklen Werk Jackson Pollocks, und eine Gänsehaut läuft ihm über den Rücken, da er nun eine ästhetische Dimension jenseits des normalen Verständnisses von Schönheit darin erfassen kann. Sein Bauch hat gelernt. Die Empfindungen folgen also durchaus bewusst getroffenen Entscheidungen, nur langsamer, als wir es gerne hätten. Was wir kennen, mögen wir ein bisschen mehr. Das ist ein Gesetz unseres Unbewussten. Warum sollten wir uns diese Prinzipien nicht zunutze machen, um vor unserem Unbewussten mal Werbung für etwas zu machen, das tatsächlich nützlich für uns sein könnte? Sie lesen zum Beispiel dieses Buch und entscheiden sich damit bewusst, bestimmte Botschaften, Ideen und Anregungen aufzunehmen, die in Ihnen weiterwirken werden – so oder so! Lassen wir doch nun mal einen kleinen Werbespot für freieres Denken und eine andere Form der Bindung in Sachen Liebe folgen.

Treue als Verbot – Treue als Gebot

Man kann Handlungen versprechen, aber keine Empfindungen; denn diese sind unwillkürlich. Wer jemandem verspricht, ihn immer zu lieben oder immer zu hassen oder ihm immer treu zu sein, verspricht etwas, das nicht in seiner Macht steht.
Friedrich Nietzsche

Es ist eine etwas andere Trauungszeremonie, bei der ich, Holger Lendt, hier in Brasilien zu Gast sein darf. Im Gang liegen rote Rosenblätter verstreut. Die Anwesenden sitzen fröhlich-neugierig in loser Ordnung um das Brautpaar herum. Der Raum ist festlich hergerichtet, aber ein ganz gewöhnlicher Seminarraum, den die Brasilianer mit dem ihnen ganz eigenen Organisationstalent verwandelt haben. Hierzulande sind die Menschen gern gleichzeitig in mehreren Religionen Mitglied, gewissermaßen, um nichts zu verpassen. Diese Zeremonie hat deshalb auch keine offizielle, wohl aber eine tiefe persönliche Bedeutung für die Brautleute. Sie lassen sich von ihrem spirituellen Lehrer trauen, der ihnen seit vielen Jahren ein enger Vertrauter ist. Die Trauungszeremonie wirkt locker. Es wird viel gelacht. Ich verstehe kein Wort Portugiesisch, doch dadurch spüre ich die Bedeutung von Bewegungen,

Gesten, Gesichtsausdrücken viel deutlicher. Das Brautpaar ist Ende vierzig, wirkt lebenserfahren, und man sieht, dass sie sich nicht erst seit gestern lieben. Das melodiöse, weiche Säuseln des »Brasilianischen« passt gut zum Anlass. Die beiden haben Zettel in der Tasche, mit Notizen, was sie einander sagen möchten, womit sie deutlich machen wollen, dass sie ab jetzt den Rest ihres Lebens miteinander verbringen wollen. Sie sagen es mit lebendigem, leicht verlegenem Lächeln, werden leise und sprechen diese wichtigen Worte mit samtener, belegter Stimme, weinen dabei! Ihr Lehrer, fast achtzig Jahre alt, spricht mit feinem Humor und viel Tiefe. Plötzlich schwappt ein johlendes Gelächter über die Köpfe der Leute. Die Menge pfeift und applaudiert. Diese Passage interessiert mich dann doch, und ich bekomme folgende Übersetzung: »In Ordnung – jetzt wird geheiratet … Wie sind die Regeln eures Spiels? Wählt ihr Treue oder Freiheit?«

Können Sie sich diese Frage in einer deutschen Kirche vorstellen? Nein? Wir auch nicht! Was für eine verpasste Gelegenheit, diese entscheidende Frage als selbstverständlich beantwortet vorauszusetzen, weil man sich nicht trauen dürfte, wenn die Antwort eine andere wäre als »Treue«.

Trauung kommt von trauen, und das hat die gleiche Wurzel wie Treue – wer sich traut, »wird fest« in seiner Bindung zueinander. Eheleute opfern dem Partner alle Versuchungen dieser Welt, die von anderen Menschen ausgehen. Es ist so, als ob nun vor jedem anderen Menschen in der Welt ein »Wir müssen draußen bleiben«-Schild hinge. So viele Möglichkeiten, diese Liebe zu gefährden, so viele Gründe für Schmerzen und Enttäuschung, Misstrauen und Zerknirschung umgibt zwei Menschen, die sich auf diese Weise lieben wollen, weil Treue hier als ein Verbot verstanden wird: »Du darfst keinen anderen lieben und begehren – ein Leben lang.« Doch was sagt ein Verbot aus über die Bindung zueinander? Ist dieser Verzicht automatisch ein Gewinn, ein Qualitätszeichen für die Liebe? Kennen wir nicht alle Paare, die noch mit achtzig Jahren nebeneinander auf einer Bank sitzend die Tauben füttern? War dies ein Leben in aktiver oder passiver Treue?

Haben sich hier zwei Menschen in sich selbst beerdigt, oder lieben, ehren, respektieren sie sich noch wirklich? Treue ist nicht nur in passiver Form möglich, es gibt sie auch als gänzlich erstorbene Liebe, als kalte, tote Treue!

Was wäre nun, wenn wir die Tiefe und Aufrichtigkeit einer Liebe nicht von allen anderen Menschen der Welt abhängig machen würden, sondern nur von den Liebenden? Was, wenn Treue ein Gebot wäre, kein Verbot? Als Gebot formuliert, hieße Treue schlicht: »Liebe mich!«

Treue als Verbot von Neugier und Sehnsucht würde abgelöst durch Treue als Gebot zur Liebe und Entscheidung für eine Beziehung. Wir brauchten keine Grenzen gegen andere zu errichten, umso mehr aber Bande zu den Nahestehenden knüpfen.

Wenn man dieses Konstrukt zu Ende denkt, könnte man sagen: »Solange du mich weiterhin liebst und mir dadurch nichts verloren geht, darfst du auch andere Menschen lieben, wenn es dein Herz dir sagt und du mir die gleiche Freiheit zugestehst!« Dem läge dann der Glaube zugrunde, dass Liebe etwas ist, das wächst, wenn man damit verschwenderisch umgeht, so wie Muskeln, die durch Beanspruchung an Kraft zunehmen. In einer Gesellschaft, in der alles auf Teufel komm raus »gepimpt«, also verbessert wird, scheint sich niemand auf ein derartiges Herzmuskeltraining der psychologischen Art einlassen zu wollen.

Nun steckt natürlich eine Nachlässigkeit in diesem Gedanken, den Nietzsche schon in seinem obigen Zitat entlarvte. Da Emotionen ihre eigene Dynamik haben, was genau können wir dann versprechen, wenn wir Treue als Gebot formulieren? Wir können eine Entscheidung treffen, was wir mit dem Teil unserer Liebe tun wollen, auf den wir in der Lage sind, Einfluss zu nehmen, und wie wir uns zu unserer Liebe stellen wollen, »in guten wie in schlechten Tagen«!

Vielleicht ließe es sich so formulieren: »Entscheide dich dafür, mir zur Seite zu stehen, alles zu tun, was unsere Liebe wachsen lässt, sie stärker, tiefer, reicher macht, was uns zueinanderbringt. Zeig mir deine Liebe! Lass deine Gefühle zu, damit ich sehe, wer du gerade bist! Teile mit mir auch deinen Schmerz, damit wir daran wachsen können. Sei ehrlich mit mir, damit Wahrheit unser Begleiter sei. Stehe zu mir, wenn der Wind sich dreht. Gib uns auch dann noch eine Chance, wenn wir vergessen sollten, dass wir uns geliebt haben, damit wir die Zeit bekommen, uns zu erinnern, was wir ineinander gesehen haben an diesem Tag unseres Lebens! Denk an mich! Wirf dein Begehren auf mich, auch wenn du fürchtest, darin nicht erhört zu werden oder dich darin zu verlieren! Stehe zu mir und unserer Liebe!«

Was heute in unserer ungeduldigen Art der Romantik passiert, hat Ulrich Clement sehr schön formuliert. Er schlägt Ähnliches vor wie wir: »Die Abweichung des realen Partners vom Ideal wird dem Partner angelastet. Die Beziehung ist nicht so, wie ich sie mir ausgedacht habe, also wechsele ich den Partner und halte dem Ideal die Treue. … Ein Partner nach dem anderen, aber immer dasselbe Ideal. … Die Alternative besteht darin, den Partner zu halten und das Modell zu wechseln. Die Paartherapeutin Ester Perel hat das in dem schönen Satz ausgedrückt, im Lauf eines Lebens würden mehrere Beziehungen eingegangen – manche mit verschiedenen Partnern, manche mit demselben Partner.«[31]

Wäre es nicht der schönere Begriff von Treue, sich so für einen Menschen zu entscheiden, dass wir mit ihm mehrere Beziehungen in einem Leben führen wollen? Dann halten sich zwei die Treue, wenn aus Verliebtheit Liebe wird, wenn sie zusammenziehen, wenn sie heiraten, wenn sie Kinder bekommen, wenn sie Sorgen haben, wenn sie sich auf den Beruf konzentrieren, wenn die Kinder ausziehen, wenn Dritte kommen, wenn Dritte wieder gehen, wenn sie alt werden, wenn sie sich anschauen und wissen: Das war unser Leben, und wir haben uns mit aller Kraft geliebt!

Ach ja – die Braut in Brasilien antwortete damals übrigens mit reizend geröteten Ohren: »Ich kenne das Leben, und ich weiß, dass Loyalität viel wichtiger ist als sexuelle Treue!« Rauschender Applaus und Freudenpfiffe – was für ein schönes Paar die beiden waren in ihrer gewährenden, erfahrenen, lebensklugen Liebe!

Nur wer sich ändert, bleibt sich treu – vom Duft der Freiheit

Denn wohl entwickelt sich der Mensch mit Freiheit, aber er schafft sich doch nicht aus nichts, sondern hat seine Aufgabe in seiner Konkretion, die zugleich das Gebiet und die Grenze seines Lebens ist. Insofern ist es gleich wahr, dass jeder Mensch das Allgemein-Menschliche repräsentiert und dass er eine Ausnahme ist. Indem der Ausnahmemensch das versteht, versöhnt er sich wieder mit dem Dasein.
Søren Kierkegaard

Vor seinem Tode sagte Rabbi Sussja: »Wenn ich vor dem himmlischen Gericht erscheine, wird man mich nicht fragen, warum ich nicht Abraham, Jakob oder Moses war; man wird mich fragen, warum ich nicht Sussja war.«

Was wollte der Rabbi damit ausdrücken? Dass er oft nicht authentisch war in seinem Leben oder zu oft gelogen hatte? War es das, was er meinte? War er sich selber untreu?

Wenn wir an Treue als statisches Verbot denken, dann könnte es das gewesen sein: »Du sollst nicht falsch Zeugnis geben!« Wenn wir an Treue als dynamisches Gebot denken, hätten diese Worte eine andere Bedeutung. Nur wer sich ändert, bleibt sich treu – vielleicht war das gemeint?

Menschen in privilegierten Gesellschaften wie der unseren haben immer mehr die Möglichkeit, sich ihr Leben als individuellen Entwurf zu gestalten, und viele sprechen von Selbstverwirklichung. Wir können diese Zeit erleiden oder die damit verbundenen Freiheiten annehmen – so wie wir die stetig wachsenden Versuchungen zur Untreue um uns herum auch trotzig verleugnen oder uns dem darin enthaltenen Ruf zum Wachstum stellen können.

Wie sähe nun eine dynamisch-konkrete Treue zu sich selbst aus? Wir müssten auch zu uns mehrere Beziehungen eingehen. Wir können schlecht von der Wiege bis zu Bahre mit dem gleichen Selbstkonzept durch unser Leben gehen – würden wir es tun, dann würden wir sicherlich mit Recht irgendwann als »unreif« gelten. Wir sind Kinder, Jugendliche, Erwachsene, Eheleute, Eltern, Großeltern, Verwitwete. Wir sind verspielt, rebellisch, verträumt, zielstrebig, wertkonservativ, zurückgezogen und vieles mehr. Interessante Biografien sind meistens »gebrochen«, da hat jemand an dem und dem Punkt umgelernt. Dieses Phänomen ist schön erfasst im Song von Cat Stevens »Father and son«, in dem der junge, träumerische Heißsporn aufbrechen will, während sich der Vater ruhig, besonnen und abgeklärt erinnert, wie es ihm damals ganz ähnlich ging, und er den Sohn vor einigen seiner »Fehler« bewahren will und beide fühlen sich unverstanden. Um den reifen, in sich ruhenden Mann hervorzubringen, brauchte es den jungen, wilden Träumer, der sich der Welt im Idealismus entgegenwarf! Wäre er nicht an vielem gescheitert, wäre er hinterher nie gescheiter gewesen.

Ein »Ei«, das sich weigern würde zu schlüpfen, damit es nicht zur Raupe wird, wäre ebenso dem Tode geweiht wie die Raupe, die sich nicht verpuppen will. Wer ein Schmetterling werden möchte, der wird durch mehrere Stufen der Transformation und damit eines scheinbaren Selbstverlustes gehen müssen.

Wir vermuten, dass Rabbi Sussja sich eher im Verdacht hatte, in diesem Sinne »untreu« gewesen zu sein. Er hatte vielleicht das Gefühl, nicht sein volles Potenzial entwickelt, bestimmte Talente nicht entfaltet zu haben. Er war nicht der »wahre Rabbi Sussja« geworden. Es war ihm vielleicht nicht gelungen, zu seiner eigenen Ganzheit vorzudringen, wie es Hegel formulierte, als er sagte, dass das Wahre das Ganze sei, und dieses Ganze sei nur das durch seine Entwicklung sich vollendende Wesen.

Entwicklung bedeutet lernen, und wie Paul Watzlawick sagte, können wir »nicht nicht lernen«. Wir lernen in jedem Augenblick unseres Lebens, weil wir entweder mehr Erfahrung mit Dingen erwerben, die uns bekannt sind, oder weil uns etwas zum Umlernen zwingt. Die erste Art zu lernen hat der Schweizer Entwicklungspsychologe Jean Piaget Assimilation genannt. Ein Kind sieht eine Taube, und die Mutter sagt: »Ein Vogel.« Das passiert mit Amseln, Möwen und Krähen, bis das Kind irgendwann Vögel erkennt! Es sieht einen Star, sagt »Vogel« und hat dabei das gute

»Kenn ich schon«-Gefühl. Eines Tages sieht das Kind einen Schmetterling und sagt: »Vogel.« Die Mutter aber korrigiert: »Nein, Schatz, *das* ist ein Schmetterling!« Diese Art des Lernens ist mit einer narzisstischen Kränkung verbunden, denn sie macht die Grenzen des bisherigen Wissens fühlbar. Nun muss die Kategorie Vogel differenzierter und eine neue eröffnet werden. Diese Art des Lernens von Neuem nannte Piaget Akkommodation.

Ein Buch mit ungewöhnlichen Ideen, ein neuer Beziehungsstil, ein Partner, der »anders« ist, brauchen Akkommodationslernen. Ein erfülltes Leben auch, um an Veränderungen wachsen zu können. Rabbi Sussja scheint ein sehr aufmerksamer Mensch gewesen zu sein, denn nur wer zuhört, wird hin und wieder eine leise Stimme in sich wahrnehmen, die ihn zum Aufbruch ins Unbekannte ruft. Wer ihr nicht folgt, aus Bequemlichkeit, Sicherheitsbedürfnis oder aufgrund von Ängsten, läuft Gefahr, sich später in seinem Leben Vorwürfe zu machen, etwas nicht gelebt zu haben. Vielleicht hatte Rabbi Sussja die stete Forderung dieser Stimme zu oft ignoriert, die sagt: »Werde, was du bist!«

Pimp your life – Wachstum in Grenzen

Was ein Mensch aus seinen Anlagen macht, ob er sie allseitig entwickelt oder brachliegen und verkümmern lässt, das gibt die entscheidenden Unterschiede zwischen den Menschen.
Konfuzius

Größer, höher, schneller, weiter ... alles geht ... no limits ... just do it ... wir machen's möglich... warum mit weniger zufrieden sein?

Wir haben eingangs bereits dargestellt, dass wir systematisch und nahezu grenzenlos verblödet werden. Unser unfreier Wille wird gegängelt durch Werbung, die nötig ist, um mehr Produkte zu verkaufen, was wiederum die Wirtschaft ankurbelt, die wir brauchen, damit wir arbeiten gehen können, um Geld zu verdienen, das wir brauchen, um mehr Sachen zu kaufen, die wir brauchen, weil ... Äh, stopp!

Wir brauchen natürlich nur einen Bruchteil all dessen. All der rasende Stillstand um uns herum soll unseren Wunsch nach Veränderung und Entwicklung irreführen und beschäftigen, damit wir auf keine »dummen Gedanken kommen«. Wenn wir aber versuchen, unser Sein durch mehr Haben zu füllen, dann bleiben wir unerfüllt, das führt zur Sucht, und Süchte sind Fässer ohne Boden. Sie folgen der Logik: Mehr vom Gleichen hilft irgendwann. Das ist das Versprechen dieser Gesellschaft: Wenn du nicht zufrieden bist, dann häng dich mehr rein, denn alles ist möglich, wenn man nur will!

Ach ja?

Kann ich drei Meter groß werden, wenn ich nur will?

Kann ich aus dem Bierbauch durch zwei Tage Sport ein Waschbrett machen?

Kann jeder von uns ein Albert Einstein sein, wenn er es nur genug will?

Kann jeder in der Gruppe ein Alphatierchen sein?

Wollen tun sie alle!

Süchtigkeit und Machbarkeitsideologie sind wahrhaftig eine gefährliche Verbindung. Sie vertiefen auf moderne Art das christliche Schuldbewusstsein, denn wer sich unerfüllt fühlt, hat was falsch gemacht. Hunderte Ratgeber und Mutmacher erzählen uns, dass auch in der Liebe alles geht mit etwas gutem Willen – und dem richtigen Ratgeber. Sie können sich aber nicht aktiv verlieben. Sie können auch nicht zu einer verführerischen Sexbestie werden, wenn Sexualität Sie nur milde interessiert und Ihnen ein Lapdance für Ihren Liebsten in Reizwäsche wie ein schlechter Akt der Augsburger Puppenkiste vorkommt. Selbst wenn Ihr sexueller Drive ausgeprägt ist, müssen Sie beim Pornonachturnen das Gelutsche an Ihrem kleinen Zeh nicht erregend finden, nur weil Sexperte Soundso das so empfiehlt. Es kann schlicht in brüllendem Gelächter enden – na ja, hat auch was! Nach wie vor ist es kaum möglich, Pädosexuelle zu therapieren. An den Instinkten oder bestimmten physiologischen Voraussetzungen gibt es nicht viel zu basteln – oder könnten Sie plötzlich erotische Gefühle für Ihre Eltern entwickeln? Wenn Sie es wirklich wollen, müsste das doch möglich sein! Geht nicht? Dann machen *Sie* irgendwas falsch, nicht die entsprechenden, hirnverbrannten Ratgeber und Ideologien!

Die Machbarkeitsmacke ist groß, und sie schlägt sich nieder im AMEFI. Dort soll einer alles mitbringen, was uns glücklich macht. Mit dieser Denke müsste die Liebe zu mehr als einem Partner natürlich viel erfüllender sein, denn »viel hilft viel«. Ein Partner gegen jedes Zipperlein sozusagen. Mit dieser Logik der Machbarkeit im Rücken denken Paare auch, dass mit mehr Beziehungsarbeit alles möglich wäre, doch kein Paar kann seine Realität frei nach seinen Vorstellungen entwerfen. Man macht aus einem Löwenzahn keine Dattelpalme, da kann man gießen, gießen, gießen! Wer sich am Konkreten orientiert, kann wachsen, aber in den natürlich gegebenen Grenzen! Wenn wir Machbarkeitswahn und die Gier des AMEFI nicht ablegen, dann wird alles Neue, das wir aufbauen, nicht sehr viel besser als das Alte.

Vorsicht, zerbrechlich – immer mit der Ruhe

Das Gras wächst nicht schneller, wenn man daran zieht.
Afrikanisches Sprichwort

Doch – dieses kleine Kapitelchen enthält jetzt mal einen Rat. Ebenso schlicht wie liebevoll gemeint und vor allem nur für wenige gedacht. Für die nämlich, die dieses Buch gekauft haben, weil sie bereits völlig begeistert von irgendeinem Konzept der freieren, offeneren Liebe sind, vielleicht gerade mehrfach verliebt, unter Umständen kurz davor, eine Kommune zu gründen oder zusammenzuziehen. Für diese Leser haben wir folgenden Rat, der sich jetzt etwas seltsam anhört. Er lautet: Lassen Sie das.

Ja, richtig – lassen Sie das!

Viele, die sich in der euphorischen, charismatischen Phase in lebenspraktische Projekte stürzten, um sich mit ihrem ganzen Sein vertrauensvoll in den Ozean der Leidenschaft zu werfen, wurden wenig später von den ersten Wellen zerzaust an Land gespült und lagen zerknirscht da, mit dem Mund voller Sand.

Natürlich können offenere Liebesformen unglaubliche Höhenflüge von Liebe, Lust und Leidenschaft eröffnen. Nur wenn wir uns altgediente Liebeskrieger anhören, dann sollten wir als junge, hoffnungsvolle Talente ihren Rat beherzigen, und der lautet sehr oft, genau das zu tun, was wir *nicht* fühlen. Klingt blöde, oder? Wie man's nimmt. Wer einen oder mehrere Partner hat und sich dann frisch verliebt, der erlebt, was die Polys aus Amerika NRE nennen: New Relationship Energy, also die Energie einer neuen Liebe, und mit der kann es keine alte aufnehmen. Wenn Sie also dem neuen Liebhaber ein Denkmal im Garten errichten wollen: Lassen Sie das! Wenn Sie mit ihm eine kleine Eigentumswohnung als Liebesnest kaufen wollen: Lassen Sie das! Wenn Sie direkt mit ihm nach Rio fliegen wollen, ohne Gepäck, aber mit viel Überschwang: Lassen Sie das! Was wir Ihnen sehr empfehlen, ist, diese Träume in vollen Zügen zu genießen. Aber während Sie das tun, denken Sie bitte besonders an die Menschen, die sich schon im Feuer des Alltags bewiesen haben. Die Energie für das Denkmal nutzen Sie am besten, indem Sie Ihrem anderen Schatz sagen, dass Sie ihn lieben. Damit nach der NRE mit dem Neuen die Alten noch da sind, bemühen sich altgediente Polys besonders um diejenigen, die sie in der Hitze der neuen Liebe am ehesten vergessen. Treue als Gebot verlangt, dass Sie den »alten Partner« mit aller Kraft lieben, den Neuen liebt man nämlich von ganz allein. Die Empfehlung der Polys lautet: Keine wichtigen Entscheidungen in den ersten ein bis zwei Jahren der NRE.

Die Polys raten außerdem dazu, keine wackelige Beziehung durch neue Partner kitten zu wollen. Das hat meist eher den gegenteiligen Effekt, so wie bei Paaren, die ihre Liebe durch ein Baby zu retten versuchen. Beziehungsöffnungen sind Feuerproben, aber man muss deshalb keine verbrannte Erde zurücklassen.

Wir kennen ein paar Mehrfachbeziehungen, und unseren Beobachtungen nach scheint sich Geduld auszuzahlen. Nehmen Sie sich also ruhig ein paar Jahre Zeit, um in diesen Lebensentwurf hineinzuwachsen. Vor allem, wenn Kinder beteiligt sind, sollten Sie sehr, sehr vorsichtig agieren, sonst bestätigt sich noch Goethes Befürchtung, dass diejenigen, die Freiheit predigen, doch nur Willkür für sich selber wollen. Wenn Liebe ein Kind der Freiheit ist, dann wird trotzdem nicht jede Freiheit Liebe zeugen können. Liebe … hey! Wir müssen jetzt endlich über die Liebe sprechen!

PHILOPHILIA

Die Liebe ist so frei – Unordnung fürs Ich

Leben ist das, was passiert, während du eifrig dabei bist, andere Pläne zu machen!
John Lennon

Was immer wir glauben, was Liebe ist, was immer wir in Sachen Liebe planen – sie ist uns einen Schritt voraus. Es muss schon eine verrückte Kraft sein, die Treue und Untreue gleichzeitig gebiert! Unser Ich lechzt nach Ordnung und Konzepten. Es lebt durch das Geplapper des Denkens, das der Realität immer hinterherhinken wird. Unser Ich erscheint uns deshalb als Konstante in unserem Leben, weil es sich vom Leben getrennt hat und in der windstillen Ecke unseres Großhirns seine rührenden Planspielchen macht. Lieben wir jedoch, dann quillt Unbekanntes aus uns hervor, bricht über uns herein und würfelt unsere kleine Welt durcheinander! Liebe ist irgendwie »ein unordentliches Gefühl«, wie Richard David Precht es formulierte, aber das ist es nur aus Sicht des intellektuell überforderten Ichs.

Gönnen wir unserem Ich noch ein bisschen Ordnung und betreiben als Erstes eine kühle Analyse dessen, was wir Liebe nennen. Es wird dann von ganz alleine kompliziert, wenn wir, mit diesen Ideen bewaffnet, wieder auf die Liebe treffen. Schwenken wir also ein, auf eine lange Zielgerade.

Sex ist egoistisch – Liebe auch

Wenn jemand sagt, dass er sich für etwas oder jemanden aufopfert ... Der eine liebt das Kartenspiel, der andere die Frauen, ein Dritter ist geradezu närrisch auf Pferderennen, und ich liebe Kinder! Das heißt, ich opfere mich keineswegs, denn ich tu es ja nicht für sie, sondern für mich. Denn ich brauch es eben. Glaubt niemals den großen Worten von Opferbereitschaft. Sie sind bloß Lügengebilde, pure Heuchelei.
Janusz Korczak

Seien wir mal ganz ehrlich! Unter uns können wir das Kind doch beim Namen nennen: Beim Sex geht es eigentlich vor allem darum, dass es sich für *uns* gut anfühlt, oder?

Einige werden hier vielleicht den Kopf schütteln und sagen, dass sie unbedingt möchten, dass auch der Partner Freude daran hat. Das ist aber kein Argument gegen einen fundamentalen Egoismus, denn die meisten Menschen haben mehr Spaß an einem Partner, der bei der Sache ist, als an oder mit jemandem, der gähnt.

Jenseits dessen gibt es einige Menschen, die die Lust ihres Partners sogar höher schätzen als ihre eigene. Sie lieben es, die Erregung in den Augen, Geräuschen und Gesten des Partners wahrzunehmen. Selbst dafür gibt es jedoch rein egoistische Gründe, wenn wir das nur etwas eingehender betrachten. Zum einen macht ein sexuell begeisterter Partner es wahrscheinlicher, dass er später wieder zum Sex bereit sein wird. Zum Zweiten schenkt es uns ein Gefühl der Macht, wird der Partner durch das, was wir tun, von einem Höhepunkt zum anderen getragen. Ganz abgesehen von der Bestätigung der eigenen Liebesqualitäten. Ein versierter Lover zu sein ist schon was wert, Macht zu haben fühlt sich zudem ziemlich gut an und macht sexy. Zwei Fliegen – eine Klappe. Zum Dritten verschaffen wir vielleicht dem Partner auch deshalb gerne ein gutes Gefühl, damit wir unserem Ideal eines gebenden Partners gerecht werden. Es ist einfach »richtig so«, denn wir dürfen nicht zu selbstsüchtig sein. Das richtige Maß Egoismus wird uns selten beigebracht, obwohl es ziemlich wichtig ist, sich für seine Bedürfnisse einzusetzen, um ein zufriedener Mensch zu sein. Kluge Egoisten kümmern sich oft rührend um andere, weil sie wissen, dass dies der beste Weg ist, in einem Netz von angenehmen Beziehungen getragen zu werden, wenn es nötig ist. Die Egoisten, denen der Weitblick fehlt – und davon gibt es raue Massen –, beuten aus und bekommen irgendwann ein entsprechendes Echo.

Zum Vierten kann es auch einer tief sitzenden Idee entspringen, selber nichts wert zu sein, und so ist unsere Hingabe, ja sogar unsere Selbstaufgabe etwas zutiefst Beruhigendes, vielleicht sogar Lustvolles, denn sie bestätigt unser Selbstbild.

Fünftens macht es meist ganz banal Spaß, dem anderen Lust zu bereiten, auch ohne tiefenpsychologische Analysen!

Wichtig ist, dass wir begreifen, dass wir nur dann Sex haben wollen, wenn wir in irgendeiner Form befriedigt werden. Sex ist Egoismus – und sei er noch so versteckt. Im Falle der Liebe von Egoismus zu reden wäre hingegen geschmacklos. Echte Liebe braucht nichts, will nichts etc. – das hört man allerorten. Wir halten das für zweifelhaft und stellen die Frage nach dem Egoismus mal gleich in Bezug auf ein leuchtendes Paradebeispiel selbstloser Liebe: der Mutter- oder, fairerweise gesagt, Elternliebe.

Wer Kinder hat, der wird wissen, dass sich mit der Ankunft des ersten Kindes meist ein vollkommen neues Kapitel im dicken Buch der Liebe auftut. Die meisten Eltern fühlen tiefe Hingabe, und viele beschreiben ihr Gefühl mit der Bereitschaft, ihr Leben für das ihres Kindes aufzugeben. Auch dies kann man wieder biologisch begründen, entscheidend sind aber nur die Auswirkungen. Wir fühlen uns einfach besser, wenn es unserem Kind gut geht. Zum einen gehört das Schreien des eigenen Kindes zu den unerträglichsten Geräuschen, die es für Eltern gibt, und dieses Geräusch abzustellen ist eine Form der Belohnung an sich. Auf der anderen Seite sagen viele Eltern, dass auch nach einer durchschrienen, schlaflosen Nacht am Rande des Nervenzusammenbruchs ihr Kind nur zweimal fröhlich glucksen muss, um all den Stress vergessen zu machen. Die Freude, die Kinder machen, ist ein wichtiger Grund, sie zu bekommen.

Daraus folgt, dass auch die scheinbar selbstlosesten Eltern eigentlich egoistisch handeln, gehen sie liebevoll und gut mit ihrem Baby um. Einfach weil es sich super anfühlt. In diesem Fall gilt das Gleiche, was für die Psychologie der Sexualität gilt. Es geht um unseren »Lustgewinn«.

Und was ist mit dem klassischen Helfen? Glauben Sie uns, die wir beruflich helfen: Es ist ein sehr schönes und befriedigendes Gefühl, anderen Menschen helfen zu dürfen. Viele Profis helfen auch als Ablenkung von ihren eigenen Sorgen und entwickeln das sogenannte Helfersyndrom. Etwas Befriedigendes muss also dran sein am Helfen!

Bleibt noch die selbstlos-religiöse Liebe. Tja – sogar die selbstlosesten Menschen auf diesem Planeten folgen einem subtilen Egoismus. In Thailand sollen sich vor einigen Jahren zwei buddhistische Mönche geschlagen haben, weil jeder der beiden die Latrine säubern wollte – also die niedrigste Arbeit im Kloster verrichten, denn die ist karmisch verdienstvoller.

Das gleiche Prinzip gilt – noch viel offensichtlicher – für islamistische Selbstmordattentäter, die mit reicher Belohnung durch Allah im Jenseits rechnen. Käme jeder potenzielle Täter schon im Diesseits in den Genuss der berühmten »Huris«, also göttlichen Jungfrauen, die der Koran als Belohnung verspricht, gäbe es Nachwuchssorgen bei den Attentätern. Deshalb sprengen sich auch niemals die Prediger selbst in die Luft, denn die meisten von ihnen genießen bereits in dieser Welt etliche Privilegien mehr als die Menschen, die sie in den Tod schicken. Hier wird besonders offensichtlich, dass auch in Religionen immer wieder mit der Befriedigung von äußerst menschlichen Begierden gelockt wird. Das Paradies enthält die schönsten Frauen, mit denen Mann die ganze Ewigkeit lang Sex haben kann. Wir sehen somit, dass bis »hoch« zu einer Mutter Teresa alle Menschen nur eines tun: sich selber gut!

Darum macht es keinen Sinn, Sex als selbstsüchtig zu schmähen und die Liebe als edel hinzustellen. Es geht nur um verschieden subtile Formen des Genusses, und einen Genuss bietet die Liebe immer! Wir genießen die Gegenwart des Geliebten. Wir tun das, weil wir nur in seiner Gegenwart dieses Gefühl spüren können. Selbst wenn wir uns völlig für andere aufgeben wie der Zitatgeber Janusz Korczak am Anfang des Kapitels, tun wir etwas, das uns selbst Freude bereitet. Korczak leitete während des »Dritten Reiches« ein Waisenhaus und ging später freiwillig mit »seinen Kindern« in die Gaskammern von Treblinka. Schmälert es nun unsere Bewunderung für diese Tat, wenn er selbst sagt, dass er dies alles nur für sich getan hat? Wahrscheinlich nicht. In unserem Fall steigert es die Bewunderung für diesen Menschen sogar gewaltig. Er war scheinbar vollkommen selbstlos, hat sich jedoch nicht dafür feiern lassen! Er ist trotzdem als ein stiller Held in die Geschichte der Erziehungswissenschaften eingegangen, weil er auf seine »egoistische Art« wahrhaft selbstlos in einem anderen Sinne war.

Also – Sex ist egoistisch, und Liebe ist es auch! Ist das schlimm? Wenn wir Egoismus gänzlich verdammen, ja. Wenn wir statt Egoismus das Wort Selbstliebe gebrauchen, dann hört sich das schon weniger verwerflich an, oder?

Selbstehe – geben Sie sich das Jawort

Da lieb ich mich doch erst mal selber – I love me
... drum prüfe, bevor man sich so radikalo bindet,
dass man sich selber erst mal spitze findet.
Udo Lindenberg, »I love me selber«

Die wahrscheinlich seltenste und modernste Beziehungsform der Welt möchten wir in diesem Buch nicht unerwähnt lassen: die Selbstehe!

Nach unserer Recherche auf diesem höchst spärlich beschriebenen Gebiet waren alle vier Selbsteheleute, die wir finden konnten, Frauen. Eine feierliche, vollgültige Hochzeit mit Brautkleid und

Hochzeitsreise mit und für sich selber zu absolvieren, bedarf schon einer speziellen Lebenseinstellung und reizt zu Späßen: Wie wird die Hochzeitsnacht, wird es eine weiße Hochzeit geben, wie steht es mit der Frage der Treue, haben »die beiden« schon probegewohnt, wie lange kannten sich die Brautleute, wurde die Passage »Bis dass der Tod euch scheidet« umformuliert etc. Wenn wir allerdings genauer hinschauen, ist die Idee vielleicht gar nicht mehr so absurd.

In einem Internetforum stellte zu diesem Thema jemand die Frage in die Runde, wer bereit wäre, sich zu heiraten. Man sollte hoffen, alle der sehr spärlich gesäten Antworten würden positiv ausfallen! Das war aber nicht der Fall. Hier ließ sich jemand negativ über die eigenen Macken aus, und sogar der Fragesteller selbst meinte launig, dass er am Ende vielleicht noch schizophren würde und dann womöglich jemand ganz Tolles kennenlernen könnte. Wir glauben, hinter diesen kleinen Humoresken stecken sehr viele interessante Wahrheiten, die wichtig für unser Thema sind.

In einigen Therapien haben wir bereits das christliche Gebot »Liebe deinen Nächsten wie dich selbst« umgedreht. Manche Menschen opfern sich auf für andere, lehnen sich selbst aber zutiefst ab. In der Arbeit mit Obdachlosen hörten wir von einem Kollegen, der lange Jahre auf der Straße im Pappkarton geschlafen hatte, dass er Klienten in seiner Beratungsstelle mitunter ziemlich drastisch konfrontierte. Wenn ihn jemand wirklich um praktische Hilfe bat, nahm er ihn mit in einen kleinen Nebenraum, in dem es nicht mehr gab als einen Ganzkörperspiegel und einen Stuhl. Seine Anweisung war klar, klang hart, aber es sprach sehr viel Weisheit aus diesen Worten: »Bleib hier sitzen. Schau in den Spiegel, und komm wieder zu mir, wenn du jemanden gefunden hast, der dir wertvoll genug erscheint, dass wir ihm helfen.« Es ging dem Kollegen nicht darum, seine Verachtung für den Obdachlosen zu äußern, er wollte den Blick seines Klienten vielmehr auf dessen Selbstverachtung lenken, die erfahrungsgemäß durch lange Obdachlosigkeit entsteht.

Es braucht aber keine Obdachlosigkeit, damit es an Selbstliebe mangelt. Wer mag, kann sich mal nackt vor einen Ganzkörperspiegel stellen und schauen, wie lang es braucht, bis man zu seinem Gegenüber »Ich liebe dich« sagen kann.

Das hat damit zu tun, dass wir oft bestimmte Seiten an uns nicht akzeptieren, schon gar nicht lieben können. Wenn wir uns die wenigen Menschen anschauen, die tatsächlich eine offizielle Selbstehe eingingen, dann ist es spannend zu sehen, dass diese Handlung für die betreffenden Personen wirklich kein leichter Schritt und schon gar kein Späßchen war. Als sich Jennifer Hoes in den Niederlanden trauen ließ, gab sie an, jahrelang mit sich selbst uneins gewesen zu sein. Dies schien auch für die amerikanische Künstlerin Remi Rubel zu gelten. Sie war mit 37 Jahren noch ledig, wünschte sich aber eine Beziehung. Es gab genug Anwärter, aber sie konnte sich nie wirklich auf jemanden einlassen. Ein Jahr nach ihrer Selbstehe heiratete sie ihren Weddingplaner Ken und zeugte wenig später Kinder mit ihm. Sasha Cagen zitiert sie in ihrem Buch Quirkyalone folgendermaßen: »In früheren Beziehungen fühlte ich mich oft unwohl, weil ich so viele Kompromisse eingehen musste, um die Beziehung aufrechtzuerhalten. Seit meiner Selbstehe bin und bleibe ich zuallererst mir selber verpflichtet. Außerdem gehe ich längst nicht mehr so hart mit mir ins Gericht wie früher. Die Bigamie hat mir gutgetan.«[32]

Wir würden hinzufügen: ihrer Liebesfähigkeit offensichtlich auch!

Wir haben bereits dargelegt, dass Liebe letztlich immer ein grundsätzlich »egoistisches« Motiv hat, denn die Liebe an sich ist eines der intensivsten Hochgefühle, die wir im Leben empfinden können. Liebe lohnt an sich, sie ist »Lebensgefühl auf höchstem Niveau«. Von daher ist eine Selbstehe eigentlich gar nicht so absurd. Ein interessantes soziales Experiment wäre, sie als individuellen Entwicklungsschritt und Zeichen der eigenen Reife zur Voraussetzung zu machen für dauerhafte Bindungen zu anderen Individuen. Der Bestseller von Eva Maria Zurhorst »Liebe dich selbst –

und es ist egal, wen du heiratest« haut in ebendiese Kerbe. Selbstliebe ist die Basis von allen anderen Formen der Liebe – wir sollten sie also ruhig etwas ernster nehmen.

Liebe ist – Integration

Du vervollständigst mich!
Jerry in Jerry Maguire, »Spiel des Lebens«

Als Matt Claudia das erste Mal sah, war er hingerissen von ihrer Natürlichkeit, ihrem offenen Wesen – kurz dem, was er als unendlich entspannt, charmant und selbstbewusst wahrnahm. »Es brauchte nicht viel, um sich in sie zu verlieben«, sagte er später.

Claudia war hingegen von Matts hintergründig-schweigsamer Art fasziniert. Er war ein richtig »stilles Wasser«, und das sah sie auf den ersten Blick! Die beiden empfanden diesen Moment im Nachhinein als magisch.

Was passierte damals? Wieso haben sich diese beiden gefunden und ineinander verliebt? Hinterher sind wir natürlich alle Experten und »haben es gewusst«. Trotzdem hätte niemand eine klare Voraussage machen können, ob es zwischen diesen beiden recht verschiedenen Menschen funken würde oder ob sie sich vielleicht sogar übersehen würden.

Die Frage, was eigentlich passiert, wenn wir lieben, ist mittlerweile gut beantwortet, wenn es um Hormonausschüttungen und Hirnströme geht. Trotzdem gilt, was Professor Hassebrauck in einem Interview mit der ZEIT sagte: »Wir verlieben uns ja nicht, weil die biochemischen Prozesse ablaufen. Die laufen ab, weil wir uns verliebt haben.« Er bezeichnet diese Prozesse als ein nachgeordnetes Phänomen. Man könnte auch sagen, wer ins Gehirn schaut, sieht die Spuren der Liebe, nicht die Liebe selbst.

Wenn wir uns also mal nicht darin versuchen, aus Käse Milch zu machen, dann könnten wir dem Wesen der Liebe vielleicht näherkommen, wenn wir es etwas »physikalischer« versuchen. In einer psychologischen »Quantenmechanik« gesprochen, fühlen wir uns zunächst schlicht magisch vom Objekt der Liebe angezogen. Würden wir es im Jargon Lehrer Bommels aus der »Feuerzangenbowle« ausdrücken, hieße es wohl: *Watt is nu de Liebe? Da stelln ma uns janz dumm, und da sachn ma so: De Liebe is ersma ehn vadammt juhtet Jefühl! Dett Eene is de Anziejung, un dett annere kriejen ma spähta!*

Was hat nun in unserem Beispiel Matt an Claudia angezogen und warum? Matt beschreibt Claudia als offen, natürlich, entspannt, charmant und selbstbewusst. Das *kann* man lieben, muss man aber nicht. Deshalb stellt sich die Frage, ob es irgendwie mit Matt zu tun hat, dass zumindest er sich auf dieser Grundlage verliebte. Für ihn war das ganze Paket von Claudias offensichtlichsten Eigenschaften etwas, das ihn faszinierte. Diese Faszination ist es, die sich so gut anfühlt. Das Objekt unserer Liebe erscheint einerseits unglaublich vertraut und andererseits vollkommen neu, frisch und unbekannt. Hinter jeder Ecke lauert eine neue Entdeckung, und während wir weiter forschen, sind wir vor Aufregung elektrisiert bis in die Haarspitzen. Wir haben einen extrem hohen Energiepegel, der uns in Phasen intensiver Verliebtheit oft weder essen noch schlafen lässt. Man könnte vermuten, dass diese Lebendigkeit der Grund für die Anziehung ist.

Dazu kommt die Unverwechselbarkeit des Liebesobjekts, wie sie jeder – auch nichtmonogamer – Liebe eigen ist. Wir lieben das aus unserer Sicht Besondere, während durch unsere Liebe das, was wir lieben, automatisch zu etwas Besonderem wird. Wir denken an den Fuchs im »Kleinen Prinzen«. Spätestens, wenn wir uns vertraut gemacht haben, sind wir füreinander einzigartig. Manchmal bemerken Menschen sehr schnell eine gewisse Einzigartigkeit am anderen, im Falle der Liebe auf den ersten Blick sogar innerhalb von Sekunden.

Wenn es nun um die Liebe zu einem Menschen geht, wird Psychologen immer wieder gern die Frage gestellt, ob sich nun eigentlich lieber Gleich und Gleich gesellt oder ob es die Gegensätze sind, die sich anziehen. Die Antwort scheint ein klares »Beides« in der richtigen Dosis zu sein. Wir haben bereits gesehen, dass unser Stammhirn vor allem für Erregung sorgt, und wenn Leidenschaft aufkommt, wird hier sozusagen der Rohstoff dafür produziert. Was uns nun leichter erregt, ist meist das Unbekannte, der Gegensatz. Die Geschichten von Romeo und Julia, zwei Kindern aus verfeindeten Sippen, oder von der Europäerin, die sich in einen Massai-Krieger verliebt, sind aufregender und erzählenswerter als die von Bauer Sepp, der die Vroni vom Nachbarhof schon seit der Schule pfundig fand.

Nur halten tut die Sache mit Vroni und Sepp tendenziell eher länger als die mit Romeo und Julia. Für eine langfristige, emotionale Bindung scheint das »gefühlige« limbische System besonders wichtig zu sein. Die Frau von Schauspieler Christopher Lee soll als Geheimrezept ihrer für Hollywood untypisch langen Ehe etwas eher Unaufregendes gesagt haben, nämlich dass man den Freund im anderen entdecken müsse.

Für eine spannungsvolle Liebe ist Andersartigkeit gut für eine dauerhafte Gemeinsamkeit. Wir lieben eher, was wir kennen, wir begehren hingegen das, was wir nicht kennen! Im Bett ist es deshalb am Anfang einer Liebe so heiß, weil sich hier zwei Menschen *nicht* kennen. Da sie beide Lust haben, wollen sie etwas voneinander – und zwar den Körper des anderen, genauer, sie wollen das Vergnügen, das durch den Körper des anderen möglich wird. Da sie den anderen auch emotional zu lieben beginnen, wollen sie zudem sein Wohlergehen, wollen ihn befriedigen, ohne aber eine Ahnung zu haben, wie das in seinem Falle zu geschehen hat. In diesem Spannungsfeld kann man sagen, dass mit jeder Hülle, jeder Grenze, die fällt, die beiden Menschen einander vertrauter werden. Wenn später irgendwann klar ist, dass Kuss X von A an Stelle Y bei B mit hoher Wahrscheinlichkeit Reaktion Z zur Folge hat, verfliegt langsam das Gefühl der Unsicherheit, und es kann zu tollen sexuellen »Leistungen« und Genussmomenten kommen. Dabei bewegen sich beide allerdings auch Schritt für Schritt von unbekannt-aufregend zu bekannt-wohlig. Man könnte sagen, wir bewegen uns von den Gegensätzen, die fremde Menschen zunächst füreinander sind, hin zum Gleich und Gleich. Tatsächlich sieht man manchen altgedienten Paaren oft auf den ersten

Blick an, dass diese beiden Menschen zusammengehören. Sie sind sich immer ähnlicher geworden; es muss ihnen gelungen sein, mit Gegensätzlichem Umgang zu finden oder es abzubauen, indem der eine sich das vormals unbekannte Hobby des anderen oder eine bestimmte Sichtweise erobert hat.

Gehen wir noch mal zurück zu Matt und Claudia und psychologisieren ein wenig. Matt liebt die Offenheit an Claudia. Claudia mag das stille Wasser, das Matt für sie verkörpert. Man merkt vielleicht bereits, was das mit den beiden zu tun haben könnte. Sie ziehen sich an, weil sie wie zwei Magnete mit unterschiedlichen Polen sind. Matt ist eben nicht offen, Claudia nicht still! Der andere ist eine Ergänzung – zusammen sind sie vollkommen! Das ist aber natürlich nicht ganz korrekt, denn tatsächlich bleiben ja beide getrennte Individuen. Was wird da also »ausgetauscht«? Eigentlich nichts.

Da sitzen zwei Menschen, reden … hier werden vielleicht Ideen ausgetauscht, aber mehr nicht. Selbst in intimster Umarmung werden nur wenige Milliliterchen Körperflüssigkeiten ausgetauscht. Trotzdem fühlen wir uns erhoben und vollkommen – »durch den anderen«. Claudia kann natürlich von der Zurückgenommenheit Matts insofern profitieren, als dass sie durch ihn vielleicht gebremst wird. Andersherum kann Matt durch Claudia angeregt werden, offener zu sein. Das könnten aber weder der eine noch der andere, wenn sie nicht selber genau wüssten, wie das geht, wenn sie es also nicht schon »in sich trügen«. Matt mag nicht an Claudias sprühendes Wesen herankommen, aber auch er kennt von sich und vor allem von anderen Menschen, denen er begegnet ist, diese Fähigkeit. Er hat sie bloß nicht sehr stark entwickelt.

Warum? Zurückspulen – Kindheit. Matt sitzt am Abendbrotstisch, und seine Mama unterhält mal wieder die ganze Familie, obwohl die sich nicht mit ihr unterhält. Klein-Matt wippt mit den Beinchen und hat gelernt, dass bei Mama nicht wirklich durchzukommen ist. Er lernt, sich zurückzunehmen, auch weil er dieses Verhalten bei seinem Vater beobachten kann. Er kopiert Papa, und er kopiert damit auch die Beziehung, die Papa zu Mama hat – er reagiert auf ihr Geplapper mit Stille. Seine Mama nennt ihre Restfamilie liebevoll »meine schweigsamen Kerle«. Matt hatte in seiner Kindheit ein zum Bersten gefülltes Potenzial möglicher Eigenschaften. Als »offenes System« wählt er nur das aus, was seine Umwelt ihm widerspiegelt. Wenn Mama – ignorant gegenüber dem eigenen Zutun durch verbalen Dauerbeschuss ihrer Männer – ihn einen kleinen Schweiger nennt, dann wird Matt es vollkommen kritiklos in sein Selbstbild einbauen, wie wir zu Beginn des 2. Kapitels dargestellt haben. Er ist nicht immer nur ein Schweigsamer, aber in seiner Umwelt wird die Plaudertasche, die ebenso in ihm steckt, einfach nicht gefördert. Weder durch das Vorbild des Papas noch durch die Du-Botschaften der Bezugspersonen. Matt lernt immer wieder dasselbe, während er sein Ich, seine Identität entwickelt.

Was ist das eigentlich, Identität?

Das lateinische Wort »idem« meint dasselbe oder das Gleiche!

Unser Ich, das Ego, wie es spirituelle Traditionen nennen, ist immer mehr vom selben! Mama sagt: »Schweiger«, also schweige ich. Je mehr ich schweige, desto mehr redet Mama, desto mehr schweige ich wieder, also heißt es: »Schweiger.« Dieses Rad dreht sich unser ganzes Leben lang! Wir haben keine Möglichkeit, ihm dauerhaft zu entkommen. Selbst die Heiligsten der Heiligen kehren immer wieder gewissermaßen in ihr Ego zurück.

In Matts Familie wird er als Schweiger bestätigt. Er lernt von Papa, dass Männer eher die Schweiger sind, und fühlt sich auch durchaus männlich in seiner Geschlechterrollenidentität (schönes Wort, oder?). Er lernt auch, dass Männer, die Schweiger sind, gut mit Frauen zusammenpassen, die zum Plaudertäschchentum neigen.

Nun trifft Matt auf Claudia. Claudia hat ähnliche Gründe, so zu sein, wie sie ist. Ihre Identität passt wie ein Puzzlestück zu Matt. Der entdeckt – sorry, typisch Psychologen – in Claudias Geplapper natürlich ein gerüttelt Maß Mama wieder und findet Claudia hinreißend.

Zeitsprung: Nach zehn Jahren hätte es sein können, dass Matt leutseliger geworden ist und Claudia etwas ruhiger. Das ist aber der seltenere Fall! Was viel öfter passiert, ist, dass beide immer extremer werden ... ganz wie daheim bei Mama und Papa! Vielleicht kommen Matt und Claudia damit gut zurecht, vielleicht werden sie aber auch etwas bitter. Was am Anfang so eine tolle Ergänzung war, ist nun nerviger Gegensatz, Widerpart geworden!

Was »physikalisch« aus unserer Sicht passiert ist, ist Folgendes: Matt traf in Claudia damals nicht Claudia, nicht seine Mama, sondern sich selbst in einer vollkommeneren Version. Die Lebendigkeit, die Matt in der Nähe von Claudia spürte, war in ihm. Claudias Lebendigkeit kann nicht auf Matt überspringen, sonst könnte sie das auch nach Jahren noch, und beide wären weiterhin entflammt füreinander. Was Claudia aber bietet, ist ein menschliches Ich als Modell, das ähnlich genug ist, um sich ihm nahe zu fühlen (ganz klar: Das Dauerhafte, das Bindende sind die Ähnlichkeiten, nicht die Unterschiede zwischen Partnern!), aber anders genug, um Matt daran zu erinnern, was er hätte werden können, wenn Mama damals nicht so viel geredet hätte – nein, wenn er sich damals hätte entscheiden können, ob er ein Schweiger sein oder seine Mutter vielleicht noch im Reden übertreffen wollte.

Bei Matt läuft das Schweigeprogramm, doch er ahnt manchmal, wie viel ungenutztes Potenzial in ihm schlummert. Claudia erinnert ihn an seine in sich begrabene Gesprächigkeit. Mehr nicht!

Claudia ist die Aufforderung, ist die Verheißung, ganz zu werden, innerlich mehr Lebendigkeit zu gewinnen, denn wenn Matt sich darauf einlassen könnte, sich von Claudia wach küssen zu lassen in seinen ungelebten Seiten, dann könnte er diese in seine etwas eng geratene Identität mit aufnehmen.

Nur muss er dafür scinc Identität erweitern, und das bedeutet für eine Übergangsphase, dass er nicht weiß, nicht wissen kann, wer er ist. Was macht ein Schweiger, der sich beim Reden ertappt? Vermutlich: Huch! Und dann kehrt er nach einigen beschwingten Versuchen mehr und mehr zu seinem ursprünglichen Verhalten zurück, denn nun hat er ja Claudia an seiner Seite, und die wird ihm die Arbeit abnehmen. Ja – die Arbeit des Redens, aber nicht die Arbeit des Selberredens und des Verwirklichens seines eigenen Potenzials! Wenn er nach einigen Monaten oder Jahren mit viel Ignoranz gegenüber den Möglichkeiten und eigener Mitarbeit an der Verschlechterung des Systems sich wieder ganz in seine alte Rolle eingegraben hat, dann fühlt sich die Partnerschaft vermutlich sicher an, aber nicht mehr verheißungsvoll.

Der Zauber des Anfangs fehlt, und vielleicht hat Matt das Gefühl, er hätte seine Mutter geheiratet. Wenig sexy wirkt es dann, wenn Claudia wieder mal die ganze Party unterhält! Was den Unterschied macht, ist das Gefühl des eigenen Scheiterns! Matt hat in Claudia damals eine Möglichkeit gespürt, sich zu vervollkommnen, Teile seines Unbekannten, seines unbewussten, ganzen Selbst in sein Bekanntes zu integrieren. Nur verliert er damit seine Identität. Sie muss zumindest mehrdeutig werden, und selbst das kostet einiges an Wachstumsarbeit. Was er in Claudia liebt, ist er selbst, und diesen Matt muss er gebären, aus sich selbst heraus. Er müsste werden, wie er ist. Diese Verheißung, in Gegenwart des anderen mehr man selbst, lebendiger werden zu können, scheint ein zentrales Thema der Liebe zu sein.

Du vervollkommnest mich!

Selbstfindung im anderen – Katalysatoren

Der erste Blick der Geliebten gleicht dem Wort Gottes, wenn er sagt: »Sei!«
Khalil Gibran, »Der Prophet«

»In einer für das Verständnis partnerschaftlicher Entwicklungen bedeutsamen Studie haben der Züricher Paartherapeut Jürg Willi und seine Mitarbeiter den Erfolg von Paartherapien untersucht. Sie kamen zu dem Ergebnis, dass bei den gut verlaufenden Therapien die Paare den Erfolg für die Paarbeziehung als passabel einschätzten, den Gewinn für die individuelle Entwicklung aber sehr viel höher. Im Fegefeuer der Paarkonflikte … sind also in erster Linie individuelle Entwicklungschancen verborgen.« Dieses Ergebnis entspricht dem Motto, mit dem der US-Sexualtherapeut David Schnarch die Paarbeziehung überschrieben hat: »Die Ehe ist eine Maschine für persönliches Wachstum.« Diese Betrachtungsweise ist eine der ganz wesentlichen Passagen im Buch »Wenn Liebe fremdgeht« unseres Kollegen Ulrich Clement.[33]

Das Wesen der Liebe scheint sich vor allem aus ihrer Hebammenfunktion für das eigene Werden, für unser ganzes Selbst zu erklären. In unserer Praxis erleben wir Paarbeziehungen immer so, wie es Clement und Schnarch beschreiben. Gerade in etwas »verkeilten« Phasen einer Partnerschaft scheint die Situation für Außenstehende offensichtlich zu sein – einer redet zu viel, einer zu wenig … wo ist das Problem? Sollen die sich halt in der Mitte treffen, dann passt das schon. Matt und Claudia hat Amor damals unter Beschuss genommen, um ihnen die Möglichkeit zu geben, aneinander zu wachsen, und dieser Auftrag wird gerade in Machtkämpfen umso sichtbarer. Sie könnten das auch alleine, aber nirgends wird die Notwendigkeit, sich zu verändern, so dringlich wie durch Liebesbeziehungen. Das »juhte Jefühl« bindet uns, zieht uns magisch an, und dann müssen wir langsam zusehen, wie schleichend die Lebendigkeit in dem Maße abnimmt, in dem jeder wieder »sich selbst ähnlicher« wird, also »dasselbe« produziert wie vor der Begegnung – das eigene Ich. Die enttäuschten Paare ahnen aus unserer Sicht manchmal geradezu, dass sie sich damals ineinander verliebten, um eine Reinszenierung ihrer Kindheitsproblematik vorzunehmen oder zumindest Teile davon. Sie spürten nur miteinander, wie sie sein könnten, wenn sie die Grenzen ihrer Egos weiter stecken, tiefer in ihr eigenes Unbekanntes hineinversetzen, sich mehr und mehr Raum in sich erobern würden.

In dem Maße, in dem das Ego Teile des ganzen Selbst integriert, findet es verschollene Möglichkeiten. Man könnte sagen, dass hier ein Ich sein Selbst findet – Stück für Stück. Wirkliche Selbstfindung würde natürlich bedeuten, dass sich das Ich vollkommen im Selbst auflöst. Das käme allerdings einer Psychose gleich. In heftiger Verliebtheit sehen die Aktivitäten im Gehirn nicht umsonst so ähnlich aus wie in einer Psychose. In beiden Fällen lösen sich die engen, festen Grenzen des Ichs vorübergehend auf, und alle ungenutzten Programme auf der geistigen Festplatte stehen Schlange, um gestartet zu werden.

Das Gegenüber in der Liebe hat eine ganz andere psychologische Zusammensetzung, eine andere Ich-Bildung hinter sich und grenzt andere Teile seines gesamten Selbst aus und ein. Was Claudias Ich ausmacht, das ist das, was Matt nur noch in seinem Unbewussten von sich erahnt und allein durch Claudia »lieben lernen kann«. Der Geliebte ist eine Erinnerung an die eigene Unbegrenztheit, eine Brücke zur Freiheit des eigenen Seins! Und wenn wir uns an Rabbi Sussja erinnern, der vor seinem Tod daran zweifelte, das geworden zu sein, was er hätte sein können, dann ist es bei den Paaren vielleicht ähnlich. Sie kommen erst dann in eine Beratung, wenn ihre Beziehung vor dem Aus steht, und das bedeutet, wenn sich beide eingestehen müssen, dass das Arrangement nicht mehr zum Lernen taugt. Und das ist ein kleiner, aber folgenschwerer Denkfehler. Nach dem Motto »Was Hänschen nicht lernt, lernt Hans halt auf dem zweiten Bildungsweg«, spitzt sich die Lernsituation sogar zu, wenn es Stress gibt. Wenn Claudias und Matts Rollen immer extremer werden, also irgendwann der Wortdurchfall auf das schweigende Grab trifft, dann starren beide letztlich umso klarer in ihr eigenes Unbekanntes. Wenn Krishnamurti sagt: »Beziehung ist der Spiegel, in dem wir uns selbst so sehen, wie wir sind«, dann meint das vermutlich genau das! Sind wir verliebt, sehen wir im anderen ein verführerisches Unbewusstes unserer selbst – eigentlich müssten wir sagen: unseres Selbst. Das ist die schönste Phase, um voneinander zu lernen und zu wachsen, hier macht es Freude. Wer sich in dieser Phase – ganz im Sinne der neuen Romantik: Du machst das schon, Traumpartnerchen! – auf den anderen verlässt, verpasst diese Chance. Dann verschwindet der Glanz des Aufbruchs, und es bleibt mehr und mehr nackte Notwendigkeit, um als Paar überhaupt zu überleben! Die Liebe scheint nicht aufzuhören, uns zur Integration und Selbstfindung aufzufordern, aber nun tut sie es mit Nachdruck, obwohl die Beteiligten vielleicht längst das Gefühl haben, sie führten eine lieblose Beziehung! Wer modern ist, schmeißt jetzt hin und wechselt den Partner, der schuld daran sein muss, dass man nicht bereit war, sich selbst mit ihm zu entdecken (so betrachtet, ziemlich grotesk, oder?). Wie immer, wenn wir wegdrücken, wegdrücken, wegdrücken, kommt auch hier ein physikalisches Gesetz zum Tragen: Jede Kraft erzeugt eine Gegenkraft in umgekehrter Richtung. Unserer Erfahrung nach ist die Liebe stets die Stärkere. Wenn wir es aber wirklich schaffen, ihre Wachstumsimpulse permanent zu ignorieren, dann zahlen wir einen gigantischen Preis: unsere Lebendigkeit. Das kann in tiefer Depression enden. Und auch das lässt sich wieder deuten als Impuls zum Wachsen, denn eines muss natürlich gesagt sein: Was in Partnerschaften passiert, kann mitunter furchtbar sein. Aber so, wie uns Eifersucht und Neid zeigen können, wo wir einen Mangel stets nur unzureichend übertüncht haben, kann und wird uns der Partner mit der Nase darauf stoßen, wenn wir aufhören zu wachsen, obwohl es in uns noch einiges auszusöhnen gibt. Deshalb machen einige Paarberater mitunter so problematische Aussagen wie: »Wenn Sie XY noch nicht beherrschen, sind Sie einfach noch nicht differenziert, reif, entwickelt, abgeklärt, selbstgeliebt genug!« Wir stoßen uns jedes Mal an solchen Formulierungen, die aus KlientInnen Menschen einer psychologischen Klassengesellschaft machen: hier die Differenzierten, dort die Anfänger. Die trügerische Hoffnung hinter solchen Formulierungen ist, dass es irgendwann ein vollkommen entwickeltes Individuum geben könnte und die Ackerei an der eigenen Person aufhört. Das halten wir unter normalen Umständen aber für absurd. »Des Lebens Ruf an uns wird niemals enden«, schrieb Herrmann Hesse in seinem bekannten Gedicht »Stufen«.

Das hört sich alles etwas unschön an … so, als hätten wir keine Wahl. Sind wir nicht bereit zur Entwicklung, dann haut uns die liebe Liebe unsere Themen eben später umso auffordernder um die Ohren. Keine schöne Aussicht. Aber realistisch schon. Ein Sufi-Meister sagte einmal auf die Frage nach der Wahlfreiheit, dass das eh Unsinn sei (ein weiser Mann eben), denn wir hätten nie die Wahl. Er setzte dagegen, dass es eine Form der Nichtwahl gebe, die totale Freiheit bedeutet. Wenn Sie sich vorstellen, Sie hätten die Wahl zwischen zwanzig Jahren Kerkerhaft und unbegrenzten finanziellen Mitteln, dann wird bei Ihnen wie bei den meisten die Entscheidung so klar sein, dass es scheint, als ob es überhaupt keine Wahl gäbe. Wenn die Wahl so positiv ist, dann gibt es nur eine Entscheidung. Freiheit könnte demzufolge heißen, dass wir von der Wahlfreiheit befreit sind durch eine unvorstellbar positive Entscheidung.

Wirklich das zu werden, das zu verkörpern, was in uns an einzigartigem Potenzial angelegt ist, erscheint uns gewissermaßen alternativlos – einfach weil wir gar kein anderes Leben leben können. Was wir tun können, ist nur, unser Leben mehr oder weniger zu verweigern.

Ein gutes, wieder sachlich-wissenschaftliches Bild von Beziehungen ist die Katalyse. Ein Katalysator ist ein Stoff, der chemische Reaktionen anderer Stoffe anregt, die ohne ihn zwar auch ablaufen könnten, aber deutlich langsamer oder mit mehr sogenannter Aktivierungsenergie. Das entspricht der Funktion von Partnern. Wir würden unsere Lektionen sonst auch irgendwann lernen müssen, aber so bekommen wir die Expressversion des Ganzen – in der Phase der Verliebtheit sogar in verheißungsvoll funkelnder Verpackung. Der Katalysator ist wichtig, aber er verbraucht sich selbst nicht bei der Reaktion. Außerdem bleibt in einer Katalyse das Kräftegleichgewicht erhalten. Wir wandeln uns am anderen, aber wir selber werden auch nicht mehr oder weniger, weil wir nichts von außen vom Partner aufnehmen außer seiner katalytischen Kraft und weil wir nicht wirklich etwas abgeben von uns. Worin sich die Katalyse und Beziehungen auch noch stark ähneln, ist, dass sich in Katalysatoren nach und nach Nebenprodukte bilden, die dem Katalysator mit der Zeit zusetzen und ihn damit weniger wirksam machen. Wenn man diese entfernt, wird die »Aktivierungsenergie« der Katalysatoren wieder erhöht, und es geht weiter mit der chemischen Reaktion. Aus Sicht eines Paarberaters ist man natürlich selbst ein Katalysator für die Liebenden, aber oftmals fühlt es sich so an, als ob man eigentlich nur die Partner von den Schlacken des Alltags bereinigt hat, damit sie wieder ihr Potenzial als Katalysatoren füreinander freisetzen können.

Wir lieben also, weil wir wir selbst werden wollen und weil in diesem Prozess ein Partner eine der stärksten Kräfte ist, um einen Anschub zu bekommen! Wir raffinieren sozusagen unser (Innen-)Leben mithilfe des Geliebten als Katalysator.

Selbstverantwortung – es ist Ihre Liebe

Ein bedeutender Sung-Kritiker machte einmal ein bezauberndes Geständnis. Er sagte: »In meinen jungen Jahren pries ich den Meister, dessen Bilder mir gefielen, aber als mein Urteil reifer wurde, lobte ich mich selbst, weil mir gefiel, was der Meister mir zu Gefallen ausgewählt hatte!«
Kakuzo Okakura, »Das Buch vom Tee«

Jennifer kommt in die Beratung wegen ihres anhaltenden Liebeskummers, der aus einer unerwiderten Liebe zu einem älteren und gebundenen Mann rührt. Sie erträgt die Situation nicht länger, sie will sich lösen, will frei werden und sich anderweitig binden können.

»Wieso muss Liebe so wehtun?«

Eine Gegenfrage wäre, ob sie wirklich wehtun *muss* und ob es denn die Liebe ist, die wehtut. Falls nicht, was ist es dann gerade, unter dem Jennifer leidet?

Ein Gedankenexperiment, zu dem ich – Holger Lendt – in solchen Fällen oft einlade, um dem Charakter der Liebe etwas näher zu kommen, lautet wie folgt:

Stellen Sie sich vor, Sie müssten zwischen zwei Arten des »Elends« wählen: Sie könnten sich entweder in jemanden vollkommen und bis über beide Ohren verlieben, in Ihren wahr gewordenen Traumpartner, der jedoch absolut und hoffnungslos unerreichbar für Sie wäre, wie etwa ein Hollywoodstar des passenden Geschlechts! Oder Sie würden auf inbrünstigste und glühendste Art von jemandem geliebt werden, den Sie aber nicht mal ansatzweise in Ihrer Nähe ertragen könnten – also den für Sie unsympathischsten Menschen dieser Erde! Der eine weiß nicht einmal, dass es Sie gibt, aber Sie bekommen schon Gänsehaut, wenn Sie nur an ihn denken, der andere würde für Sie unter Ihrer Fußmatte schlafen und Ihnen bis ans Lebensende die Koffer tragen. Welches wäre Ihr »Herzblatt«?

Bekommen – im üblichen Sinne verstanden – würden Sie etwas vom »Kofferträger«, der aber in Ihnen kein Fünkchen Liebe auslöst. Der andere verwandelt Ihr Herz in einen Garten Eden, wird Ihnen aber niemals auch nur ein Lächeln schenken.

Bislang hat sich noch niemals jemand für den persönlichen Unsympathen entschieden, obwohl er vermutlich nützlich wie ein Haussklave wäre – doch Sie können ihn eben nicht riechen. Wenn Liebe wirklich die Kraft ist, die unser inneres Wachstum anregen will, unsere Selbstvervollkommnung durch den Geliebten, dann ist jemand, der keine Liebe empfindet, von diesem Prozess vollkommen ausgeschlossen. Einer, der einseitig liebt und nicht zurückgeliebt wird, der liebt! Und letztlich geht es nur darum, denn er findet seine Lebendigkeit gesteigert, und er erfindet sich gewissermaßen neu. Deshalb »wählen« auch so viele Teenager einen Star, dem sie sich vollkommen hingeben können. Sie proben an ihm die Liebe, in der eine Erwiderung des Gefühls quasi ausgeschlossen ist. Wie könnten sie Liebe proben, falls diese nur möglich wäre, wenn sie Erwiderung erfährt?

Worunter Jennifer also leidet, ist die – verständliche – Erwartungshaltung, zurückgeliebt werden zu wollen. Trotzdem liebt sie und kommt nicht davon weg. Die Liebe lässt sie nicht los, sie erfüllt sich aber nicht so, wie Jennifer es sich sehnlichst wünscht.

Zu lieben ist eine der höchsten Formen der Aktivität. Wir wollen als Verliebte unserer Liebe Ausdruck verleihen, einfach weil es sich richtiger anfühlt, das zu tun. Es »fließt aus uns heraus«, wenn wir lieben. Das hat oftmals zur Folge, dass wir im Ausdruck unserer Liebe etwas geben. Wenn die Liebe erwidert wird, wird es auch angenommen, und das führt mal wieder zu einem unsinnigen Irrtum, wie er in solchen Herzensdingen gerne passiert – Sie erinnern sich an die vertikale und horizontale Ewigkeit? Aus einer spontanen Wahrheit wurde dort ein fast moralisches »Muss« errichtet. Genau der gleiche Unsinn passiert uns hier. Wenn ein Mann wie Jesus wahrhaftig voll von Liebe war, dann »konnte er gar nicht anders«, als »gut« zu sein! Liebende wollen geben. Je mehr sie fühlen, desto mehr wollen sie sich an den anderen »verschwenden«. Das führt zu dem Irrtum, dass Liebe zu geben besser oder selig machender sei als das Nehmen. Aber hier wird wieder mal die Nebenwirkung eines besonderen Seinszustandes zum Zweck ernannt und plötzlich zu einer Forderung für Menschen erhoben, die gar nicht in diesem Zustand sind. Der spontane, selbstvergessene, man möchte fast sagen, »automatische« Ausdruck hingebungsvoller, emotionaler Liebe, nämlich dem Geliebten zärtlich, wohlwollend und fürsorglich zu begegnen, wird zum Befehl des besseren Liebenden gemacht, der natürlich nie etwas für sich will! Das ist Unsinn, weil das Geben genau das ist, was der Liebende will. Haben Sie mal die Kaufwut von Großeltern gegenüber ihren Enkeln erlebt? Sie wollen geben, geben, geben! Ein Teil mag tatsächlich der Wunsch sein, sich irgendwie »einzukaufen«, der andere Teil ist aber eine erweiterte Mutterliebe aus Distanz. Man könnte sagen, die Großelternschaft ist wie die Kür der Mutterliebe – weniger Verantwortung und Alltag und dafür pure Verliebtheit. Darin ähnelt sie der Liebe in Affären ohne Alltagspartnerschaft.

Was folgt daraus für unsere Liebespraxis? Wir sollten uns an die Empfehlungen erfahrener Mehrfachliebender erinnern, die da lautet: »Übernimm Verantwortung für deine Gefühle – sie sind dein Eigentum!« Wir haben im zweiten Kapitel die Diskussion geführt, dass wir, indem wir jemand anderen für schuldig an unseren schlechten Gefühlen erklären, ihm damit eine unglaublich große, gefährliche Macht übertragen. In Phasen der Liebe wenden wir das positiv: Du bist »schuld daran«, dass ich nachts nicht mehr schlafen kann! Im Falle von Untreue ist der andere schuld, dass uns das Herz gebrochen wurde … Einspruch!

Wäre es nicht naheliegender, selber »schuld« an den eigenen Gefühlen zu sein? Wie sollte der andere sie überhaupt in uns hineinkriegen? Die Aussage »Du hast mich wütend gemacht« ist Unsinn, die Variante »Ich ärgere mich« trifft es viel, viel besser! Wir haben das am Wutausbruch von Cem im Kapitel »Monopoly« diskutiert. Der andere könnte sagen, was er will – es würde nichts nützen, wenn Cem innerlich nicht mitginge.

Übertragen auf die Liebe, heißt es: »Sie haben sich in jemanden verliebt!« Genau so, wie der Satz da steht, ist er richtig. Nur weil Sie das Gefühl der Liebe nicht bewusst hervorgerufen haben, heißt das nicht, dass Sie nicht der »Hauptschuldige« daran sind. Ja – der Geliebte mag als Katalysator eine gewaltige Hilfe sein. Doch was Sie in ihm lieben, sind auch wieder nur Sie selbst.

Stellen Sie sich vor, Sie sehen morgens besonders gut aus. Vermutlich küssen Sie dafür nicht den kalten Glasspiegel, sondern akzeptieren gelassen, dass Sie an diesem erhebenden Anblick menschlicher Schönheit »schuld sind«. Sollten Sie morgens hingegen nicht mehr wissen, wem Sie da gleich das Gesicht rasieren oder waschen sollen, sagen Sie ja auch nicht zum Spiegel, dass er lieber aus dem Bad verschwinden soll, weil er mies aussieht.

Der Geliebte ist dieser Spiegel. Falls dieser andere für Sie wie ein Sonnenstrahl in dunkler Nacht erscheint, zeigt sich Ihnen gerade im Gegenüber eine Qualität Ihres eigenen Selbst, die Sie sich scheinbar nicht zutrauen, aber gern erobern wollen. Wenn der andere uns wie der rettende Engel vorkommt, dann zeigt das wohl, wie »höllisch anstrengend« unser Leben aus dem begrenzten Ego heraus ist. Wozu brauchten wir sonst einen Engel? Was dieser engelsgleiche Eindruck des Geliebten darüber hinaus zeigt, ist, dass Sie einen Engel »erkennen«, wenn er vor Ihnen steht! Wir vermuten, dass es einen Engel braucht, um einen Engel zu erkennen … Sie tragen das irgendwie in sich!

Die Liebe, die wir empfinden, können wir zwar nicht aktiv »machen«, aber wir können uns immerhin gegen sie wehren oder aber ihr nachgehen. Wenn wir sie also zulassen, dann ist das eine Aktivität, auf die wir sozusagen stolz sein dürften. Da wir aber glauben, dass die Liebe mit und durch den anderen kommt, erheben wir ihn und vergessen unsere »Arbeit« am Geschehen. Zu lieben ist Aktion! Wir erinnern uns an die »Einbildungskraft« Novalis'? Es mag eine sehr seltsame und unpassende Reaktion sein, aber wenn Ihnen jemand gesteht: »Ich liebe dich!«, müssten Sie eigentlich sagen: »Herzlichen Glückwunsch! Wie hast du denn das gemacht?« Na ja – ausprobieren sollten Sie das vielleicht trotzdem nicht, auch wenn es der »Wahrheit« gerechter wird!

Was immer wir lieben – es geht »nur« um die Liebe!

Die begrenzte Liebe sucht den Besitz des anderen, doch die grenzenlose Liebe verlangt nichts anderes, als zu lieben.
Khalil Gibran

Was haben Briefmarkensammler, Satanisten, Eltern, Priester, Sexpartner, Liebende, Tierschutzaktivisten und Aktienanalysten gemeinsam? Sie lieben!

Es mag grotesk erscheinen, aber der Kern dessen, was all diese Menschen tun, ist Liebe. Sie lieben vollkommen unterschiedliche Dinge. Jedoch ähnelt sich in vielerlei Hinsicht das, was sie tun, und vielleicht sogar das, was sie fühlen. Wer liebt, ist am Objekt seiner Liebe interessiert, möchte ihm nah sein, möchte es pflegen und wachsen sehen, möchte es – zumindest auf geistiger Ebene – in sich aufnehmen, was tatsächlich bedeutet, dass er Aspekte seiner selbst in diesem Spiegel sehen möchte. Allerdings vermutlich vor allem deshalb, weil dieses Objekt seiner Liebe ihn Liebe fühlen lässt. Schon in seinem Buch »Die Kunst des Liebens« unterscheidet Erich Fromm die verschiedenen Arten der Liebe anhand ihres Liebesobjektes. Dieser Ansatz ist verständlich und griffig, aber wir glauben, man könnte noch einen Schritt weitergehen und sich fragen, ob die Art der Annäherung an das jeweilige Liebesobjekt wirklich so klar definiert ist, wie Erich Fromm das behauptet.

Die meisten Menschen mögen sich Gott zum Beispiel in Anbetung und Demut nähern. Es gibt aber ja auch durchaus die Möglichkeit, das als Freund zu tun, sich in Entrücktheit mit ihm eins zu fühlen oder ihm im Zorn die Faust entgegenzurecken. In Ländern wie Brasilien ist es nicht einmal unüblich, neben dem monotheistischen Christengott noch in diversen Kulten oder Religionen zu »glauben«. Hier ist man sozusagen polyamor mit einem monotheistischen Gott – ein spirituelles Monopoly also. Das alles sind sehr unterschiedliche Arten, Gott zu lieben, ihm zu begegnen.

Die Aussage Fromms, dass die erotische Liebe exklusiv sei, würde ein polyamorer Mensch sicher nicht teilen, außer in dem von uns bereits dargestellten Sinne, dass Exklusivität darin besteht, dass wir jedem Menschen immer ganz individuell begegnen. Während Erich Fromm behauptet, dass, wer sein Kind liebt, in ihm letztlich alle Kinder dieser Welt liebt, bezieht er diese Möglichkeit durchaus nicht auf die erotische Liebe. Wer eine Frau liebt, der kann in ihr und auch »neben ihr« durchaus noch alle Frauen dieser Welt lieben – praktisch gesehen, gibt es natürlich bei circa drei Milliarden weiblichen Wesen auf diesem Planeten Grenzen durch zeitliche Probleme.

Es ist dabei natürlich etwas anderes, ob der Briefmarkensammler vernarrt ist in ein seltenes Stück seiner Sammlung, oder ob der Satanist besessen ist vom Drang, »Böses« zu tun, um an die erwünschte Macht zu gelangen, von der er glaubt, sie nur über den großen, spirituellen Bösewicht erhalten zu können. Es macht einen Unterschied, ob ein Priester Gott liebt oder ein Vater sein Kind. Es ist etwas anderes, ob sich zwei Menschen verabreden, um sexuelle Phantasien zu leben, oder ob ein Liebender seiner Angebeteten gefühlvolle Gedichte schreibt. Und wenn ein Aktienanalyst das Geld verehrt, dann tut er währenddessen natürlich andere Dinge als jemand, der sich im Tierschutzbund für den Schutz von Walen einsetzt.

All das ist Liebe, aber je nach Objekt verändert die Beziehung die Art, in der sie ausgedrückt wird. Wenn Liebe ein Kind als Objekt hat, wird sich die Zuneigung hoffentlich ebenso in verspielter

Zärtlichkeit ausdrücken wie in einer klaren Orientierung. Für den Fall, dass Liebe sich auf Briefmarken bezieht, wird sich diese Liebe wahrscheinlich in stiller Betrachtung und Besitzerstolz äußern. Wer glaubt, dass Gott tot oder doch zumindest desinteressiert an seiner Schöpfung ist, und sich deshalb an seinen Exengel Luzifer wendet, der wird seltsame, zum Teil furchtbar grausame Dinge mit anderen fühlenden Wesen tun in dem Versuch, sich so abhärten und Macht erlangen zu können.

Egal, was wir aber lieben, es läuft der gleiche katalytische Prozess ab, wie im Kapitel Selbstfindung beschrieben. Wir verbinden uns auch im Falle lebloser oder ideeller Liebesobjekte mit ihrer Hilfe »nur« mit Anteilen unserer selbst. Eltern verbinden sich durch ihre Kinder mit Zärtlichkeit, Spielfreude, Offenheit und vielem mehr, während sich ein Satanist insgeheim furchtbar ohnmächtig fühlt und sich deshalb in Ritualen als ein machtvolles Wesen empfinden möchte. In beiden Fällen sind die gesteigerte Lebendigkeit und das Gefühl der Anziehung das Verlockende. Die Liebe kommt dadurch zustande, dass uns das Liebesobjekt in ganz bestimmten Aspekten komplettiert. Liebe ist die Kraft, die uns mit dem zusammenführen will, was wir zu unserer Vollkommenheit brauchen, zu einem vollkommenen Selbstbezug.

Kein Ich, kein Du, kein Wir – Liebe spirituell

Das Wahre ist das Ganze. Das Ganze aber ist nur das durch seine Entwicklung sich vollendende Wesen.
G.W.F. Hegel, »Phänomenologie des Geistes«

Da haben wir ja was angerichtet! Nun haben wir kapitellang alles dafür getan, um auch noch die Liebe zu demontieren. Da geht es zu wie im Chemielabor, da lieben wir nur uns selbst, da sind wir nicht nur sexuelle Egoisten, sondern auch emotionale, weil wir das Gefühl lieben, das der andere in uns auslöst, und nicht den Menschen.

»Wir haben uns einfach nicht mehr geliebt« ist heutzutage, wo uns keine Sachzwänge mehr zu lebenslangen Beziehungen nötigen, ein starkes Argument für eine Trennung geworden. Der Partner ist noch da, aber das Gefühl ist weg. Das ist ein wichtiger Grund für Trennungen.

Was können wir gegen so viel Egoismus tun? Das Ego einfach verschwinden lassen! Das geht? Ist längst passiert! In unserer jetzigen Leitreligion – der Wissenschaft – ist das noch ein relativ neues Phänomen. In den übrigen Religionen ist es hingegen ein uralter Hut. Die Wahrheit großer Wissenschaftler deckt sich heutzutage mehr und mehr mit dem, was die Mystiker dieser Welt uns zu vermitteln suchten. Wenn wir zum Beispiel den Einsichten Albert Einsteins lauschen, hören wir Folgendes: »Ein menschliches Wesen ist Teil des Ganzen, genannt ›Universum‹, begrenzt in Raum und Zeit. Es erfährt sich selbst, seine Gedanken und Gefühle als etwas, das von dem Rest getrennt ist, eine Art von optischer Täuschung seines Bewusstseins. Diese Täuschung ist eine Art Gefängnis für uns, das uns auf unsere persönlichen Wünsche und Einwirkungen einiger weniger Personen in unserer näheren Umgebung beschränkt. Unsere Aufgabe muss es sein, uns aus diesem Gefängnis zu befreien durch Ausdehnung unseres Mitleids auf alle lebenden Kreaturen und der ganzen Natur in ihrer Schönheit!«

Moment mal! Unser Bewusstsein unterliegt einer optischen Täuschung, wenn es sich vom Rest getrennt fühlt? Ein Wissenschaftler ruft zum Mitgefühl auf? Ja – scheint so. Das Bewusstsein ist kein Problem, wohl aber die Trennung. Erinnern wir uns kurz daran, wie sich unser Ich-Bewusstsein ausbildet, an den Rausschmiss aus dem Paradies, und nennen dieses Ego Lukas:

Ein Kind kommt mit einem völlig undifferenzierten, offenen Bewusstsein auf die Welt. Nun lächelt Mama viel, also speichern wir: Welt? Dasein? Schöne Sache! Wenn Mama ängstlicher Natur ist, dann lernen wir: Vorsicht – man kann nie wissen! Aus dem Chaos der Wahrnehmungen arbeiten sich immer mehr Objekte heraus, durch Begreifen mit den Händen, dem Mund und anderen Sinnen. Die Eltern verwenden immer dieselben Laute, wenn ähnliche Reize auftauchen. Wenn der seltsame Brustersatz mit den geschwungenen Linien kommt, den man für Stunden benuckeln soll, heißt das Schnulli – immer wieder Schnulli! Aha! Gut – das ist also ein Schnulli! Und es hagelt Botschaften: Lukas, mein Schatz! Lukas, du süßer Racker… Immer deutet dabei alles in die gleiche Richtung und immer verbunden mit Lukas, Lukas, Lukas. Da, wo die Aufmerksamkeit hingeht, geht auch die Energie hin. Im Bewusstsein bildet sich entsprechend mit großer Anstrengung »ein Lukas« aus. Es gibt nach und nach ein Empfinden davon, was mit diesem Lukas gemeint sein könnte. Es muss was mit diesem Körper zu tun haben – da scheint dieser Lukas zu wohnen. Bald darauf wird gelobt oder getadelt, und es kommt zu einem Trommelfeuer von Zuweisungen: Du bist ein guter Junge … das hast du brav aufgegessen … du bist ein liebes Kind. Resümee: gut, brav, lieb. Immer im Zusammenhang mit diesem Lukas! Dieses Lukas-Bewusstsein hat aber auch noch sehr viel mehr zu bieten, nur wird das nicht so oft kommentiert wie das Liebe, Brave, Gute! Also hat das Treten nach der Mama, das Teller-Runterwerfen nicht so viel mit Lukas zu tun. Im Gegenteil kommt es da zu höchst unerwünschten Reaktionen der Außenwelt: laute Stimmen und unpassende Botschaften wie böser Lukas. Also lassen wir das besser … »vergessen wir das einfach«.

So lernt Lukas sich sein Ich einzubilden, weil er wahrhaftig bombardiert wird mit Anweisungen. Sie helfen ihm, ein Konzept für seine Persönlichkeit zusammenzusetzen, die es ihm später ermöglichen wird, mit anderen auf Augenhöhe zu kommunizieren. Alle haben ein Ich – dann brauch »ich« wohl auch eines. Ichs sind praktisch, man kann ihnen Kleider anziehen, sie füttern, waschen, knuddeln, mit ihnen schimpfen. Nur sind sie letztlich frei erfunden. Trotzdem sind sie wie Schneebälle, die zu Tale kullern und dabei mit jeder Umdrehung mehr und mehr zunehmen. Wir alle kennen Egos, unter denen man lawinenartig begraben zu werden scheint. Unser Ego ist eine Auswahl aus dem riesigen Universum von Verhaltensweisen, Gefühlen und Impulsen, die sich in so einem Bewusstsein herumtreiben. Und dann kommt der Jägerzaun drum herum, Klingelschild dran und fertig! Da bin ich! Man könnte auch sagen: Ich denke, und so bin ich! Ohne Denken fallen wir nämlich wieder auf eine Stufe der kindlich-frischen Wahrnehmung zurück, die uns der Mann aus Nazareth so empfohlen hatte. »Werdet wie die Kinder« meint vermutlich nicht, dass wir zum Schnuller greifen und uns wieder ins Höschen machen sollen, sondern zielt auf ein Ablegen der konzeptuellen Wahrnehmung.

Wenn wir »selbst-vergessen« in einen Sonnenuntergang blicken, dann ist da für einen Augenblick kein Lukas mehr. Da ist Sitzen, Schauen, Wärme, Wohlbefinden. Ansonsten herrscht in unserem Verstand eine ständige Wiederholung uralter Gedanken. Wenn Sie sich ganz genau beobachten, dann werden Sie feststellen, dass unser wundervolles konzeptuelles Denken kaum dazu genutzt wird, etwas Interessantes zu vollbringen. Wir denken hauptsächlich Tag für Tag den gleichen alten Käse. Je nach Selbstkonzept glauben wir dann, dass der Chef uns hasst, dass die Welt einfach ungerecht ist und wir viel zu wenig Geld verdienen oder dass wir die Größten sind, die je unter Gottes Sonne wandelten. Das alles sind nur dezent veränderte Sprechblasen unserer Kindheit, die den Text wie ein Souffleur vorgeben, der »das Stück am Laufen hält«. Durch das, was wir dann machen – uns mit dem Chef streiten zum Beispiel –, bekommen wir immer wieder passende »neue« Botschaften der Außenwelt, die natürlich die gleichen sind wie seit eh und je! Auf diese Weise verlieren wir immer mehr den Kontakt zu all dem, was in unserer Kindheit nicht in unserem Ich-Konzept gelandet ist. Es ist aber noch da – als reine Möglichkeit oder als ständig klopfende Erkenntnis ganz anderer, verneinter Teile unseres Selbst.

Deshalb müssen wir uns immer wieder erneut wehren gegen das, was in unserem Selbst ist, was aber nicht zu unserem Ich zu passen scheint. Wir tun das genauso, wie wir uns gegenüber der Außenwelt entscheiden, ob es uns guttun wird, den zähnefletschenden Hund zu streicheln oder das köstlich duftende Essen zu uns zu nehmen. Unser eigenes Selbst ist uns aus Sicht des Egos genauso fremd, weil es eben ein »Nicht-Ich« ist, als wäre es ein Mann vom Mars. Aber wir fühlen auch, dass »Person« meint, da töne etwas durch etwas anderes hindurch (»per« heißt durch, »sonare« tönen), oder dass unser Ich nur eine Maske ist (»persona« heißt Maske auf Lateinisch), hinter der etwas ganz anderes steckt. Eine Maske ist ein gefrorener Gesichtsausdruck. Ein lebendiges Gesicht verändert sich hingegen ständig. Es ist viel praktischer zu wissen, wer wir sind, als es permanent neu herauszufinden. Die anderen Bewusstseine finden es scheinbar auch viel besser, wenn man nicht blöd herumspringt zwischen A und B. So kehrt Ruhe ein.

Trotzdem ist unser Ich nur eine willkürlich in unserer Kindheit getroffene Ansammlung von Möglichkeiten, zu sein, die miteinander wieder und wieder verbunden wurden: Brav, lieb, gut! Passt zusammen. Passt nicht zusammen mit egoistisch. Passt nicht zusammen mit wild und unberechenbar … Halten wir die Füße still, sonst fliegt uns das Konzept um die Ohren, und wir wissen nicht mehr, wer wir sind. Das passiert Psychotikern! Sie finden sich selbst nicht mehr, ihr Ich-Konzept bröselt auseinander. Sie sind verrückt.

Das sind die Mystiker auch – sie sind es immer gewesen. Und nun fangen auch noch unsere Priester der Vernunft mit diesem Quatschkram an! Glauben Sie nicht? Doch, doch. Der Buddha stellte schon vor 2600 Jahren fest, dass man die Dinge gar nicht »in sich finden kann«, wenn man genauer hinschaut. Diesen Aspekt der Realität nannte er Leerheit – ein Begriff, der für viele Missverständnisse gesorgt hat. Ein anderer Begriff war das sogenannte abhängige Entstehen, das zeigt, dass alles im Universum auf direktem oder indirektem Wege miteinander verbunden ist. Die Physik hat inzwischen das Gleiche herausgefunden. Wir lassen an dieser Stelle Professor Harald Lesch, den brillanten Vermittler wissenschaftlicher Erkenntnisse, aus einem Interview auf der Seite www.br-online.de zu Wort kommen. Er moderiert die großartige Sendung »Alpha Centauri« und erklärt das Problem mit der Leerheit und dem abhängigen Entstehen (er nennt es anders) so:

»Wir nehmen eine Flasche Cognac. Der Physiker hat jetzt zwei

Möglichkeiten: Entweder er trinkt einen Schluck, oder er beginnt damit, in diesen Cognac mit Experimenten einzudringen. Er stellt natürlich fest: Da sind Moleküle drin. Er bricht sie auf und findet Atome. Dann bricht er die Atomkerne auf, bricht die Quarks auf und bricht auf und auf und auf, und am Ende landet er im Nichts. Und dann fragt er sich: Wieso kann mich eine Flasche Cognac überhaupt besoffen machen, wenn da im Grunde genommen nichts drin ist? Da liegt nämlich der Hase im Pfeffer – dass alles, was wir beobachten, nicht die Summe seiner Teile ist, sondern mehr. Viel mehr! Dieser Satz stammt von Aristoteles, der darauf hingewiesen hat, dass es Verbindungen gibt. Ein Verständnis der Natur hat immer etwas damit zu tun, diese Verbindungen zwischen verschiedenen Teilen kennenzulernen. Das ist das Problem. Wir Physiker neigen ja sehr stark zum Reduzieren … aber ich glaube, je mehr wir reduzieren, umso weniger werden wir die Welt verstehen, denn ein Verständnis für die Welt kriegt man nur dann, wenn man das eine tut, ohne das andere zu lassen.«

Das Gleiche können wir »rückwirkend« mit unserem Ich tun. Oder wir können es die Liebe tun lassen! Sie ist *die* Verbindung zwischen allem! Sie demontiert unser Ego, weil sie uns an das erinnert, was durch die Maske unserer Person auf die Welt blickt und vorurteilslos wahrnimmt. Wir tragen Verantwortung für das, was sich innerhalb der Grenzen unseres Egos befindet, aber auch für das, was sich als ungenutztes Potenzial in unserer inneren und äußeren Umwelt befindet. Wir können uns mit lang vergessen geglaubten Gefühlen verbinden und mit entscheiden, mit welchen anderen »Selbsten« wir einen Informationsaustausch vornehmen wollen. In diesem Licht betrachtet, sind wir die Hüter unseres Hierseins. Wir pflegen unser eigenes Wachstum zu mehr und mehr Differenzierung und innerer Komplexität, so als ob unsere Egos kleine Gewächshäuser wären, in denen wir die Früchte unseres Seins züchten. In jeder Parzelle wächst etwas anderes, und wir können theoretisch wild durcheinanderkreuzen, was es an Seinsweisen gibt, bis unser inneres Leben so opulent aussieht wie die hängenden Gärten der Semiramis in Babylon! Allerdings sollten wir uns nicht zu viel zumuten. Selbst die Extremisten unter den offen Liebenden, die Polys, brauchen Sicherheitsvorschriften und Grenzen, damit sie und ihre Partnerschaften so viel Beziehungswildwuchs verkraften können.

Nichtsdestotrotz scheint die Liebe uns tatsächlich zur Ganzheit führen zu wollen. Auch da verschränken sich Psychologie, Physik und Spiritualität – wenn wir das aushalten! Im Wort heilig steckt das Wort heil. Was ist heil? Was nicht kaputt ist. Was ist nicht kaputt? Das, was ganz ist, also nicht gebrochen oder unterteilt! Der Klischeeheilige, der weise alte Mann, ist in dem Maße heilig, in dem er sich selbst »integriert« hat. Je kleiner und enger die Grenzen unseres Egos uns gegen anderes von »außen« abschirmen, desto süchtiger sind wir nach dem, was wir lieben, und desto weniger vielfältig können wir sein.

Man könnte sagen, dass die Liebe uns dazu bringt, nach Informationen zu suchen, nach guten Genen für die Gärten unseres Hierseins. Lassen wir kurz wieder einen Physiker zu Wort kommen, der uns die Quantenphysik extrem komprimiert darzustellen weiß.

Carl Friedrich von Weizsäcker wiederholt in seinem Vorwort im Buch des Dalai-Lama (!) »Brücken zur Klarheit« zum einen, was Harald Lesch sagte. Er drückt es auf eine andere Art aus, wenn er über den Holismus spricht (gr. »holon« heißt das Ganze): »Holismus bedeutet, dass die Wirklichkeit eigentlich nur im jeweils Ganzen gegeben ist. Zum Beispiel sagen wir, das Wasserstoffatom bestehe aus einem Proton und einem Elektron, die seine Teile bilden. Das ist ungenau ausgedrückt. In Wahrheit muss man sagen: Das Wasserstoffatom ist nicht aus diesen Teilen aufgebaut, sondern diese Teile sind nur die Produkte, die übrig bleiben, wenn man es zerstört!«[34]

Hallo! Wie wäre es denn dann, wenn alles, was wir als Objekt wahrnehmen, nur Teil eines größeren Ganzen wäre? Dann wären wir wirklich mittendrin in der »schlimmst denkbaren Esoterik«. Vielleicht sind wir Menschen jeweils die Überbleibsel eines zerstörten Weltganzen, einer Einheit namens Liebe? Die Liebe ist der Ruf des Holon, des Ganzen, wieder ein lebendiger Aspekt von etwas viel Größerem zu sein. Sie sind ein Splitter zerborstener, kosmischer Liebe mit Teilamnesie – wie wäre es denn mit dieser Art von »Egoismus«?

Der andere Aspekt der Quantentheorie bezieht sich auf den Aspekt der Information: »Die Quantentheorie ... macht nicht den Unterschied zwischen einer denkenden und einer ausgedehnten Substanz ... ihr eigentliches Thema ist ... die Information. Information kann man als ein Maß der Menge von Gestalt definieren.«[35] Ein weiterer Schlag gegen unser Leben aus dem Einmachglas des Egos. Es bestätigt, was wir oben beschrieben haben. Information bedeutet Unterschiedsbildung, bedeutet Komplexitätszunahme, und die muss man verkraftet, verarbeitet, integriert bekommen. In einer monogamen Beziehung ist die Komplexität zunächst überschaubar. Wer offener liebt, schafft mit den neuen Partnern auch einen gewaltigen Zuwachs an Komplexität. Ebendiesen scheinen wir auch unbewusst zu suchen, wenn wir untreu werden. Wir suchen das andere, um es zu begreifen, um durch es an Komplexität zuzunehmen – als ob wir den Gencode unseres Hierseins mit weiteren Informationen anreichern wollten. Tiere gehen deshalb fremd. Sie shoppen für gute Gene, damit die Nachkommenschaft in der Evolution auf den besseren Plätzen zu sitzen kommt. Wir tun es für die Evolution unseres »Innenlebens«.

»Dies mag dann als Gestalt von Materie oder als seelische Gestalt auftreten, es kann sich im Raum darstellen, oder es kann sich seelisch darstellen, aber das Zentrale dabei ist einfach die Menge an unterscheidbarer Gestalt.«[36] Sie sehen selbst, die Quantentheorie macht auch keine Unterscheidung mehr zwischen Innen und Außen, zwischen Materie und Bewusstsein! Da sind wir beim Zen-Meister Djing Tjing angelangt, der sagt: »Ich bin der Klang der Regentropfen!«

Hört sich seltsam an, aber das kann man genau so empfinden – auch wenn man verliebt ist, denn dann verschmelzen wir mit der Schöpfung. Wir fühlen die Verbindungen zu allem anderen Dasein, und je stärker wir sie fühlen, desto lebendiger werden wir, desto sinn(en)voller wird das Leben uns erscheinen. Unser Ego reduziert die Komplexität unserer sogenannten Innenwelt, genau wie die Monogamie die Komplexität der möglichen Beziehungswelten reduziert. Die Liebe ist gewissermaßen die Gegenkraft, die sich nicht mit »unterkomplexen Lösungen« zufriedengibt.

Wenn wir das alles so sehen, dann hat uns Gott nie rausgeworfen! Adam und Eva sitzen immer noch mitten im Paradies, und der Apfel war kein Apfel der Erkenntnis, sondern ein Früchtchen der Verblödung – buddhistisch Verblendung genannt! Die tiefste Sünde der Menschheitsgeschichte war eine Art Drogenexperiment Gottes, der Apfel eine Bewusstseinstrübung, die uns glauben ließ, dass wir von der Natur und voneinander getrennt seien. Wir haben das Ego erfunden. Vielleicht wollten wir etwas zum Spielen haben, so wie sich heute die Leute als Kunstfiguren in Onlineforen erfinden, um dann in einer rein virtuellen Realität miteinander zu kämpfen, obwohl sie beste Freunde sind und gerade lachend miteinander Chips essen? Zuvor waren Adam und Eva – Lilith sowieso – nackt, hatten Sex, aber kein Problem damit. Natürlich gab es ihre Körper, aber die waren kein Grund, sich darin isoliert zu fühlen. Offensichtlich fühlten »wir« damals wie Kinder. Wir waren eins mit unserer Umwelt, denn wir waren eins mit unserer Wahrnehmung von ihr.

Die Wahrnehmung, die Brille, durch die wir schauen, entscheidet über das, was wir in der Welt sehen! Wer schon einmal eine gelb getönte Brille getragen hat, der weiß, was für einen Unterschied es macht, wenn wir sie wieder absetzen. Leider können wir die Sichtweise unseres Egos nicht ganz so einfach absetzen wie eine Brille. Mit gelben Gläsern vor den Augen gibt es Farbtöne, die wir kaum noch sehen können, andere werden stark hervorgehoben. Das Sonnenlicht enthält das gelbe Spektrum genauso wie alle anderen für uns sichtbaren Farben. Darüber hinaus enthält es noch vollkommen unsichtbare Anteile. Wenn die Farben einmal ausdifferenziert sind, dann gibt es trotzdem noch eine Möglichkeit, wieder zum neutralen Weiß zurückzukommen, das alles andere enthält. Wer die Spektralfarben auf einen Kreisel malt und diesen schnell dreht, bekommt in der Wahrnehmung ebenso

Weiß zu sehen wie jemand, der entsprechend farbige Lampen auf einen Punkt ausrichtet. Dieses Mischlicht ist dann wieder weiß.

Ähnlich vereinigt Liebe unsere innere/äußere Vielfarbigkeit wieder zu einer Ganzheit. Manche würden sagen, dass sie eine Art göttliches Licht ist, das von außen auf die Kirchenfenster unseres zum Heiligtum erhobenen Egos scheint, die es dann in viele verschiedene, bunte Lichterfarben brechen. Und wenn unser Ego, unsere Person etwas ist, durch das etwas anderes »hindurchtönt«, ist dies sicherlich unsere wahre Natur – dann wären wir im tiefsten Kern Liebe. Im anderen Bild bleibend, könnte man sagen, die Liebe in uns dreht ab und zu den farbigen Kreisel – vielleicht macht sie unser Ego deshalb so oft schwindelig?

Rosarot und Alltagsgrau – die Brillen, die wir tragen

Wir sehen die Welt nicht, wie sie ist,
sondern wir sehen die Welt, wie wir sind!
Eckhart Tolle

»Nie zuvor war die Straße so straßenhaft, nie die Geschäfte solch vollkommene Geschäfte, noch der Winterhimmel solch unbeschreiblich gestirnter Himmel gewesen. Freude sprudelte gleich einem frischen Quell in mir auf ... So etwas wie ein ›Problem‹ gab es nicht.«[37]

Was wir hier lesen, ist nicht das Schwärmen eines Verliebten, sondern das Erleuchtungserlebnis von Frau D. K., einer kanadischen Hausfrau, aus dem Klassiker »Die drei Pfeiler des Zen«. Es hört sich aber verdammt ähnlich an, oder? Die Welt ist taufrisch, alles wirkt leicht und beschwingt, beseelt und lebendig. Frau D. K. ist schlicht in einem anderen Seinsmodus.

Das Gleiche sagt man über Verliebte. Doch mit einem anderen Unterton – vielleicht ein bisschen neidisch, aber völlig abgeklärt natürlich: Liebe macht blind!

Tut sie das wirklich? Wir sind uns da nicht so sicher! Liebe macht manche Menschen blind – ganz klar –, aber wofür? Gewiss für die viel »realeren« Schattenseiten des Lebens und des Geliebten! Erinnern wir uns an die kühl-analytischen Beschreibungen, die der große Romantiker Novalis von seiner weit über den Tod hinaus geliebten Sophie gab, so wird es schwierig, ihn der Blindheit anzuklagen. Novalis war kein gewöhnlicher Liebender, das haben wir bereits gesehen. Er wollte willentlich und bewusst die Welt, wie er sie wahrnahm, durch seine Einbildungskraft verändern, was bedeutet, dass er an der Interpretation dieser Welt ansetzen musste. Die Welt ist nämlich nicht, wie sie ist, sondern wie wir sie sehen. Novalis wollte sich die Freiheit erarbeiten, die Welt durch seine Wahrnehmung in dieser oder einer anderen Weise sehen zu können.

Verlieben wir »Normalos« uns, sieht es tatsächlich mitunter anders aus. Wir sind unerreichbar für das Alltagsgrau, das uns wie unsere Freunde und Bekannten normalerweise einhüllt. Verliebte schwelgen in der Schönheit der Welt, die sie wahrnehmen, weil ihnen der jeweils andere dabei hilft, sich an die eigentliche Natur zu erinnern. Das passiert nicht dadurch, dass der Partner alles Potenzial auf einmal in uns wachruft, sondern dass er – um im Bild der Farben zu bleiben – seine Farbe mit unserer mischt und etwas vollkommen Unerwartetes dabei herauskommt. Beim Mischen von Gelb und Rot entsteht etwas qualitativ Neues. Wir erinnern uns: Die Verbindungen sind das Wesentliche, nicht die Teile, die übrig bleiben, nachdem eine Ganzheit zerstört wurde.

Wir werden in den seltensten Fällen mit unserem Geliebten ein reines, allumfassendes Weiß erschaffen. Aber sich überhaupt »verfärben« zu können ist eine Sensation, weil wir sonst auf ein eindeutig festgelegtes Ich trainiert sind. Die eigene Beweglichkeit zu erleben bedeutet, mit der Kraft der Veränderung in Kontakt zu kommen, und das beflügelt ganz eindeutig.

Wir könnten das Phänomen mit der rosaroten Brille der Verliebten in diesem Rahmen betrachten. Sie sehen über die Schattenseiten des jeweils anderen hinweg, weil sie in der Phase der Verliebtheit vorübergehend verlernen, den Partner als festgelegt wahrzunehmen. Da ist nur das Gefühl für ein unendliches Potenzial – und das stimmt eigentlich. Was zwei Menschen in der Bewegung aufeinander zu in sich und im anderen zum Leben erwecken können, kann gigantisch sein. Das beschreibt die qualitative Potenzierung von Novalis. Zwei Menschen sind im Fluss und vergessen deshalb, wie die Welt aussieht, sobald man sich irgendwann wieder im Ego »festsetzt«. Wenn der eine auf seinem Rot beharrt und der andere auf seinem Gelb. Sehr schnell wird das schöne Orange vergessen, das zwischen ihnen entstanden ist. Damit steht wieder das Ich im Mittelpunkt, und der andere wird als sein Zulieferer empfunden, der dieses Ich nähren soll … diese Illusion! Damit das gelingt, braucht es vor allem die Ähnlichkeit der Partner, denn diese garantiert eine gewisse Bewegungsarmut für das Ich!

Wie gesagt: Ichs sind absolut praktisch und in einer Welt, die davon wimmelt, auch lebensnotwendig! Trotzdem sehen Ichs nur ihresgleichen, das heißt, aus der Warte eines Egos sehen wir die Welt nur in »kaputtem«, lieb-losem, also zergliedertem Zustand. Wer liebt, flirtet mit seinem unbegrenzten Selbst und lebt und fühlt in Verbindungen, nicht in Objekten. Übrigens gilt das mit dem Idealisieren des Partners, also dem Blindsein gegenüber seinen »Schattenseiten«, nicht nur für Menschen, die sich gerade erst kennengelernt haben und noch gar nichts voneinander wissen können. Da machen viele Kritiker der rosaroten Brille einen Denkfehler. Wer sich nämlich in seinen langjährigen Partner erneut verliebt (auch das ist in unseren Paarberatungen schon passiert!), der weiß intellektuell, wie »doof« der andere sein kann. Trotzdem wird der alte Partner in neuem Glanz erstrahlen. Das liegt übrigens daran, dass ein Schatten überhaupt keine echte Existenz hat, sondern nur die Abwesenheit von Licht ist. Wo aber zwei Menschen gerade ihr Licht mischen, da können sie keinen Schatten sehen, da gibt es einfach – vorübergehend – keine Schatten mehr!

Wer hat nun recht mit seiner Brille? Die Alltagsgrauen oder die Rosaroten? Keiner und beide! Wer in seiner Verliebtheit lebt, der empfindet das Potenzial seiner Verbindung viel intensiver als das Objekt, das sein Partner auf einer anderen Wahrnehmungsebene sein kann. Umgekehrt sieht man durch die alltagsgrauen Brillengläser voneinander isolierte Objekte, und die haben nur sehr wenig Potenzial, zusammenzupassen. Man nimmt hier Trennendes, dort Verbindendes wahr. Auch in diesem Zusammenhang ist erkennbar, dass wir letztlich immer nur »uns selber« sehen. Sind wir getrennt von allem anderen, sehen wir dies als Objekt. Schwingen wir in einer Verbindung, sehen wir Möglichkeiten, dann »schweben wir im Möglichen«.

Nur wenige können die Brillengläser willentlich wechseln wie Novalis und seine Mitstreiter für eine von Möglichkeiten beseelte Welt der Wahrnehmung. In einer Kultur, die von der Vernunft ausgeht, ist festgeschrieben, welche Brille die wahre Welt, also klar umrissene Objekte, zeigt. Ob es nützlich ist, in bunter oder grauer Weise wahrzunehmen, steht gar nicht zur Debatte, weil man im Allgemeinen an die Eindeutigkeit glaubt, die es in dieser Ausschließlichkeit gar nicht gibt. Da nun die Hohepriester der Vernünftigen – also die Wissenschaftler – langsam so zu denken beginnen wie von Weizsäcker oder Lesch und damit die Verbindungen mehr betonen als die Objekte, besteht durchaus Hoffnung für eine Versöhnung der Rosaroten und der Alltagsgrauen!

Wenn du es nicht besiegen kannst – verbünde dich damit

Es ist Unsinn sagt die Vernunft
Es ist was es ist sagt die Liebe
Es ist Unglück sagt die Berechnung
Es ist nichts als Schmerz sagt die Angst
Es ist aussichtslos sagt die Einsicht
Es ist was es ist sagt die Liebe
Es ist lächerlich sagt der Stolz
Es ist leichtsinnig sagt die Vorsicht
Es ist unmöglich sagt die Erfahrung
Es ist was es ist sagt die Liebe
Erich Fried

Carol ist völlig am Ende! Er war der Mann, der alles zum Einsturz brachte: ihr Selbstkonzept als selbstsichere, moderne Frau, ihre

Auffassung von Sexualität – handwarm und schön, aber nichts Weltbewegendes – und ihre Vorstellung von Treue und Liebe. Denn sie lebte in einer offenen Beziehung mit ihrem Mann Charles, und diese hatte schon so manche Stürme mit anderen im Außen überstanden. Als sie Leon traf, war das für sie wie ein blendendes Licht, das sie für alles andere erblinden ließ, für ihren geliebten Mann, ihren Sohn Luca aus erster Ehe und auch ihre Tochter Gwen. Hätte Leon gesagt: »Komm mit mir«, sie wäre wie eine Schlafwandlerin hinter ihm hergelaufen und hätte zur Not in einem Iglu in Grönland den Rest ihres Leben damit verbracht, Robbenspeck zu essen, solange Leon seine warmen Hände nur jede Nacht unter dem Rentierfell über ihren nackten Körper gleiten ließe! Sie fühlte sich fast hörig. Es schmerzte sie, aber in ihrer telefonischen Beratung gab sie unumwunden zu, dass Sex durch Leon so etwas wie ein Mysterium, eine Offenbarung, etwas wirklich Göttliches bekommen hätte. War sie früher eine Pragmatikerin und Realistin gewesen, fand sie sich jetzt wieder, wie sie nachts neben Charles unter der Decke lag und es sich selber machen musste, um nicht vor innerer Hitze zu verglühen. Ihre Abmachung war seit jeher, nicht mehr als drei Abende pro Woche »auswärts zu essen«, wie sie es nannten. Wenn diese drei Nächte verbraucht waren, fühlte sie sich für den Rest der Woche auf Entzug. Charles war ein wirklich liebevoller Partner, er war gut im Bett – damit hatte es nichts zu tun –, aber Leon war eine völlig andere Kategorie. Er selbst war gar nicht so unglaublich besonders, aber die Energie, die zwischen ihnen hin und her »fritzelte«, war pure Magie. Nie hatte sich Haut so angefühlt, nie hatte sie einen Mann so in sich gespürt, nie hatte sie sich so gefühlt, als würde sie ein Mann wirklich lieben, wie in einer Meditation, so »als zervögelte er alle Schutzschirme« in ihr, um sie »ganz für Gott zu öffnen«.

Als Leon ausreisen musste, starb etwas in ihr. Hatte sie vorher den Sex mit Charles wenigstens noch als »nett« erlebt und sich dabei schon furchtbar schuldig gefühlt, war sie nun in seinen Händen wie taub, weil alles in ihrem Körper nur nach Leon schrie!

Carol kam in die Beratung, als sie in eine schwere Depression abzurutschen drohte. Das Setting am Telefon war nicht ideal, aber es war wenigstens möglich, sich über das Unglaubliche zu unterhalten. Es wurde dadurch zunächst nicht besser, sondern eher peinigender, weil nun der Schmerz wieder fühlbar wurde, aber das war allemal besser, als innerlich abzusterben. Es war eine tiefe, große Liebe, und sie konnte nicht mehr gelebt werden. Nie wieder, wie es aussah. Und es war so unfair gegenüber ihrer Familie! Charles liebte sie mit einer positiven Treue aus ganzem Herzen weiter! Er bekam gar nichts mehr von ihr zurück. Er hatte eine tief trauernde Frau, selbst das alltägliche Pflichtenallerlei blieb hauptsächlich an ihm hängen. Sex? Fehlanzeige! Die beiden gingen durch die Hölle – eine Hölle des langsamen Ausgezehrt-Werdens, keine heißen Flammen, die man hätte löschen, kein Gegner, mit dem man hätte kämpfen können.

Liebe, ganz besonders wenn sie unerwidert bleibt, kann grausam sein für unser Ich. Wenn es uns richtig erwischt, sie uns überrollt wie ein kosmischer Güterzug, für den unser Ego nur ein Schmierfleck auf der Scheibe ist, dann ist die Ekstase ebenso groß wie die Agonie. Viele fühlen sich unter solchen Umständen wie ein Nachtfalter, der in dem Wissen, dass es irgendwann seinen Tod bedeutet, den Tanz um das lodernde Feuer nicht lassen kann. Manche beschreiben es auch als ein Verbrennen von innen heraus.

Man benimmt sich wie ein Idiot, wie ein Süchtiger, man ist dem Menschen, der man vorher war, nicht einmal mehr annähernd ähnlich, die beruflichen Leistungen gehen merklich in die Knie – es sei denn, man ist vielleicht Autor für Liebesromane und kann so seinen Gefühlen Ausdruck verleihen, bevor einem das Herz platzt. Im Falle einer Mehrfachliebe verschwinden die anderen Partner für eine nennenswerte Zeit lang bedenklich aus dem Blickfeld.

Natürlich trifft das auch für all die anderen »Schrecklichkeiten« zu, die wir durch die Liebe erleben müssen.

Die Band Glashaus brachte es mit ihrem Hit auf den Punkt: »Wenn das Liebe ist, was, was, was ist dann Hass?«, und es ist wahrscheinlich kein Zufall, dass das dazugehörige Video in einer Kirche beginnt und endet. Liebe kann sich anfühlen wie eine göttliche Prüfung, so als ob unser Glauben an das Leben getestet wird. Die Liebe zerlegt unser Ego, führt es vor, chaotisiert unser Leben und scheint zu machen, was sie will. Wer so liebt, fast muss man sagen, wer so lieben muss, der spürt, dass Liebe ein Kind der Freiheit ist, denn »sie ist so frei« und macht, was sie will, ohne sich um uns zu scheren.

Wenn der Schmerz und die Orientierungslosigkeit solche Menschen in eine Beratung treiben, fragen sie oft mit einer Art Verschwörermiene: »Haben Sie schon mal wirklich geliebt?«, weil sie vermuten, dass ihr Gegenüber nicht mal ansatzweise verstehen kann, worüber sie reden, wenn es nicht zu den »Eingeweihten« gehört. Solche Menschen sind anders, wenn sie vor uns sitzen, und wer es als Berater nicht selbst erlebt hat, sollte nicht professionell nicken und etwas vorgaukeln, was nicht ist. Es hat etwas Erhabenes, aber es wird auch deutlich, wie tief die Verletzungen reichen. Es wäre hoffnungslos, nun herumzuklügeln. So wie Menschen, die ein Nahtoderlebnis hatten oder über spirituelle Dimensionen reden, verlässt eine solche Beratung den üblichen Rahmen. Etliche Tricks haben die Freunde schon probiert. Man führt sich vor Augen, was für eine Last man los ist, welche Freiheiten es nun wieder gibt, sagt, dass andere Mütter auch schöne Söhne oder Töchter haben, redet schlecht über den anderen, listet seine Fehler auf, lenkt sich ab etc. Das aber ist etwa so wirksam, wie einen Grindwal mit Zahnstochern harpunieren zu wollen, um ihn dann mit einem Schweizer Taschenmesser zu zerlegen und auf einem Surfbrett an Land zu bringen – es ist ebenso lächerlich wie hoffnungslos. Es ist der verzweifelte Versuch, sich vorzugaukeln, dass Kontrolle möglich sei und der Alltag nur ein paar Schritte entfernt.

Wir glauben, dass Liebe uns immer erheben will und dass alles Leiden aus der Gegenwehr unseres Egos erwächst – aber dieses Wissen ist nicht leicht in irgendeiner Form praktisch umzusetzen. Wir glauben, dass es hilfreichere Einstellungen gibt und weniger hilfreiche. Lösungen gibt es sowieso keine, und Techniken versagen hoffnungslos. Falls es überhaupt etwas gibt, das helfen könnte, dann ein mentaler Salto, ein kleiner Trick – aber mit gewaltiger Tragweite.

Wenn es unser Ich ist, das da angesichts der Liebe wie eine

Mücke auf der Scheibe einer Boeing zerschellt, weil es versucht, sich ihr entgegenzuwerfen, so sollten wir uns fragen, ob es an der Boeing liegt oder an unserem Ego, wenn wir den Kampf gegen die Liebe immer wieder zu verlieren scheinen. Wir haben gesehen, dass wir nur deshalb lieben, weil es sich so gut anfühlt, sogar besser noch als unsere Sicherheit. Wir haben gesehen, dass Liebe in uns passiert und nicht im mysteriösen anderen und dass sie die Kraft ist, die zu unserer eigenen Ganzheit führt. Wir haben gesehen, dass wir sogar trotzig weiterlieben können, wenn unsere Liebe nicht erwidert wird. Wir haben gesehen, dass Liebe womöglich genauso wahre Dinge zeigt wie die Brille, die wir alltags tragen, und wir haben gesehen, dass es überhaupt kein Ich gibt, das da in Stücke gerissen werden kann.

Was würde also passieren, wenn die Mücke einsteigt in die Boeing und sich tragen ließe? So schnell wäre sie noch nie geflogen! Unser Ego richtet sein Fähnchen sowieso gern nach dem Wind, nur meistens sind das Lüftchen, die uns nicht an erhebende Orte tragen. Den Dresscode einer Party zu beachten oder Prada zu tragen, damit man nicht dumm auffällt, ist eine Art der Anpassungsleistung, sich der Liebe zu ergeben eine andere! Genau das empfehlen wir all jenen, die die Sache mit der Liebe in ihrem Leben wirklich angehen wollen!

Philophilia – die Liebesliebe!

Liebe ist die Sehnsucht nach der Ganzheit,
und das Streben nach der Ganzheit wird Liebe genannt.
Platon

Wie geht es Carol? Haben sie und Charles ihre ganz persönliche Hölle überlebt? Ja – sie haben! Carol fasste ihr vorläufiges Endergebnis in Sachen Leon nach einigen Beratungssitzungen so zusammen: »Ich hatte die Ehre, einer fast schon übermenschlichen Liebe zu begegnen, von ihr verwundet zu werden und sie dank einer anderen Liebe zu überleben. Die Narbe auf meinem Herzen empfinde ich jetzt als Ehrenmal. Manchmal schmerzt sie wie eine alte Kriegsverletzung, aber die warme, gütige Liebe von Charles ist immer da, und vor allem ist noch so viel Liebe in mir selbst. Dies sind wohl die beiden Männer meines Lebens. Ich werde beide in Ehren halten, jeden auf die Weise, wie es ihm gebührt. Ich weiß, ich bin wirklich der Liebe begegnet … wie viele Menschen können das von sich behaupten?«

Carol hat innerlich eine starke Wandlung durchgemacht in der Zeit ihres Liebesleidens. Obwohl sie »litt wie ein Tier«, gelang es ihr irgendwann, mit der Kraft zu gehen. Sie übernahm die Verantwortung für ihre unerfüllte Liebe. Sie hätte es nie geschafft, Leon als Person aus ihrem Herzen zu streichen. Da sie also ohnehin unglücklich und unerwidert liebte, entschloss sie sich, aus der Not eine Tugend zu machen und einfach weiter »draufloszulieben«. Diese Einstellung erlaubte es ihr, bei ihrer (!) Liebe zu bleiben. Sie hätte nicht mehr weiter lieben können, wenn ihre Liebe hätte erwidert werden müssen, denn Leon war ja verschwunden. Das Gefühl in ihr nicht! Sie konzentrierte sich auf genau dieses Gefühl der Lebendigkeit, der Sehnsucht und des Erhobenseins, und irgendwann gelang es ihr, Leon einfach weiter zu lieben – fast wie ein trotziges Kind, dem man ein bestimmtes Spielzeug wegnimmt und das trotzdem weiterspielt, nun eben mit mehr Phantasie und weniger Hilfsmitteln.

Carol lernte unfreiwillig und auf schmerzhaftem Weg, dass unsere Geliebten – sehr, sehr trocken formuliert – letztlich nur Hilfsmittel auf unserem Weg zur Liebe sind. Sie spürte durch den jähen Abbruch der realen Beziehung zu Leon, was wir im Kapitel zum Thema Selbstverantwortung dargestellt haben: Das Wichtigste ereignet sich sowieso in uns selbst!

Man sagt, dass, wenn jemand mit dem Finger auf den Mond zeigt, nur ein Narr den Finger anschaut. Kleine Kinder tun das manchmal, denn sie verstehen nicht, was der ausgestreckte Finger zu bedeuten hat, und schon gar nicht, worauf er zeigt. So geht es uns auch in der Liebe! Wir verwechseln den Hinweis – nämlich den Geliebten – mit dem, worauf er zeigt: der Liebe!

Die Liebe braucht nicht unsere Zustimmung, um in unserem wohlgeordneten Leben Chaos zu stiften, und manchmal braucht sie nicht mal ein Objekt. Viele Menschen kennen Momente, in denen sie einfach lieben, ohne Objekt. Das Leben scheint dann vollkommen stimmig zu sein, reich, erfüllt, und es fühlt sich an, als ob uns die weise Führung des Schicksals zu genau diesem einen Augenblick unseres Lebens geleitet hätte. Wir erleben ganz konkret das, was die Buddhisten das abhängige Entstehen nennen. Die Kernaussage des abhängigen Entstehens ist, dass es jedes noch so kleine Ding im Universum braucht, um diesen Augenblick hervorzubringen. Es braucht alles Existierende, um uns in dieser Stimmung zu »erzeugen«. Im Avatamsaka-Sutra gibt es dafür das schöne Bild, dass der ganze Kosmos wie das »Netz im Indra-Palast« ist. In diesem Netz sind alle Knotenpunkte mit Edelsteinen versehen, in denen sich alles Existierende unendlich wieder und wieder gegenseitig spiegelt. Wir behaupten, das zu spüren bedeutet, mit der Liebe auf einer Wellenlänge zu sein. Wir spüren dann den Widerschein allen Seins in uns, und dieses gespiegelte Ganze können wir Liebe nennen.

In diesem Ganzen ist notwendigerweise alles enthalten, was überhaupt existiert. Wenn wir uns derart mit dem Leben verbunden fühlen, zucken wir oft zusammen, wenn jemand plötzlich mit seinem Kind schimpft oder seinen Hund anschreit, eine Wespe erschlagen wird oder Ähnliches, das Menschen nur tun können (!), wenn sie eben nicht diese Art von Einheit mit allem anderen spüren. »Liebe deinen Nächsten wie dich selbst« ist kein Gebot, es ist die ganz logische Folge solcher Zustände. Und es ist aus dieser Perspektive natürlich vollkommen unsinnig formuliert. Da ich mich als den anderen empfinde, liebe ich gar keinen Nächsten – ich liebe mich! Eigentlich noch nicht mal das … Da ich wie aufgelöst bin in einem ganz konkret empfundenen Weltganzen, gibt es mich überhaupt nicht! Statt »Liebe deinen Nächsten« muss es also nicht heißen: »Liebe dich!«, sondern eigentlich nur: »Liebe!« Und selbst das Ausrufezeichen ist unsinnig. Wir müssen nicht lieben. Wenn wir es nicht tun, dann macht dieses Gebot keinen Sinn, denn dann stehen wir außerhalb der Liebe. Lieben wir aber wirklich, sind wir mittendrin, und was wir dann fühlen, sind auf paradoxe Art einerseits wir selbst und auf andere Art nur Liebe. Wir sind dann nicht, dann ist nur Liebe!

Wäre es also absurd zu behaupten, dass, wer so liebt, auch automatisch alles andere liebt? Sicher nicht, aber es ist eine ungewöhnliche Perspektive. In dem kleinen, unauffälligen und etwas esoterisch anmutenden Buch »Leide nicht – liebe« von Werner Ablass wird genau dieser Gedanke sehr ausführlich gedacht. Der Autor empfiehlt, nicht irgendeinen Partner zu lieben, sondern die Liebe selbst!

Das ist eine höchst konsequente Art, die Liebe zu Ende zu denken, und wie wir bereits dargestellt haben, tun wir sowieso nichts anderes, als die Liebe zu lieben, wenn wir ehrlich sind. Wer die Liebe liebt, der liebt auch den Partner, der unter Umständen für dieses Gefühl als Auslöser benötigt wurde. Es ginge nichts verloren. Carol liebt Leon nach wie vor, aber das ist eigentlich Unsinn, denn er ist ja nicht mehr da. Carol liebt eigentlich die Liebe! Und genau das tun wir alle … nur wir tun es nicht bewusst – leider! Carol war gezwungen, sich zu dieser Erkenntnis vorzuarbeiten, weil sie sonst die Qual dieser unerfüllten Liebe nicht ertragen hätte.

Werner Ablass spricht in seinem Buch allerdings nur von Agape, also der bedingungslosen, hingebungsvollen Liebe. Wir glauben hingegen, dass sich auch die anderen Arten der Liebe so lieben lassen. Wenn wir Sex egoistisch denken, lieben wir ihn deshalb, weil er uns großen Genuss ermöglicht. Wenn wir den Gedanken zulassen, dass Sex auch »nur Liebe« ist, dann lieben wir diese Form der Liebe genau wie die Liebe im emotionalen oder geistigen Bereich. Ob Eros, Philia oder Agape … immer lieben wir die Liebe.

Wir nennen diesen Sachverhalt die Liebesliebe oder – um dem Ganzen einen wahnsinnig fachlichen und innovativen Sound zu geben –: Philophilia!

Die Liebe zur Liebe würde so einige Knoten lösen, wenn wir es bewusst täten. In Zeiten der Not fragen wir uns oftmals selbst um Rat und bekommen keine Antwort, weil wir dabei um uns kreisen und so den Bezugsrahmen des Problems nicht verlassen können. Eine schlichte, aber oft wirksame psychologische Intervention besteht dann darin, einen Perspektivwechsel anzustoßen. Wir können fragen: »Wenn Sie sich vorstellen, Sie nähmen eine Zeitmaschine und begegneten sich selbst als alter Mensch – zufrieden, glücklich, ausgesöhnt mit diesem Problem, weil Sie es vollkommen überwunden haben. Was würde Ihnen Ihr Zukunfts-Ich darüber erzählen, wie es ›damals‹ das Problem gelöst hat?« Diese Frage führt manchmal zu erstaunlichen Antworten, obwohl da vorher überhaupt keine Lösung in Sicht war! Die Lösung ist aber sofort da, wenn wir uns an ihre Stelle setzen. Genau das könnten wir auch mit der Liebe tun!

Wenn wir in einer unglücklichen Liebe verheddert sind, sollten wir nicht unser kleines, verletztes Ego nach Rat fragen, denn es erzeugt das ganze Leiden. Dieses Ich ist das, was übrig bleibt, wenn in unserem Bewusstsein die Liebe erstirbt, wenn das lebendige Ganze zu toten Teilen zerfallen ist. Bleiben wir uns der Verbundenheit bewusst, *sind* wir Liebe. Wir können dann aus ihrer Sicht beurteilen, was sich gerade ereignet, so wie wir, aus der Position eines alten Menschen betrachtet, unsere heutigen Probleme besser lösen können. Wir denken in beiden Fällen das Problem von der Lösung her!

Die Liebe interessiert es offensichtlich überhaupt nicht, ob es unser Ego juckt, wenn sie uns plötzlich in einen Dritten verliebt. Aus der Sicht der Liebe ist einfach beides Liebe. Da gibt es gar keinen Unterschied! Allerdings hat die Liebe zum Hauptpartner sicherlich einen anderen Charakter als die Liebe zum Dritten, zum anderen! Wenn wir wirklich wachsen wollen, dann sollten wir den Ratschluss der Liebe annehmen. Was wir dazu brauchen, ist ein sperriges Wort, das die wenigsten in unserer Zeit noch mögen, weil es wieder und wieder als Machtmittel unserer Leitreligion missbraucht wurde: Demut!

Wenn unser Ich die Waffen streckt, dann ergeht es uns ein bisschen so wie dem heiligen Liebenden Madschnun, den wir im Kapitel über die Minne erwähnten: »Die Liebe ist das Feuer, und ich bin wie das Holz, das die Flamme verzehrt. Die Liebe ist eingezogen und hat das Haus geschmückt, und das Ich hat seine Bündel geschnürt und ist ausgezogen.«[38]

Demut meint nicht, in den Keller zu gehen und sein Ego mit öligen Fahrradketten zu geißeln (böses, böses Ego!), sondern im besten Falle einfach festzustellen, dass die Liebe es längst besiegt hat, seine Deckung hat auffliegen lassen, es als Illusion entlarvt hat. Philophilia bedeutet, sich der Liebe so zu nähern, als wäre sie unsere freundliche Lehrmeisterin, eine sehr mächtige, weise Freundin, »die man einfach lieben muss«, und als gäbe es unser kleines Ich gar nicht.

Von dieser Haltung erzählt folgende Sufi-Parabel: Ein Mensch kam zum Haus des Geliebten und klopfte. »Wer ist da?«, fragte eine Stimme von innen. »Ich bin es!«, sagte der Mensch. »Du kannst hier nicht hinein, hier ist nicht genug Platz für uns beide!«, sagte die Stimme. Der Mensch ging fort. Eines anderen Tages kam der Mensch wieder zum Haus des Geliebten. Er klopfte, und wieder hörte er die Stimme des Geliebten fragen: »Wer ist da?« Diesmal war die Antwort: »Du!« Ihm wurde aufgetan.

In diesem wundervollen Sinnbild erscheint gewissermaßen ein Ego vor Gott und bittet um Einlass. Der Preis des Eintretens ist aber die Aufgabe einer abgegrenzten Ich-Identität, der Nutzen ist das Aufgehen im Geliebten, wir würden sagen: in der Liebe selbst.

Wenn wir philophil denken lernen wollen, dann sollten wir mit unserem Ich auch möglichst unsere Konzepte fahren lassen. Sie überleben sich eh mit der Zeit. Neulich lasen wir in einem Blog einen Artikel mit der Überschrift »Polyamory ist bescheuert!«. Dieser Beitrag war mit knapp dreißig Kommentaren mit Abstand der meistkommentierte der ganzen Seite. Es tummelte sich dort eine ganze »Poly-Szene«, die das Thema diskutierte. Die Autorin war in Sachen freier Liebe offensichtlich nicht ganz unbeleckt. Sie hatte sich vor diesem provokanten Beitrag zweimal in Talkshows begeben und für das Buch »Wenn man mehr als einen liebt« von Felix Ihlefeldt ein längeres Interview gegeben – als Protagonistin dieses Lebensstils. Wie kommt so eine Vorzeige-Poly-Frau zu diesem (vorläufigen) Resümee? Die fleißige Bloggerin schreibt: »Der Begriff (Polyamorie) beschränkt unsere Freiheit, genau wie das Begriffe wie ›platonische Freundschaft‹, ›Single‹, ›Ehe‹, ›Swinger‹ oder ›Affäre‹ tun. Und zwar weil wir aufhören, andere Möglichkeiten zu denken und zu leben, weil wir uns auf vermeintliche Übereinkünfte verlassen und dadurch verallgemeinern, wo Differenzierung so viel sinnvoller wäre.«[39]

Philophilia ist nun kein Beziehungsmodell, sondern eine Haltung, eine Perspektive, und natürlich ist das etwas völlig anderes als ein Begriff wie etwa Polyamory. Philophilia ist neu, weit, schön, sie ist unsere unfassbar geniale Lösung eines uralten Menschheitsproblems. Wir haben den Begriff bereits patentieren lassen und werden jeden verklagen, der ihn benutzt, ohne GEMA-Gebühren zu entrichten. Unsere Gefolgschaft wird uns früher oder später als Priester der Philophilia-Bewegung verehren, und nach einer ersten Welle der Inspiration wird sich der Geist der Menschen mehr und mehr in diesem albernen Begriff verheddern und zur Leblosigkeit erstarren. Das ist schon viel besseren Konzepten so ergangen. Sollte unser Vorschlag also Anklang und Verbreitung finden, ist es nur noch eine Frage der Zeit, bis der erste Philophilisten-Stammtisch entsteht, Philophilia-Vereine gegründet werden und schließlich im ersten Verband philophiler Menschen e. V. zusammengeführt werden. Dort wird dann über den wahren Geist der Liebe philophiliert und im TOP 12.4 entschieden, ob die Mitglieder X oder Y in der und der Angelegenheit im Geist der Liebe und im Sinne der Vereinssatzung gehandelt haben. Im Falle eines Neins mit Zweidrittelmehrheit werden beide mit dem Ausschluss aus dem Verband bestraft und bekommen Liebesverbot. Da Kontakte zwischen Verbandsmitgliedern und Nichtphilophilisten, wie in jeder Sekte, nicht gern gesehen sind, zerreißen daraufhin diverse Liebesbande zwischen X, Y und anderen. Aber dieses edle Opfer wird jeder Philophilist natürlich erbringen … denn all dies geschieht natürlich auf dem Altar und vollkommen im Geiste der Liebe.

Wissen Sie was? Vergessen Sie den Unsinn! Aber sollten Sie demnächst mal wieder an eine Tür klopfen, und von drinnen ertönt die Frage: »Wer ist da?«, dann lassen Sie die Antwort doch einfach mal spaßeshalber »Liebe« sein!

Was würde die Liebe jetzt tun? – Rat vom Herzen

Wenn auf der Erde die Liebe herrschte,
wären alle Gesetze entbehrlich.
Aristoteles

Ein Interview der Frankfurter Rundschau im Jahre 2003 mit Konstantin Wecker zum Thema Gott und göttliche Führung:

F: Haben Sie nie mit Gott gehadert? Sich gefragt: Warum lässt er die Menschen so leiden? Warum lässt er mich so leiden?

W: Meine Bitten in der Not waren immer dümmer als das, was die Gottheit für mich gelenkt hat. Ein einfaches Beispiel: Du bist drogensüchtig und bittest inständig: Schenke mir drei Gramm Koks! Ich hätte nie gebetet: Lieber Gott, bitte schicke mich ins Gefängnis! Dabei war das damals, 1996, als ich wegen Drogenbesitzes verurteilt wurde, der Anstoß für mich, mein Leben zu ändern. Es gibt einen wunderschönen Satz bei den islamischen Mystikern: Du begegnest deinem Schicksal immer auf dem Weg, auf dem du versuchst, ihm zu entfliehen. Das könnte eine Antwort auf die Frage sein, warum Gott das Unglück geschehen lässt: Du kommst dem Schicksal nicht aus.«[40]

Was Herr Wecker nach seiner Zeit als »Crack-Monster« (so nannte er sich selbst) hier feststellt, ist, dass das, was wir wollen, bei Weitem nicht immer das ist, was wir brauchen, und dass es vielleicht so etwas gibt wie eine leitende Kraft, eine Führung, die nicht aus unserer Vernunft kommt. Wie alle Menschen, die in einer Leidenschaft stecken, wollte er in seinem Elend nur eines: Mehr! Mehr desselben!

Süchtig zu sein heißt genau das: dasselbe, dasselbe, dasselbe …

und wir haben schon gesehen, dass der Begriff Ego genau das bedeutet: dasselbe! Wenn wir uns um unser Ego sorgen, dann kreisen wir im engsten Radius um uns selbst, um eine Illusion. Wir füttern und nähren sie und kommen nicht von ihr los. Wir machen – um es mit Gunter Schmidt zu sagen – einen »Marathon auf dem Bierdeckel«: viel Energieaufwand, ohne von der Stelle zu kommen. Wir sehen auch nicht viel von der Gegend auf diese Art und Weise, aber wir werden immerhin zu Experten für unser kleines Ich.

Und dann kommt Liebe! Sie tritt von »außen« an uns heran – und unser unbekanntes Selbst wird vom Ego aus genauso als ein Außen empfunden wie die restliche Welt. Dieses Außen ist gigantisch. Die Energie, die in unserem kleinen Ich gefangen um sich selbst rotiert, ist wie der Panther im Käfig aus dem gleichnamigen Gedicht von Rainer Maria Rilke: »Ihm ist, als ob es tausend Stäbe gäbe und hinter tausend Stäben keine Welt.« Das Außen verschwindet mehr und mehr durch das Kreisen um uns selbst. Das ist Ego-Ismus! Gefangen von und in sich selbst zu sein. Aus einem persönlichen Irrtum eine Religion zu machen. »Der weiche Gang geschmeidig starker Schritte, der sich im allerkleinsten Kreise dreht, ist wie ein Tanz von Kraft um eine Mitte, in der betäubt ein großer Wille steht.«[41] In diesen Versen wird klar, welche Kraft dort gebunden bleibt, wie viel Potenzial in unserer Gefangenschaft brachliegt und dass dieses Potenzial nicht mehr zu sich selber findet. Es hat sich durch das Kreisen um sich selbst betäubt, totgelaufen, sodass es nicht einmal mehr zu einem Ausbruchsversuch kommt.

Gedankenexperiment: Vor dem Käfig dieses Panthers – nehmen wir an, er sei männlich – setzen wir ein paarungsbereites Weibchen aus, wir lassen Beutetiere auf und ab laufen, wir stellen einen Konkurrenten hin, der dort sein Revier markiert. Tot ist der Panther nicht. Er wird erwachen! Sein Konkurrent wird ihn daran erinnern, dass er ein Kämpfer ist, der riesige Reviere beansprucht, wenn er in Freiheit lebt. Die Beutetiere werden in ihm seinen Jagdinstinkt wachrufen. Er wird daran erinnert werden, dass er ein Topräuber ist, die Spitze der Nahrungskette und ohne natürliche

Feinde, die ihm das Wasser reichen könnten. Das rollige Weibchen wird ihn an sein Begehren, seine Urkraft gemahnen, Leben weitergeben zu wollen.

Der Panther wird sich in seinem Käfig all seiner Kräfte bewusst, die ihn dazu aufrufen, ein freies, wildes Tier zu sein, gelenkt von Instinkten, die ihm in seinem winzigen Käfig unnütz und fremd geworden sind. Die eben konstruierte Außenwelt würde ihn – zumindest vorübergehend – aufrütteln und ihn in Kontakt bringen mit sich selbst. Er würde sich finden, sich vervollkommnen. Wir hätten plötzlich wieder ein echtes Raubtier vor uns.

Wenn Liebe an uns herantritt, dann ruft sie uns als Gesamtheit, sie ruft – je nach Liebesobjekt – diesen oder jenen Teil in uns hervor. Unser Kind weckt unsere Zärtlichkeit, Stärke und Fürsorge, unsere Idole wecken unsere Hingabe und Demut, unser Partner weckt unser Begehren und unsere animalische Lust an der Lebendigkeit. Und dann wären da noch die Gitter: Die »tausend Stäbe« Rilkes sind unsere Gewohnheiten, die Ge- und Verbote, die Angst, die schlechten Erfahrungen – alles, was unsere Persönlichkeit verfestigt. Sie stehen vor uns und brüllen: »Halt! Geh bloß nicht zu weit, sonst passiert was!« Ja – genau das ist richtig, es würde etwas passieren, wenn wir weitergingen. Wir würden Dinge über uns selbst herausfinden, von denen wir vielleicht nicht einmal eine Ahnung hatten, dass es sie gibt.

Wir alle wissen, wie leicht man sich als (Hobby-)Psychologe hervortun kann. Es ist oft so einfach, von »außen« zu sehen, was Menschen brauchen, die in einer Problemtrance um sich kreisen. Manchmal ist es erschreckend trivial und simpel, aber für den Gefangenen macht es keinen Sinn. Es ist nicht so, als ob da eiserne Gitterstäbe wären. Es ist eher so, als ob den anderen »Betreten verboten«-Schilder umstehen, und der arme Mensch hält sich dran. Ein Burn-out-Klient braucht? Logisch: Ruhe! Wie kriegt er die? Durch weniger Arbeit! Wie kann er es schaffen, weniger zu arbeiten? Es weniger wichtig nehmen, alle zufriedenstellen zu wollen! Ganz ehrlich: Wir haben von Analphabeten, Obdachlosen und »Crack-Monstern« schon viel Weises gehört … nur wirkt das oft nicht therapeutisch, weil da Verständnislosigkeit mitschwingt. Für den Menschen, der in sich gefangen ist, wirken die Schilder wie unzerstörbare Stäbe aus VA-Stahl! Selbst ein Panther beißt sich daran die Zähne aus! Was von außen ergreifend simpel wirkt, ist, von innen betrachtet, fast ein Ding der Unmöglichkeit.

In der Liebe liegen unser größter Schmerz und unsere größte Lust direkt zusammen. Wenn die Liebe die Kraft ist, die den Panther im Käfig aufruft, zu »werden, was er ist«, dann ist dies sicherlich die größte Lust: jagen, kämpfen, sich paaren. Was hier den Schmerz bereitet, sind nur die festen Grenzen, die – und hier müssen wir das Beispiel kurz verlassen – wir selbst in unserer Kindheit unbewusst errichtet haben.

Stellen wir uns vor, im Käfig stünde die Tür offen. Direkt vor dem Gitter sitzt das Weibchen und schnurrt lüstern. Was glauben Sie, würde passieren? Der Panther – er ist ein intelligentes Tier – würde die Tür vermutlich nicht finden! Er würde nutzlos gegen die Gitterstäbe schlagen und sich die Zähne daran ruinieren. Glauben Sie nicht? Es gibt einen ebensolchen Versuch mit Hunden: Ein Hund, ein langer, gerader Zaun, ein Stück Fleisch auf der anderen Seite. Wenn der Hund nicht besonders hungrig ist, läuft er auf der Suche nach einem Durchgang zum Fleisch irgendwann hin und her und entdeckt so zwangsläufig, dass er um den Zaun herumlaufen kann, und frisst. Wenn der gleiche Hund über Tage nichts zu fressen hatte, gelingt ihm dieses simple Kunststück nicht mehr. Er kann sich nicht mehr frei machen vom verführerischen Duft des Fleisches. Er kann es nicht ertragen, sich auf dem Weg zum Fressen scheinbar davon zu entfernen, und bleibt sabbernd und fiepend vor dem Zaun stehen. Die Damen kennen diesen Anblick von Männern, die lange Zeit keinen Sex hatten. Das starke, gestaute Bedürfnis wirkt tatsächlich nicht intelligenzfördernd.

Je bedürftiger wir sind, desto weniger sehen wir den Ausgang. Eine klammernde Liebe zweier Menschen, die so lange einsam waren, kann wunderschön sein. Jedoch birgt sie eben die Gefahr, dass Probleme eskalieren, weil das Hängen am anderen den Blick trübt für die Wege und Möglichkeiten. Darüber hinaus sind die meisten Partnerschaften zu einem großen Teil auch Neuauflagen von Kindheitsszenarien. Der schweigsame Matt liebt in der plaudernden Claudia seine Mutter ebenso wieder wie das Plaudertäschchen, das er selbst sein könnte, wenn seine Selbstbeschreibung ihn ließe. Je schlimmer und extremer das Reden-Schweigen-Verhältnis in seiner Kindheit für ihn war, desto mehr wird ihn das offene Wesen von Claudia faszinieren und irgendwann vermutlich auch abstoßen: »Du bist wie meine Mutter!« Stimmt.

Die Liebe stellt uns immer wieder »Dinge« vor unseren Käfig, die uns an das Leben außerhalb unseres Egos und an unsere Lebendigkeit in uns erinnern. Matt wird durch Claudia daran erinnert, dass er sprechen kann. Ob er aber seine Gitterstäbe überwinden wird und wie viel Schmerz es ihm bereiten mag, sich zu verändern, das kann die Liebe nicht beeinflussen. Meist beginnt sie zaghaft, und oft endet sie damit, uns durch und durch zu schütteln. Je größer unsere Not, desto enger ziehen sich die vermeintlichen Stäbe unseres Käfigs um uns zusammen. Ein ängstliches Paar wird aus seinem Ich vermutlich auch sehr viel strenger andere Partner ausgrenzen als ein souveränes. Wolfgang Schmidbauer drückt es in seinem Buch »Die heimliche Liebe« so aus: »Je nachdem, wie stark sich das Paar bisher in wechselseitigen Idealisierungen gegen die Umwelt abgegrenzt hat, ist diese Lücke (die ein Dritter reißt, Anm. der Autoren) so unangenehm wie ein Rostloch in einer Autokarosserie, ein Riss in der Kabine eines Düsenflugzeugs oder ein Schaden in der Hülle einer Raumstation.«[42]

Ein Paar, das sich im Nichts gefunden hat, verbeißt sich ineinander wie zwei Tiefseeangler. Es ist umso weniger in der Lage, den eigenen Bezugspunkt zu verändern, wenn es darum geht zu begreifen, was der Sinn der eigenen Partnerschaft vor dem Hintergrund des eindringenden Unbekannten ist.

Der Abstand zu unseren eigenen Beziehungen lässt sie uns klarer sehen und oft einen Sinn erkennen. Wenn wir Abstand zu einem anderen haben, erkennen wir sehr viel deutlicher, was er braucht oder tun könnte. Deshalb kann es in einer therapeutischen Hypnose schon hilfreich sein, wenn man hier die Gelegenheit bekommt, sich wortwörtlich »von außen zu sehen«. Oft fällt es auch ohne Trance leichter, Dinge mit mehr innerem Abstand zu betrachten, wenn wir als Gedankenexperiment eine andere Position einnehmen. Es kann sehr wertvoll sein, sich emotional darauf einzulassen, ein bisschen »in den Schuhen des anderen herumzulaufen«. Leider ist im Fall der Untreue der »Betrüger« ein Krimineller und wird vom »Betrogenen« aus seinem Ich »ausgestoßen«. Der Eifersüchtige sagt immer: »So bin ich nicht, und deshalb darfst du auch nicht so sein!« und offenbart dabei, wie sehr die projizierten Phantasien seine eigenen sind. Ein gewaltiger Schritt wäre es, sich in die Rolle des Fremdgängers zu versetzen. Ein riesiges Kunststück wäre es, den Schritt zu machen und sich auch in die Schuhe des Dritten zu stellen. Da dieser fast immer verteufelt wird, ist das oft eine emotionale Zumutung. Wer »dem Miststück/geilen Bock« die Augen auskratzen will, ist nicht geneigt, in seine Position zu wechseln.

Auf der Suche nach einer möglichst erhabenen und »unpersönlichen« Position – und un-persönlich meint hier das Ich verlassend, das stets nur um sich kreisend sich selber einfällt – erscheint uns die der Liebe die höchste und weiseste. Konstantin Wecker sah seine Haftzeit als den einzigen Ausweg aus seiner Kokshölle! Er deutete die Hand des Schicksals und die Härten des Lebens so: »Ich habe erfahren, dass mir das Schicksal immer dann eine reingewürgt hat, wenn ich einen bestimmten Punkt nicht kapiert habe.«

Dem schließen wir uns an. Sie erinnern sich an das Gedankenexperiment mit dem Freund, der zur Mafia will? Sie hätten ihn mit immer derberen Mitteln zu Bewusstsein bringen wollen. So scheint auch die Liebe vorzugehen!

Wenn Sie also in einer – wie auch immer gearteten – Liebesmisere stecken, dann erreichen Sie eine sehr interessante Deutungsperspektive über die etwas abstrakte Frage: »Was würde die Liebe jetzt tun?« Natürlich kann das auch anders formuliert werden: »Was will mir die Liebe damit sagen?« Wenn wir uns lösen von unserem schmerzvollen Sicherheitsdasein als Ego und uns vorstellen, wir wären die Liebe selbst (und das sind wir ja eigentlich), dann kommen oft spannende Antworten. Eine Frau mit Liebeskummer sagte auf diese Frage: »Na klar – ich müsste ihn anrufen und ihm meine Meinung darüber sagen, wie doof er mich hier hängen lässt. Und dann müsste ich es vermutlich beenden!« Sie hatte vorher nicht die »leiseste Idee« gehabt, was sie hätte tun können, nach dieser Frage »wusste« sie es. »Ich weiß keine Lösung« stimmt! Das Ich ist meist das Problem und ahnungslos bezüglich einer Lösung.

Seltsam, oder? Aber vielleicht auch nicht. Der christliche Mystiker Meister Eckhart sagte damals: »Alle Liebe dieser Welt ist auf Eigenliebe gebaut«, das heißt, die Liebe (zu sich selbst) kann durchaus auch erfordern, das Gegenüber mal »übers Knie zu legen«, also jemanden – oder sich selbst – zu konfrontieren. Aber was meint die Liebe zum Bedürfnis, dem Außenpartner den Schädel einzuschlagen? Können Sie noch einen Schritt zurücktreten und erkennen, dass Sie und dieser Mensch gewichtige Gemeinsamkeiten haben – immerhin lieben Sie denselben Menschen, und das ist sicherlich kein Zufall? Dann sehen Sie aus der Position der Liebe, dass sie diesen Menschen und Ihren Partner ebenfalls zusammengeführt hat, dann sehen Sie, dass Sie selbst eine Riesenwut im Bauch haben und dass es selbst-lieb wäre, diesem Gefühl Luft zu machen. Aber Sie sehen auch, dass »Mann, hab ich 'ne Scheißwut auf dich!«, etwas anderes ist als »Du mieses Stück Dreck, dich bring ich um!«.

Diese Grundfrage – »Was meint die Liebe damit?« – wäre der Standpunkt für eine philophile Lebensanschauung. Alle wichtigen Fragen aus einer Position der Liebe heraus zu reflektieren, könnte viele klärende Antworten bringen, besonders in verfahrenen Situationen. Auch das schlimmste Elend in den eigenen Beziehungen so zu interpretieren, als wäre dies bloß die überaus nachdrückliche Botschaft der eigenen besten Freundin, der Liebe, die unserem Wohlergehen dienen soll und die wir nur deshalb so serviert bekommen, weil wir sie bisher einfach nicht auf anderem Wege kapiert haben, hilft aus unserer Erfahrung sehr bei der Versöhnung mit sich, dem Partner, dem Leben – vielleicht sogar mit Gott, dem Vater?!

Ein Papatriarchat – die innere Familie

Seid umschlungen, Millionen! Diesen Kuss der ganzen Welt!
Brüder – über'm Sternenzelt muss ein lieber Vater wohnen.
Friedrich Schiller, »Ode an die Freude«

Mit der Entwicklung des Ich-Bewusstseins wurde auch die Angst geboren. Instinktive Furcht kennt jedes Tier. Die Angst hingegen, in der sich ein Individuum immer wieder um sich selbst dreht, weil es weiß, dass es alleine ist und irgendwann sterben wird, ist die Kopfgeburt, die Adam und Eva schon im Paradies des Paradieses beraubte. Sie trennten sich voneinander und schnitten sich mit einem Feigenblatt den Zugang zu ihrem animalischen Ursprung ab. Sobald die gefühlte Einheit dieses Paares in Liebe zueinander zerbrach, bedeckten sie ihre Scham. Scham kann als soziale Angst betrachtet werden. Ob Gott deshalb wirklich zornig wurde oder ob wir Menschen ihn seitdem nur so erleben, wird in der Bibel nicht erklärt. Tatsache ist, dass wir uns klein fühlen, sobald wir aus dem Blickwinkel unseres Egos auf die Schöpfung schauen. Demzufolge müssen wir uns in einer Welt des Fressens und Gefressenwerdens verloren fühlen. Eugen Drewermann beschreibt in seinem Buch »Wozu Religion« sehr treffend, wie das Ich-Bewusstsein zur Angst führt und diese als Angst vor dem Tod die Welt in ein Tollhaus von Waffen verwandelt, wie die Angst vor dem Verhungern immer größere Vorratslager errichtet, die für andere Menschen den Hungertod bedeuten, und wie die Angst vor der Unterversorgung im Alter uns dazu bringt, unser Leben zu verhunzen, auf der Suche nach Rente und Sicherheit. Wir würden dem hinzufügen wollen, dass die Angst vor der Einsamkeit, vor dem Verlust des wenigen an Liebe, zu dem wir noch in der Lage sind und das uns noch begegnet, uns dazu bringt, jeweils zwei Individuen mit unsinnigen Restriktionen aneinanderzuketten in einem Begriff der Treue, der vor allem eines ist: Angst vor der Welt »da draußen«, verkörpert in all den wundervollen Adams und verführerischen Evas, die uns so natürlich als Sünde erscheinen müssen.

So, wie Waffen als Schutz vor dem Tod den Tod heraufbeschwören, ruft unsere Treue als Schutz vor dem Fremdgehen die Untreue hervor. Unser ängstliches Befolgen Gottes angeblicher Verbote (»Du sollst *nicht*...« ist kein Gebot) zerbricht die Brücken zu ihm, die uns die Gottesliebe bauen könnte.

Drewermann sagt, dass es nur eine Antwort auf das Dilemma geben kann, ein Ich zu sein, und die bestünde darin, aus eigenem Bewusstsein auf die Nähe und die Geborgenheit eines anderen Menschen zu vertrauen. Die Lösung des Christentums für das Angstproblem war Liebe. Sie konnte aber logischerweise nie funktionieren, da sie stets Seite an Seite mit der Krankheit, die sie kurieren sollte, nämlich der Furcht – insbesondere der vor Gott – gepredigt wurde. Die wahrhaft christliche Lösung sieht Drewermann darin: »Dass wir all die Ängste durchgehen sollten an der Seite eines anderen Menschen, der Angst nicht mehr mit Angstverbreitung und Angstflucht beantwortet, sondern mit einem Vertrauen, das er vom Himmel auf die Welt holt, von Gott her. ... Der Menschen Not kann man nicht moralisch korrigieren, sondern wir müssen ein Vertrauen lernen, das euch euer Glück zurückgibt. Kein Mensch, der glücklich ist, fügt absichtlich einem anderen Leid zu. Wir müssen in die Welt zurück, die einmal von Freude bestimmt war, in der Menschen noch wissen konnten, wer sie selber sind.«[43]

Drewermann gebraucht das Wort Vertrauen mehrfach – wir kennen es als den guten Kern der Treue. Festigkeit, Standhaftigkeit, eine verlässliche Beziehung zueinander heilen unsere Angst vor dem »Aus der Einheit gefallen«-Sein, denn sie überwindet unsere innere Isolation durch Liebe. Die Einheit ging in uns selber verloren. Psychologisch betrachtet, sind wir genauso ein Abbild der äußeren Umstände, wie diese Umstände ein Widerhall unseres Innenlebens sind. In uns dominierte stets ein Teil den anderen, und diese Art der Unterdrückung unserer selbst äußert sich in den Beziehungen nach außen, denn sie entsprechen denen, die wir im Inneren zu uns selber haben.

Wir sind »dreihirnige Wesen«. Wir tragen diese innere Familie – Vater, Mutter und Kind als symbolische Entsprechung – ein

Leben lang mit uns herum. Und wir sind innerlich oft selber Brennpunktfamilien. Da beherrschen die Kinder alles »von unten herauf«, weil die Eltern keine verlässliche Struktur aufbauen und halten, an der sich die Kinder ausrichten können, oder die Eltern zensieren und unterdrücken die Lebendigkeit der Kinder, die Mutter überzieht den Vater mit emotionalen Dramen und so weiter.

Dieses Buch behandelt demgemäß den Grundkonflikt zwischen einem unsicheren, herrschsüchtigen inneren Vater auf der einen Seite und der Restfamilie: unseren kindlich-naiven Trieben, die einfach nicht zu unseren moralischen Werten passen wollen, und den Gefühlen, die immer wieder »fremdlieben« und damit das moralische Grundgerüst und Selbstverständnis des Vaters unterwandern.

Wir sind seit vielen Jahrhunderten Kinder des Patriarchats. Wir haben gelernt, unsere kindliche Ursprünglichkeit stark zu reglementieren. Wir haben uns weit entfernt von der Perspektive der Leib-Seele-Einheit, die es im Laufe der Menschheitsgeschichte immer wieder gab und die wir kurz im Kapitel über Ekstase behandelt haben. Im Patriarchat wurden wir bestraft für unsere Lebendigkeit, und unsere Spontaneität wurde mit Missfallen betrachtet. Der Glaube daran, dass unsere Instinkte triebhaft, gefährlich und böse sind, wurde natürlich auch nur durch die Trennung von ihnen erschaffen, hinterher jedoch tausendfach theoretisch untermauert. Schon Konrad Lorenz sah, dass unsere Gesellschaft erst dadurch, dass sie sozial verträgliche Formen, Aggressionen zu leben, unterbunden und behindert hat, der Aggression etwas Gefährliches gab.

Wer Kinder hat, weiß, dass die Energie in einer Familie mit kleinen Kindern sicherlich nicht von den Eltern ausgeht, sondern von den kleinen Raketen, die, einmal losgelassen, jeden Raum in wenigen Minuten in ein Laboratorium für Schwerkraft- und Materialermüdungsexperimente verwandeln. So verhält es sich grundsätzlich auch in uns. Sämtliche Energie kommt bei uns aus dem Bauch. Sie wird danach verfeinert durch eine emotionale Farbe und äußert sich zuletzt in passenden Gedanken. Wenn

Meister Eckhart sagt, dass alle Liebe auf Eigenliebe basiert, meint er vielleicht ebendiese Tatsache, schließlich ist die Basis für unsere Selbstliebe das Gefühl der eigenen Lebendigkeit. Kluge Eltern wissen, dass viele Regeln, die die Äußerungen dieser Lebendigkeit verhindern, automatisch viele Konflikte mit sich bringen und dass es auch noch andere Möglichkeiten gibt, Kinder davon abzuhalten, die Katze zu rasieren oder die ganze Zahnpasta auf Brot zu essen. Wer Kindern nur eine Welt voller Stoppschilder zu bieten hat, der muss sich nicht wundern, dass sie frustriert auf immer abwegigere Ideen kommen. Eine positive Alternative wäre hingegen, sozial verträgliche Spielideen einzubringen – die kindliche Aufmerksamkeit und ihre Bedürfnisse positiv zu leiten. Wie das bezogen auf unsere tendenziell untreuen Regungen funktionieren könnte, haben wir bereits dargestellt.

Wollen wir uns auf die Suche nach dem großen und wahren »Schuldigen« für das Dilemma der gescheiterten Beziehungen durch Untreue machen, können es nicht unsere Triebe sein. Unsere Triebe sind nicht sehr wandelbar, sie können sich nur bedingt »benehmen« und verleugnen, wer sie sind. Von einem Einjährigen sollte man im piekfeinen Nobelrestaurant kein angemessenes Verhalten erwarten. Sinnvoller ist zu fragen, welcher Erwachsene auf die geniale Idee käme, ein Kind im Matschepatsche-Alter vor edelstes Kristallglas zu setzen und zu erwarten, dass das Essen entspannt, fleck- und scherbenfrei abläuft. Die Eltern »versündigen sich« am Kind, stellen sie doch völlig unrealistische Anforderungen.

Ein strafender Vater, der die innere Familie mit überzogenen Erwartungen knechtet, ist kein guter, fördernder Vater – er missachtet die Natur dessen, womit er es zu tun hat. Und er schadet ihr sogar. Im Film »Hook« schnauzt der »erwachsen gewordene« Peter Pan seinen Sohn an und will wissen, warum sich dieser immer noch wie ein Kind benimmt. Die Antwort ist schlicht: Er sei noch ein Kind. Leider ist diese Antwort außerhalb eines Märchens oder Romans wenig realistisch. Die meisten Kinder parieren eher und sammeln solche Zurechtweisungen für das Racheprogramm der Pubertät, wo »der Alte« endlich »alles zurückbekommt«.

Der Alte bekommt es bereits zurück! Wir haben heute mit viel Elend zu kämpfen, das dem Anspruch an Treue entspringt. Der Geist des Patriarchen hat ausgedient. Im Nahen Osten lehnen sich die Menschen gegen ihre Diktatoren auf, die Kirchen sind leer, und treubrave Eheleute nutzen Seitensprungagenturen. Die Konsequenz eines sensiblen und vernünftigen Vaters wäre, die Ansprüche kindgerecht an die Realitäten des Lebens anzupassen. Ein guter Vater liebt seine Frau und sein Kind!

Wir glauben, dass wir langsam die Bestandteile zusammenhätten, um das zu verwirklichen, was der chilenische Psychiater Dr. Claudio Naranjo in seinem Buch »Das Ende des Patriarchats« beschrieb: eine dreieinige Gesellschaft, wie es sie in der Menschheitsgeschichte scheinbar nie gegeben hat. Es hat wohl die Entwicklung der kindlichen (filiarchen), animalischen Stufe der Nomaden gebraucht, die von der sesshaften Kultur des Matriarchats abgelöst wurde und anschließend in das Patriarchat überging. Ohne Frage ist unsere Vernunft – der innere Vater – das, was die nackten Trockennasenaffen ziemlich einzigartig macht in der Natur. Trotzdem kann sie nur für sich sprechen und verkommt zur Unvernunft, wenn sie auf Kosten von Mutter und Kind geht. Die Damen erinnern sich bitte daran, dass wir hier über den *inneren* Vater sprechen, der inzwischen in all den leistungsbewussten Powerfrauen genauso das Sagen hat wie in den Männern.

Wir bräuchten eine lebenskluge Vernunft, einen Vater auf der Höhe der Zeit, der aus den Fehlern seiner Geschichte gelernt hat. Dieser Vater wäre dann Teil einer Dreifaltigkeit. Diese Vorstufe dazu bezeichnen wir als Papatriarchat.

Das Besondere an einer solchen Dreifaltigkeit wäre das Miteinander dieser drei Instanzen anstatt eines Gegeneinanders. Wie bei einem Hocker, der nur auf drei gleich langen Beinen gerade steht und Stabilität bietet, sollte die innere Familie durch Anerkennung der anderen geprägt sein. Durch die fundamentale Unterschiedlichkeit der drei Mitglieder kann eine Gleichmacherei nur zur Katastrophe führen. Eine positive Ergänzung der Qualitäten müsste aber von dem ausgehen, der derzeit die Macht und den Überblick innehat.

Statt eines strengen, vernünftelnden Vaters bräuchten wir demnach echte Papas. Die Sorte Papa, die sich immer häufiger an Sandkisten und auf Spielplätzen blicken lässt. Echte Papas, die in ihren Kindern mit leuchtenden Augen das Wunder des Lebens bestaunen, die ihre Frauen lieben und sich zu schade dafür sind, ihre Lebenskraft auf dem Altar des Firmenumsatzes eines anderen zu schächten. Papas, die nicht patriarchalisch über ihre Familien herrschen, sondern ihr Wohlergehen fördern wollen – in Einvernehmlichkeit.

Das von uns kreierte Kunstwort Papatriarchat enthält nach dem »Papa« noch die Worte »tri« für Dreiheit und »archat« für »am Anfang«, hier in der alten Bedeutung wie bei Matriarchat, also nicht Herrschaft, sondern Ursprung. Ein Papatriarchat wäre demnach die Idee von einer weisen, liebevollen Vernunft, die auf die Verbindungen der Liebe zwischen den Mitgliedern der inneren Familie setzt, der als Gesamtes alle Teile dienen und in der sich alle als Ganzheit finden.

Wir können nur spekulieren, wie sich Menschen lieben würden, die in sich die Balance der heiligen Dreifaltigkeit gefunden und verwirklicht haben. Erotik und Liebe könnten unter solchen Menschen die ganze Kraft entfalten, die ihnen innewohnt: Sie wären ein Sakrament, eine heilige, weil die Ganzheit fördernde, heilende Handlung, in der die instinktive Energie des Kindes die Basis bildet, mit der wir uns selbst durch den anderen lieben. Dieser andere wird uns im emotionalen Gewahrsein der Mutter als Gegenüber bewusst. Wir nehmen Bezug auf den anderen und seine Qualitäten, die uns verlorene Teile unserer selbst zugänglich machen und unser Sein bereichern. Auf der Ebene des inneren Vaters werden wir so Anschluss finden an das, was über unser erdachtes Selbst hinausgeht, vielleicht ein kosmisches Bewusstsein betreten, das Gottes Liebe zu seiner Schöpfung entspricht, die wir selber sind. Oder wir könnten einfach Spaß haben am Sex, der dann eine Liebesform wäre wie die beiden anderen auch.

Wir vermuten, dass Gott uns nie verlassen hat und dass der rachedurstige, eifersüchtige Gott des Alten Testaments eine höchst menschliche Perspektive der damaligen Zeit verrät. Adams Nachkommen fürchteten sich bloß als Teile einer verlorenen Einheit voreinander und vor der in ihnen wohnenden Kraft. Nichtsdestotrotz glauben wir an das geradezu romantische Zitat eines unbekannten Verfassers, das am Beginn des schönen Buches »Hypnobirthing« von Marie F. Mongan zu lesen ist: »Irgendjemand hat einmal gesagt, dass niemand ein Kind so sehr lieben kann wie eine Mutter. Dieser Jemand war nie ein Vater.«

Eine Romantikrenaissance – noch mal mit Gefühl

Ohne dich wären die Gefühle von heute nur die leere Hülle der Gefühle von damals.
Hipolito, in »Die fabelhafte Welt der Amelie«

Wir haben es schon angedeutet: Das, was wir heute zumeist als Romantik betrachten, ist letztlich keine. Es widerspricht dem Geist dessen, was Novalis und alle Romantiker nach ihm antrieb. Safranski beschreibt in seinem Buch über die Romantik die Haltung, aus der heraus sie damals geboren wurde: »Bei der romantischen Generation beginnt das Interesse am Geheimnisvollen stärker zu werden als das Interesse an seiner ernüchternden Aufklärung.«[44]

Das Romantische war damals ein Gegengewicht zur reinen Vernunft der Aufklärung. Die Romantiker waren sensible Geister, die wahrnahmen, dass eine Religion des Rationalismus zwar materielles Wohlergehen mit sich bringen könne, aber nicht mehr die Fähigkeit, es wahrhaftig zu genießen, und auch einen radikalen Verlust von Menschlichkeit bedeuten könnte.

Wir sind heute in einer ganz ähnlichen Lage. Die Turbinen der Wissenschaft rasen in atemberaubendem Tempo und spucken Faktenwissen in die Welt, das sich vermehrt wie das Reiskorn auf dem Schachbrett, das sich mit jedem Feld verdoppelt. Manche sehen es langsam ein: Die Wissenschaft kann niemals »echte«, also endgültige und befriedigende Antworten liefern, denn jedes Faktum kann später widerlegt werden und ruft vor allem viele neue Fragen hervor. Auch die Liebe wird in diesem mechanistischen Bezugsrahmen erklärt.

Wir sind entsprechend desillusioniert und werden nur noch von der »absurden Romantik der Werbung« inspiriert und durch die wenigen Fälle von Liebe, die uns bekannt sind. Jedes Mal,wenn wir uns als aufgeklärte Vernunftwesen in Pose werfen und mögliche oder reale Partner zur Wegwerfware erniedrigen, weil sie es nicht schaffen, unser Herz zu tauen, wird die Abhängigkeit vom anderen größer. Da in uns mehr am Werke ist als Vernunft, erkältet sich unser warmes Herz an unserer kühlen Stirn, und wir reagieren entsprechend verschnupft auf unser Leben als rational durchleuchtetes Gesamtkunstwerk. Solange wir aber auf der Vernunft beharren, *muss* der magische andere die Lösung für unser Leben sein. Für eine wahrhaft romantische Liebe bräuchten wir die Fähigkeit, mit unserer Deutung der Welt, wie wir sie wahrnehmen, spielen zu können. Somit könnten die Dinge in ihr eine andere, vielleicht auch geheimnisvollere Bedeutung erhalten.

Der Geist der Romantik war ein Geist des Werdens. Deshalb kann eine wahrhaft romantische Sichtweise eine Partnerschaft unmöglich als etwas Fertiges, Bleibendes betrachten. Sie muss – und das tut sie – wieder und wieder werden. Dem Chaos, den Widersprüchen, die Liebesdinge mit sich bringen, würde ein Vorzeigeromantiker vor allem mit feiner Ironie und Humor begegnen. Genau dieser Humor geht uns allerdings gerade in Liebesdingen vollkommen flöten. Wir sind eher zynisch, weil uns mal wieder jemand enttäuscht hat, aber dies ist nicht die »fromme Ironie«, die alles einhüllt, was »sich selbst zu wichtig nimmt«, und es dadurch schafft, einen Schwebezustand des »Als-ob« zu erzeugen. Wir nehmen uns nämlich verdammt wichtig, wir sind Hardcore-Realisten. Wir kleben wie die Würmer am Boden und wünschen uns doch, frei wie die Schmetterlinge von der Frühlingsbrise Aphrodites getragen zu werden. Schiller sagte es in seinem Gedicht »Würde der Frauen« in Bezug auf die Männer so: »(Er) Kennet nicht den Tausch der Seelen, nicht in Tränen schmilzt er hin, selbst des Lebens Kämpfe stählen härter seinen harten Sinn!«

Die Romantiker nannten ihr Verharren im Raum des Möglichen das »Schweben«. Es ging ihnen darum, Alltägliches in etwas Geheimnisvolles zu verwandeln, und das nur mithilfe ihrer Einbildungskraft. Sie konnten gewissermaßen aus Wasser Wein machen, wie die spielenden Kinder, die »so tun, als ob«. Wir beherrschen immerhin das Kunststück, aus Wein Wasser zu machen – aber das Ergebnis scheint uns emotional weniger zu befriedigen.

Safranski schreibt, dass die verwandelnde Kraft der Liebe der große Aufwand sei, den die Natur mit uns treibt, um ihre einfachen Zwecke durchzusetzen. Das passt uns, denn es klingt aufgeklärt. »Natur« – das hört sich irgendwie nach Wissenschaft an, obwohl völlig unklar ist, was das eigentlich genau meint. Wer ist die Natur, arbeitet sie Vollzeit, und was macht sie nach Feierabend? In vielen spirituellen Richtungen gibt es Menschen, die Natur mit Gott gleichsetzen würden. Wir haben im Kapitel »Kein Ich, kein Du, kein Wir« gesehen, dass auch die Wissenschaft langsam romantischen Befunden gegenübersteht.

Was würde ein Romantiker mit Safranskis Satz tun, wenn er der so scheinbar enttarnten Liebe wieder etwas Geheimnisvolles würde geben wollen? Er könnte ihn beispielsweise romantisierend umdrehen. Demnach wären die einfachen Zwecke, die die Natur mit uns treibt, ein kleiner Aufwand, mit dem sich die alles verwandelnde Kraft der Liebe in unserem Leben durchsetzen will. Wir drehen Ursache und Wirkung um, und schon haben wir ein magisches Weltbild zurückgewonnen. Es wäre nicht einmal weniger korrekt. Denn kann irgendjemand beweisen, dass es nicht die mystische Kraft der Liebe ist, die unseren Geschlechtstrieb hervorgebracht hat, um auf unsere Körper einzuwirken? Nein, es ist nur nicht vernünftig, so zu denken, denn es braucht dazu die Zusatzannahme einer unsichtbaren Kraft namens Liebe. Wir rechnen das Geschehen wissenschaftlich auf den kleinsten gemeinsamen Nenner herunter, und dann fehlt unserem Leben der Glanz. Dieses Gesetz heißt Ockhams Rasiermesser, und es besagt, dass bei mehreren nicht direkt zu beweisenden Theorien diejenige vorzuziehen sei, die am wenigsten

Zusatzannahmen benötigt. Stellen wir uns das kurz metaphorisch vor.

Da sitzen die Ameisen in ihrem Haufen und haben eine Konferenz wegen einer dramatischen Überhitzung mit diversen Toten in Block V. Die Theorien gehen auseinander. Ameisenhirn A mutmaßt, dass es auf die Verwendung von spiegelndem Material zurückzuführen sei, das auf leicht Erhitzbarem die Sonnenwärme einfing und deshalb den Bau dort entzündet hat. Ameisenhirn B glaubt an ein unzureichend schließendes Blätterdach im Baum über dem Ameisenhaufen und besonders starke Sonneneinstrahlung an diesem Tag. Ameisenhirn C – ein religiöser Spinner – spricht hingegen von einer höheren Intelligenz, die die Ameisen auf grausame Art in einem lodernden Feuer der Rache vernichtete, weil alle Ameisen ein sündiges Leben geführt hätten. Natürlich wird Ameisenhirn C unter grölendem Gelächter aus dem Haufen der vernünftigen Ameisen geworfen. Allerdings kam er der Wahrheit am nächsten. Für den kleinen Brand war tatsächlich ein zehnjähriger Menschenjunge verantwortlich, der – nachdem ihn die Mutter, genervt vom Gekrabbel der Ameisen auf dem Frühstückstisch im Garten, um die Beseitigung des Problems gebeten hatte – mit einer Lupe und der Sonnenstrahlung auf höchst sadistische Weise einige Bewohner des Haufens in Rauch aufgehen ließ.

Man könnte also sagen, dass die einfacheren Theorien die vernünftigeren sind – ohne damit richtiger sein zu müssen, denn ob die Welt stets vernünftig ist, kann niemand wissen (!), aber vielleicht dienen die unvernünftigen Alternativen ja einem ganz anderen Zweck? Bis Albert Einstein die für unseren »gesunden Menschenverstand« hanebüchene Relativitätstheorie durch Berechnungen und astronomische Vorhersagen »beweisen« konnte, hätte ihm vermutlich niemand zugehört. Auch heutzutage verstehen nur wenige seine Theorie wirklich. Das liegt vor allem daran, dass sie unter Alltagsbedingungen zu nichts nutze ist. Erst bei kosmischen Geschwindigkeiten und Verhältnissen werden Abweichungen relevant, die die Relativitätstheorie berechnen kann. Wenn wir aber in kosmischen Bezügen denken, also in solchen, die über unsere kleine Alltagswelt hinausreichen, dann ist die Relativitätstheorie ein Knüller.

Planet Ameise braucht keine sadistischen Jungs für seinen Alltag, also wirken sie in diesem Denksystem absurd, weil sie keinen praktischen Wert haben und es aus dem Erfahrungshorizont der Ameisen keine Möglichkeit gibt, sie abzuleiten.

Jede Bewegung in der Menschheitsgeschichte, die der Liebe wieder einen höheren Stellenwert im Leben einräumen wollte, kann als romantisch bezeichnet werden. Ob Tantra, Minnesang, orientalische Liebeslyrik der Sufis, Hippiebewegung oder Romantiker – ihnen allen war ein Streben nach tendenziell unvernünftigen Lebensdeutungen gemeinsam, die aber dem Leben eine höhere Dimension gaben, eine spirituelle Be-Deutung, ein Schweben im Möglichen. Sie waren sinnstiftend.

Wir Menschen neigen dazu, unter bestimmten Umständen spontan zu romantisieren. »(Das Romantische) ist fast immer im Spiel, wenn ein Unbehagen am Wirklichen und Gewöhnlichen nach Auswegen, Veränderungen und Möglichkeiten des Überschreitens sucht. Das Romantische ist phantastisch, erfindungsreich, metaphysisch, imaginär, versucherisch, überschwänglich, abgründig. Es ist nicht konsenspflichtig, es braucht nicht gemeinschaftsdienlich … zu sein«, schreibt Safranski.[45]

Lassen Sie uns versuchen, phantastisch, überschwänglich und etwas metaphysisch über die Liebe nachzudenken und sie noch mal kräftig zu romantisieren: Wenn Liebe die Kraft ist, die unser Ich entgrenzt, die ihm eine Transzendenz im Du, ja selbst ein Ausgreifen ins Universum gewährt, wenn sie uns die Vollkommenheit des Lebens fühlen lässt, dann ist sie damit auch die Kraft, die uns mit dem Göttlichen verbindet. Schon der Sufi-Heilige Rumi glaubte, dass alles im Universum in Beziehungen der Liebe zueinander stünde und dass diese Liebe immer nur ein Abglanz von Gottes Liebe zu seiner Schöpfung sei. Durch die Liebe kommen wir deshalb nicht nur näher zueinander, sondern auch näher zu Gott, denn wir folgen dem göttlichen Plan der Harmonie. Die Schwerkraft, die die Planeten umeinander kreisen lässt, ist demnach die Liebe der Himmelskörper zueinander. Die Lust unserer

Körper ist auch ein materieller Ausdruck dieser universellen Liebe. Unsere emotionale Liebe bringt unsere Seelen einander näher und vertieft unser eigenes Sein zur Komplexität. Unsere Liebe zu Gott erhebt unser ganzes Leben und richtet es innerlich auf die Begegnung mit dem Heiligsten aus, das vermutlich in uns selber wohnt oder in einem Außen, das nicht getrennt von unserem Innen ist.

Wir könnten sagen, die Liebe sei der Heilige Geist des Christentums. Sie ist der Mittler, der Sendbote der höchsten Weisheit Gottes an seine Geschöpfe, seine eingeborenen Söhne und Töchter, an seine fleischgewordenen Ebenbilder, in denen er deshalb als mit der Materie tanzende Gottheit lebendig ist. Der heilige Geist der Liebe ist auch umgekehrt der Weg, den wir zur persönlichen Gotteserkenntnis nehmen könnten – einfach so und ohne Kirche. Wenn unser Geliebter uns göttlich erscheint, dann sehen wir in ihm tatsächlich einen Ausdruck der Liebe Gottes zu seinen Geschöpfen, wir sehen, wie Gott diesen Menschen gemeint hat, dass Gott in diesem Menschen lebt und atmet, wir erkennen, dass wir Gott sehen, wenn wir in diese Augen schauen.

Romantikende! Jetzt dürfen wir uns fragen, ob es vernünftig ist, das zu glauben. Antwort überflüssig: Das ist religiöser Schwachsinn im Quadrat! Die Gegenfrage lautet, in welcher Welt wir lieber leben möchten: in einer sinn- und richtungslosen Welt der Triebe, Hormone und physikalischen Gesetze oder in einem Universum der Liebe und des Sinns? Kein Wissenschaftler kann Gott wegerklären – die Wissenschaft kann aus ihm bloß einen Obdachlosen machen. Der Himmel ist gut bereist, und beim Flug durch Wolke sieben kleben den Piloten keine fetten, kleinen Puttenengel mit zertrümmerten Harfen auf der Scheibe. Der alte »Ich throne in den Wolken«-Gott muss seit Jahrhunderten immer wieder umziehen. Das Teleskop Hubble blickt inzwischen tief in den Weltraum hinein, und Gott muss sich immer besser vor den kühlen Augen der Vernunft verstecken. Das Dogma der Wissenschaft ist das Dogma der Vernunft, und sie kann es nicht verlassen, sie kann nur von ihrer Warte aus sagen, dass Gott unvernünftig ist, also dass es ihn laut Vernunft nicht geben kann. Wenn aber der sadistische Junge mit dem Brennglas doch die Erklärung für den Brand im Ameisenhaufen sein sollte, wenn also die Welt auch Unvernünftiges, weniger Naheliegendes zu bieten hat, werden wir es nie erfahren, denn solche Thesen werden wissenschaftlich entweder nicht überprüft oder sind nicht überprüfbar.

Das Dogma der meisten Religionen ist blinder Glaube an Schriften, die vorgeben, Gottes wahren Willen wiederzugeben, die aber überquellen vom Geist der Zeit, in der sie geschrieben wurden, und sich damit einer sehr menschlichen, machthungrigen »Handschrift« verdächtig machen.

Die Wissenschaftler müssen die Frage nach dem Sinn ignorieren, falls sie ihrem Dogma der Vernunft und der Beweisbarkeit gehorchen wollen, denn sie können mit ihren Mitteln niemals Antworten finden. Und die Gläubigen müssen an der Haustür der Kirche den Verstand gegen das Gesangbuch tauschen, oder sie werden der Kirche als Ruhestörer verwiesen wie ein Eugen Drewermann. Die Romantik hat in der Politik bislang wenig sinnvolle Veränderungen bewirkt. Umgekehrt hat die Vernunft bislang niemanden zutiefst glücklich und erfüllt zurückgelassen.

In dem wunderschönen Film »Die fabelhafte Welt der Amelie« sehen wir überall Romantik am Werk. Das Schicksal der Protagonistin Amelie ist eine sehr isolierte Kindheit mit zwei extrem verschlossenen Eltern. Als Kind übt sie sich deshalb schon in der Weltflucht, hinein in eine erträglichere Welt der Phantasie. Als Erwachsene lebt sie innerlich weiterhin höchst isoliert. Verschiedene kleine Dinge passieren, die Amelie aber romantisierend als Winke des Schicksals annimmt und ihnen nachgeht. Sie romantisiert in ihrem Versuch, sich vor der Welt zu verbergen, auch ihre Mitmenschen und entscheidet sich an einem Punkt, in das Leben der anderen einzugreifen – im Verborgenen. Durch sie machen fast alle anderen Personen des Films wichtige Entwicklungsschritte. Das absurdeste Mittel wendet sie bei ihrem schwersten Fall an: ihrem zutiefst depressiven Vater. Dieser verwitwete Mann kam nie aus seiner Stadt heraus und pflegt nun mit Hingabe das Grab seiner Frau und seinen Gartenzwerg. Eines Nachts stiehlt Amelie den Zwerg, und fortan bekommt der Vater echte Polaroidfotos von seinem Zwerg aus aller Welt. Einmal mit der Freiheitsstatue im Hintergrund, ein andermal sieht man die Pyramiden von Giseh, und auch die Briefumschläge zeigen klar, dass die Fotos aus dem entsprechenden Land stammen. Der Kommentar des Vaters ist immer der gleiche: »Ich verstehe das nicht!« Amelie »streut« bei ihren sporadischen Besuchen wie eine gute Therapeutin Ideen: »Vielleicht wollte er einfach mal rauskommen?« Am Ende des Films steht der Zwerg plötzlich wieder im Garten, und wenig später sehen wir den Vater mit gepackten Koffern auf dem Weg zum Flughafen. Amelie hat den Gartenzwerg, ein Symbol der Kleingeistigkeit, mithilfe einer befreundeten Stewardess um die halbe Welt reisen lassen, um im Vater das Fernweh und die Sehnsucht nach einem größeren Leben wachzurufen. So transformiert sie die Menschen ihrer Umgebung. Nur bei sich selbst ist sie »feige«, denn sie lernt einen jungen Mann kennen, der sie wirklich fasziniert. Allerdings benutzt sie hier ihre Phantasie, um sich hinter ihr zu verstecken, weil sie das Risiko scheut, dem Mann offen zu begegnen. Nur unter gewaltigen »Geburtswehen« kommt es schließlich auch bei ihr zu einer Verwandlung – für sie aber durch die Begegnung mit etwas Realem. Der romantische, weltflüchtige Geist Amelies findet durch einen wirklichen Mann zur Ruhe. Vernunft und Romantik brauchen einander.

Wir sehen, dass wir in beide Richtungen übertreiben können und dass das eine nicht für die Welt des anderen taugt. Wir können die Bodenhaftung so weit treiben, bis wir im Alltagsgrau zu vernünftelnden Pflichterfüllungsmaschinen mutieren, und wir können die Welt mit phantastischen Ideen über sie vergewaltigen, bis wir nicht mehr wissen, wer wir sind. Einige Romantiker haben diesen Spagat beherrscht, und ein Spätromantiker wie E.T.A. Hoffmann wird von Safranski deshalb als »skeptischer Phantast« bezeichnet. Wenn wir den produktiven Wechsel zwischen Alltagsgrau und Rosarot hinbekämen, ohne die andere Seite zu verneinen, wären wir wieder wie die Kinder, die sich beim Spielen verabreden: »Wir tun jetzt so, als ob …«

Ein Kind weiß beim Spielen, dass es spielt. Es glaubt nicht, dass im kleinen Plastikedelstein tatsächlich eine kleine Fee wohnt, aber die Freude darüber, dass im Spiel alle so tun, als ob dieser Stein eine magische Kostbarkeit wäre, ist absolut wirklich. Man könnte auch sagen, nicht was wir erfahren, ist real, aber die Erfahrung selbst schon!

Kinder können noch wechseln zwischen den Welten. Könnten wir es wieder lernen?

Treue 2.0 – es geht auch in Freiheit

In the common age of automation, where people might eventually work ten or twenty hours a week, man for the first time will be forced to confront himself with the true spiritual problems of living.
Frankie goes to Hollywood, »Lunar Bay«

Im wundervollen Film »Contact« nach dem Roman von Carl Sagan erhält die Menschheit Botschaften von Außerirdischen, die sich nach und nach zu einer Bauanleitung für eine Art Raumschiff zusammensetzen lassen. Dieses Raumschiff ist eine einfache Kugel, die nur einen Menschen transportieren kann. Da die Forscher mit allem rechnen müssen, wenn sie die riesige Vorrichtung starten, haben sie einen fest montierten Stuhl eingebaut, der nicht in den Plänen der außerirdischen Hochintelligenz vorgesehen war. Die Forscherin aus Leidenschaft – Ellie –, die diese Kapsel besteigen soll, würde eher darauf vertrauen, dass diese unendlich überlegenen Wesen wüssten, was sie tun. Das Argument der Ingeneure ist natürlich: Ein Minimum an Sicherheit ist indiskutabel! Die Kapsel startet zu einem Flug und schießt durch Wurmlöcher von Galaxie zu Galaxie. Dabei rüttelt und wackelt sie immer stärker, bis es Ellie fast unerträglich wird. Als ihr kleiner Talisman – ein Kompass – aus ihrer Tasche »fällt« und dann frei neben ihr in der Luft steht, macht sie sich selbst vom Sitz los. Sofort schwebt sie sanft und frei in der Schwerelosigkeit. Schließlich bricht der Sitz durch die Eigenvibration sogar aus den Angeln. Er knallt gegen die Decke und zerstört dadurch das Innenlicht. Kurz darauf wird es erhaben still in der Kapsel. Alles schwebt lautlos, und das Weltall bietet sich ihr in aller Schönheit dar.

In dieser Metapher findet sich unsere Diskussion von monogamer Exklusivität und der Freiheit der Liebe wieder. Die Liebe ist eine seltsame Kraft, erschaffen von einer uns vollkommen überlegenen, fremden Intelligenz, die so viel größer und mächtiger ist, dass die Forscherin Ellie den Bedenkenträgern dieses Projekts, die sofort eine Gefahr wittern, entgegenhält, dass es auch für sie keinen Sinn machen würde, extra nach Afrika zu fliegen, nur um dort einen Ameisenhaufen zu zerstören. Vor dem Hintergrund des Misstrauens beruhigt dieses Bild die Militärs und Sicherheitsberater leider kaum. Ellie ist Idealistin. Sie glaubt an Entwicklung und kann sich nicht vorstellen, dass diese höhere Macht (sie glaubt nicht an Gott) sich gegen die Menschheit wenden könnte. Die mächtige Apparatur, die nach den Bauplänen der Außerirdischen entsteht, ist tatsächlich vollkommen. Der Teil, den die Ingenieure zur Sicherheit zusätzlich hineinbauen, entspringt ihrer Logik der Raumfahrt; sie glauben, dass die irrsinnigen Beschleunigungen nur mit einer solchen Liege und Anschnallvorrichtung auszuhalten wären. Jedoch verlässt diese Kapsel auf eigenartige Weise nicht den Ort, obwohl Ellie im Inneren eine unglaubliche Reise macht. Selbst die Zeit ist für sie eine viel längere, als von außen sichtbar wird – ein Augenblick der Ewigkeit. Ellie kämpft mit den Erschütterungen, die dieser Tribut an die Sicherheit erzeugt, und ist sofort frei, als sie sich vertrauensvoll davon löst. Die Apparatur ist eine Vorrichtung für eine Art »innere Reise«, und alle Störungen entstehen nur durch die »Verbesserungen«, die die Menschen in ihrem Unverständnis hinzugefügt haben. Sobald die Liege abbricht, kommt Ellie in den Genuss eines viel größeren Komforts – der Schwerelosigkeit! Sie schwebt, und was sie zu sehen bekommt, treibt ihr die Tränen in die Augen: »Keine Worte – Sie hätten einen Dichter schicken müssen«, ist ihr Ausruf, denn sie kann nicht annähernd die Schönheit dessen beschreiben, was sie dort sieht.

Setzen wir die außerirdische Intelligenz mit der Liebe gleich, sollten wir eben nicht davon ausgehen, dass sie uns Böses will, nur weil sie mächtiger ist als wir. »Sie ist wir« – unser Unbewusstes. Während wir das Liegen auf Sicherheitsmöbeln kennen, ist ihr Zustand das Schweben in Schwerelosigkeit. Die Wissenschaftler verschlimmbessern – die Kapsel ist anders geplant, und diese Sicherheitsvorrichtung wird zur größten Gefahr während der Reise. Das ist die Diskussion, die wir in diesem Buch geführt haben. Wollen wir den Paradigmenwechsel wirklich vollziehen, brauchen wir die Treue – aber wir brauchen sie in einer vollkommen anderen Form. Treue, die auf die »irdische«, misstrauische Sicherheit setzt, bietet uns nur wenig Komfort während unserer Reise durch den Kosmos der Liebe. Sie gefährdet uns, sie produziert starke Erschütterungen, die wir ohne unser Beharren auf »einem Minimum an Sicherheit« nie erleben würden. Ellie erlebt die Wurmlöcher, durch die sie rast, als »brutal«, solange sie an ihren Sitz gefesselt ist. Das liegt nicht in der Natur der Wurmlöcher, das wird durch die Maßnahmen hervorgerufen, die der Logik des kleingeistigen »irdischen« Denkens entspringen. Die Einrichtung der Außerirdischen hätte sie sanft schwebend in vollkommener Ruhe durch einen Bilderbogen von erhabenster Schönheit reisen lassen.

Treue bedeutet im Kern Verlässlichkeit und Vertrauen. Das kann in Zeiten wie den unseren aber nicht mehr das Gleiche bedeuten wie früher. Wer in einer sich schnell wandelnden Welt lebt, voller Versuchungen durch andere Menschen, den Versprechungen der Werbung und manipulativer Politik, wer sich in all seinen Wachstumspotenzialen und den Ruf zum lebenslangen Lernen ernst nehmen will, der muss sich ändern, um sich treu zu bleiben. Wenn erfolgreiches Beziehungsmanagement heißt, dass wir den Wechsel von Stabilität und Instabilität möglichst für unser Wachstum nutzen sollten, dann sollte jede Beziehung insofern »offen sein«, dass neue Gedanken, Sehnsüchte und vielleicht irgendwann andere Geliebte Zutritt finden können. Alles, was starr ist, wie der Liegesitz, wird diese Reise nicht überleben und sich irgendwann als Hindernis, womöglich als Gefahr entpuppen.

Wenn die Liebe mit uns durch unbekannte Wurmlöcher reist, dann geht sie offensichtlich genauso wie die Außerirdischen davon aus, dass wir ihr wirklich vertrauen. Aber das tun wir nicht. Wir verlangen einen vertrauenswürdigen Partner – er soll uns das geben, was wir selber mitbringen müssten. Die Liebe ist unser Vertrauen wert, aber es muss wirklich unser (!) Vertrauen sein. Das ist die Eintrittskarte. Wenn wir in uns fest und stark sind, dann sind wir nicht abhängig davon, ob unser Partner es ist. Wir bringen alles mit in die Beziehung, was wir in ihr brauchen. Die Logik unserer alten Treue ist der Gegenspieler einer Treue der Liebe. Die Liebe hat ihre eigene Logik! Die Liebe verletzt uns nie. Was immer wir an Schmerzen auf den Wegen der Liebe spüren, ist unsere Zutat! Wenn eine Schlange sich häutet, dann ist es die alte Haut, die juckt, sie einengt, sie dazu führt, durch Dornengestrüpp zu kriechen, damit sie sich von ihr befreien kann. Die Schlange will nur wachsen. Sollte sie aufhören zu wachsen, damit es nie wieder juckt und sticht? Stellen Sie sich eine Schlange vor, die sich weigert, sich zu häuten.

Die Liebe fragt nicht, sie fällt meist geradezu über uns her und stürzt uns in ein Wechselbad der Gefühle, solange wir versuchen, unsere Grenzen aufrechtzuerhalten. Aus einer tiefen Sehnsucht nach Vollkommenheit, Zugehörigkeit und der ekstatischen Urerfahrung der Einheit heraus, die wir alle unbewusst erinnern, streben wir nach einer erfüllten Liebe in Ewigkeit. Dass Liebe prinzipiell niemals ewig sein kann, weil der Tod uns auseinanderbringen wird, und kaum exklusiv, da wir sonst niemals unsere Eltern, Kinder und Freunde zugleich lieben könnten, haben wir festgestellt. Nur haben wir nie gesehen, wie sich Erwachsene auf eine andere Weise lieben als »one-on-one«. Wie können wir dennoch aus vollem Herzen lieben?

Eine neue Geisteshaltung, die weniger der Sicherheitsillusion folgt, sondern eher der Liebe, wäre vielleicht: »Liebe an jedem Tag so, als wäre es dein letzter!«

Augenblicke der Liebe sind ewig, denn ihr Nachhall begleitet uns ein Leben lang. Wenn Ewigkeit aber die Tiefe und Qualität des Augenblicks meint und nicht dessen zeitliche Dauer, dann können wir wahrhaft ewig lieben, immer und immer wieder. Unser Herz wird reicher, selbst durch die Narben, die eine tiefe Liebe hinterlassen kann. Die Erfahrung, die Ellie auf ihrer Reise macht, ist unendlich persönlich. Sie trifft ihren geliebten, in ihrer Kindheit verstorbenen Vater – in einer Art Hologramm, produziert von den Außerirdischen, »um es ihr leichter zu machen«. Auch wir glauben, dass uns die Liebe zum Vater bringt – dem wahren, gütigen Vater, der tief in den mensch-gemachten Regularien der verwalteten und machthungrigen Religionen verborgen ist. Hingabe meint, dass wir uns hingeben, und dann wird uns die Liebe ihm hingeben! Liebe ist ein Fahrzeug zur Göttlichkeit, sie ist der heilige Geist des Christentums, in dem wir die Kinder Gottes – Christus – sind. Wir sind aus dem Paradies gefallen, weil wir ein Ich ausbildeten. Wir haben es, wir brauchen es, und es wird uns immer erhalten bleiben. Die Nähe zum Göttlichen werden wir jedoch nur dann erfahren, wenn wir es vorübergehend loslassen können, um das Fahrzeug der Liebe zu betreten. Billiger ist Liebe wohl nicht zu haben!

Sie schert sich nicht um unsere Sorgen und Ängste, denn sie ist gekommen, um uns von ihnen zu befreien. Wir picken von innen an die Schale unseres Eies, und die Liebe hilft von außen wie eine Glucke ihrem Küken bei der Selbstgeburt.

Unser Ego verlangt Sicherheit – jedes in seinem Maß. Wenn wir das Gebot der Treue leben würden – »Liebe mich!« – anstatt das Verbot der Treue – »Liebe keinen anderen!« –, dann würden wir uns durch Zugehörigkeit definieren, nicht durch »Nichtzugehörigkeit«. »Wir gegen den Rest der Welt« ist eine Haltung, die auf negative Art ein Ich oder ein Wir bildet. »Ich mit dir« hingegen ist eine Form der Treue, die wir dringend brauchen, egal, wie wir lieben. »Ich mit mir« ist dafür die Basis. Wir brauchen also Selbstliebe als Beginn, und das meint auch die Treue zu uns und unseren Bedürfnissen. Das meint in uns auch ein Wachstum der Teile zueinander. Sinnlichkeit, Emotionalität und Vernunft können zusammenwirken wie eine gute Familie, in der einer dem anderen Raum lässt, damit alle in einem liebevollen Miteinander ihre Qualitäten entfalten können.

Denken wir nun langfristig statt kurzfristig, geht es unserem Ich meist besser, wenn es Teil eines Wir ist. Dieses Wir kann behutsam erweitert werden, sollte die Liebe an dieses Wir mit dieser Forderung herantreten. »Wir mit dir« wäre dann die nächste Stufe des Wachsens. Und da jedes neue Du unser Ich zur Integration anderer Teile bringt, wachsen wir mit jeder Begegnung unseres Lebens über das Ich oder Wir hinaus, das wir eben noch waren. Wir werden dann immer wieder neue Grenzen setzen müssen, denn ohne Grenzen wären wir nicht lebensfähig. Die Raumkapsel ist wie ein Ich im unendlichen Raum. Wir können uns nicht selbst verlassen, aber so wie die Wände von Ellies Kapsel durchsichtig werden, können wir von dieser Basis aus alle Schönheit der Welt erleben.

Um gute Grenzen zu schaffen, erscheint uns Einvernehmlichkeit eine ganz wichtige Zutat zu sein. Wer Regeln schafft, gibt dem Chaos Struktur, und das müssen wir, um leben und um uns gegenseitig ein Mindestmaß an Vorhersagbarkeit geben zu können. Falls wir die Liebe wirklich zu unserer Lehrmeisterin erheben wollen, falls wir die Idee der Philophilia aufnehmen, sollten wir dies mit Leichtigkeit tun und bei allen Fragen die Antworten von einer Position der Liebe aus entwickeln. Es ist wenig liebevoll gegenüber anderen, wenn wir nur tun, was wir wollen. Es ist wenig liebevoll gegenüber uns, wenn wir allzeit tun, was andere wollen. In der Balance liegt die Wahrheit. Und da uns Liebe zum Wachstum verführen will, ist es schlicht im Geiste der Liebe, ehrlich zu sein, bevor es eine Notwendigkeit zum Lügen gibt, denn nur Ehrlichkeit ermöglicht Einvernehmlichkeit und Wachstum miteinander.

Wir könnten einen weiteren, maßgeblichen Schritt in die Veränderung tun: uns dafür entscheiden, die Verantwortung für unsere Gefühle zu übernehmen. Wenn es nicht mehr in erster Linie der andere ist, den wir lieben, sondern die Liebe, dürfen wir uns auch selber loben, wenn wir lieben! Sollten wir eifersüchtig oder neidisch sein, könnten wir dies als Wachstumsschmerzen nehmen und auch dafür die Verantwortung übernehmen. Wohin zwingen uns diese Gefühle zu schauen, und was könnten wir dadurch lernen? Diese Lektionen können furchtbar unangenehm sein, aber für eine freiere Form der Liebe sind sie vermutlich der zu zahlende Preis.

Der Liebe treu zu bleiben heißt auch, dass kein Arrangement endgültig sein kann. Wir können die monogame Form wählen, solange wir die Freiheit haben, sie loszulassen, sollten wir Sehnsüchte verspüren, die über die andere Person hinausreichen. Wir können polyamor oder auf andere Art offen leben, doch könnte es sein, dass wir plötzlich mit einem Partner zusammenkommen, mit dem wir für eine Weile monogam leben wollen. Das alles wäre selbstverständlich, wenn wir der Liebe die Treue schwören, denn sie kümmert sich nicht um unsere Konzepte.

Wir sollten klar unterscheiden: Liebe ist unbegrenzt! Begrenzt sind unsere Zeit, unsere Kraft, unsere Mittel. Das kann bedeuten, dass viele Lieben nur als kleine Ewigkeiten gelebt werden können … aber auch wenn wir einander nicht ständig nah sein können, werden wir den anderen in unserem Herzen tragen – bis zur nächsten Gelegenheit.

Wir sollten niemandem die Macht geben, die Liebe in uns zu ersticken – auch nicht unseren Geliebten!

Treue 2.0 braucht kein Nein zu Dritten, sondern ein Ja zum Geliebten und der Beziehung mit ihm. Dies meint, dass wir – soweit es in unserer Macht steht – uns bewusst entscheiden können, für diese Beziehung zu sorgen, aus vollem Herzen zu lieben. Alle Regeln sollten einvernehmlich und bewusst aufgestellt werden. Wenn sie mehr als zwei geliebte Menschen betrifft, wird die Verantwortung entsprechend wachsen. Das »fest« und »stark«, die beide der Ursprung der Begriffe Treue und Vertrauen sind, sollte sich in Verlässlichkeit gegenüber uns und den anderen äußern. Dies beinhaltet viel mehr als die klassische Auffassung von Treue, die im Kern nur Abwesenheit Dritter meint. Treue 2.0 muss bei uns selbst beginnen, denn wenn wir uns auf jemanden verlassen, dann besteht immer die Gefahr, dass wir uns selbst »verlassen«, also nicht mehr bei uns bleiben. Das führt auf Dauer zu Unzuverlässigkeiten, denn Menschen, die sich für andere selbst verlieren, können irgendwann nicht mehr zuverlässig für andere sein! Treue 2.0 muss deshalb beinhalten, dass wir uns selbst treu bleiben, in dem Sinne, dass wir alles tun, um uns selbst zu lieben. Da Liebe Wachstum heißt, werden wir immer wieder über uns hinauswachsen und werden dann mit gewandelten Bedürfnissen einige der bestehenden Regeln ändern müssen.

Die Philophilia geht als Haltung in vielem noch darüber hinaus, denn so wir der Liebe die Treue schwören, heißt das, dass wir der Logik und der »Sicherheit der Freiheit« vertrauen, nicht der Sicherheit und Mechanik der Angst. Wenn wir die Liebe zur Liebe leben, hängen wir nicht mehr im gewohnten Maße an den geliebten Personen, denn sie sind »nur« eine Möglichkeit, Liebe zu erleben und auszudrücken. Sollte unter diesen Bedingungen ein geliebter Mensch unsere Liebe nicht (mehr) erwidern, so können wir ihn aus ganzem Herzen weiter lieben, da wir nicht mehr auf ihn angewiesen sind – es ist paradox, aber nach unserer Erfahrung wird die Liebe tiefer, wenn wir uns nicht zu sehr auf den anderen konzentrieren.

Diese Haltung ist spiritueller Art, und je mehr wir uns hingeben, umso angenehmer wird es sein, wenn wir irgendwann mit unangenehmen Gefühlen konfrontiert werden, da wir auch sie lieben können, als neue Treppenstufen auf unserem Weg, an deren Bewältigung wir wachsen können. Auch uns selbst sollten wir lieben, als die oft unvollkommen handelnden Wesen, die wir zweifelsohne sind. Absichten können perfekt sein, Handlungen sind es fast nie. Wenn Liebe der Ruf unseres höheren Selbst oder unseres Unbewussten ist, bedeutet zu lieben, ganz wir selbst zu werden. Dann begegnen wir allen Menschen als Lehrmeistern, da wir – gerade auch durch Konflikte – wachsen können. Selbst die unerträglichsten Menschen sind so nur ein »Schleifstein zum Polieren des eigenen Geistes«, denn sie sind besonders gute Auslöser für Teile in uns, die wir noch ablehnen.

Die Philophilia als Idee kann ein interessanter Weg zu uns und zu geistiger Reife sein. Die Idee der Treue 2.0, die wir vorschlagen, wäre hingegen das grundsätzliche Rüstzeug für Menschen, die die Möglichkeit in Betracht ziehen, dass ihnen das passieren könnte, was Menschen millionenfach wieder und wieder passiert ist: Die Realität überraschte sie irgendwann. Treue 2.0 ist eine Haltung, die uns zu unabhängigeren, gelasseneren und aktiveren Geliebten füreinander machen würde. Wir müssten die Bedeutung unserer Liebe in der Begegnung miteinander finden und nicht in unserer lieblosen Abschottung nach außen hin.

Auf der Suche nach dem eigenen Weg zu lieben, scheint uns kein Zitat besser geeignet als der bekannte Satz des heiligen Augustinus. Allerdings empfehlen wir dabei, diesen Weg gemeinsam und einvernehmlich zu gehen, sodass es heißen müsste:

Liebt, und was ihr dann wollt, tut es!

Das Ende der Heldenreise – Transformation

Ideen verwandeln die Menschen nicht.
Es ist die Freiheit von Ideen, die Transformation bewirkt.
Krishnamurti

Frodo Beutlin und sein Gärtner Samweis Gamdschie liegen, nachdem sie den »einen Ring« in den Feuern des Schicksalsberges vernichtet haben, ihres kurz bevorstehenden Todes gewiss, auf einem in Lavaströmen treibenden Felsblock … na gut – wir wissen einfach nicht, wie wir dieses Kapitel einleiten sollen, ohne den netten Schluss von eben zu verderben, deshalb versuchen wir es gar nicht erst. Vielleicht ist es aber auch so, dass wir den Schluss von eben noch einmal versauen müssen – aus guten Gründen?

Eigentlich sollte dieses Kapitel gar nicht in diesem Buch enthalten sein, sondern jedem Leser zwanzig Jahre nach Kauf des Buches kostenlos und überraschend in einem versiegelten Umschlag vom Verlag zugeschickt werden. Leider hat sich der Verlag aus uns unerklärlichen Gründen nicht dazu bereitgefunden, diesen Vorschlag umzusetzen. Daher müssen wir Ihnen jetzt dringend untersagen, dieses Kapitel weiterzulesen, und Ihnen befehlen, es zu überspringen und erst in zwanzig Jahren erneut hervorzukramen, um es dann atemlos zu verschlingen. In rasender Spannung, neugierig auf *das* große Geheimnis, werden Sie es mit zitternden Fingern durchblättern und … na, daran hält sich eh keiner. Also lesen Sie's halt jetzt – aber hinterher bitte nicht beschweren!

Herr der Ringe, Frodo und Sam, Schicksalsberg, persönlicher Weltuntergang, direkt im Anschluss an aufwendige Weltrettung, zwei kleine, große Helden an ihrem Ende. Hier finden wir folgenden Dialog:

»Frodo Beutlin: Es ist vorüber! Es ist getan!

Samweis Gamdschie: Ja, Herr Frodo – nun ist es vorbei!

Frodo (schließt die Augen): Ich kann das Auenland sehen. … Gandalfs Feuerwerk, die Lichter, den Festbaum …

Sam (mit Tränen in den Augen): Rosi Höttinger beim Tanzen! Sie hatte Bänder im Haar … wenn ich jemals eine geheiratet hätte – sie wär's gewesen!«[46]

Was hier am Ende einer wahren Heldenreise passiert, ist typisch und wird in anderen Filmen und Büchern oft weggelassen. Was ist mit den Helden auf ihrer Reise geschehen? So, wie wir uns in der Liebe mithilfe des Geliebten wie mit einem Katalysator innerlich chemisch verwandeln, so hinterlassen die höchst gefahrvolle Reise und die vollbrachte Aufgabe der Weltrettung die beiden Hobbits in einem transformierten Zustand. Man könnte nun meinen, dies bedeute, dass sie nur noch von hochtrabenden Dingen redeten, gleich die nächste Welt retten wollten oder ähnliche Dinge. Wäre das so, dann hätte es keine Transformation gegeben. Sie wären auf halbem Wege stecken geblieben. Der kluge Satz von Hermann von Keyserling, dass der kürzeste Weg zu sich selbst einmal um die Welt führt, macht es deutlich. Menschliche Entwicklung geschieht zyklisch aufsteigend, wie eine Wendeltreppe. Man geht einen Kreis, kommt scheinbar wieder am selben Punkt vorbei, hat aber »sein Niveau« gehoben. So ergeht es auch den beiden Hobbits. Der schüchterne Tollpatsch Sam entdeckt mitten in der Lavawüste und angesichts des Todes seine schlichte, einfache Liebe zu einer Frau aus seinem Dorf wieder. Ein geradezu banales Glück, möchte man meinen, angesichts dessen, was die beiden durchgemacht haben. Aber tatsächlich findet Sam nach seiner Rückkehr den Mut, seine Rosi anzusprechen. Er gründet mit ihr eine Familie. Für ihn ein großer Schritt, den er ohne seine Entwicklung wohl nicht gegangen wäre.

Sollten Sie sich wirklich auf den Weg machen, um mit Ihren Dämonen zu ringen, die ängstlich nach Sicherheit verlangen, dann verlassen Sie (wieder mal) ein »Paradies«, also einen selbst-verständlichen Zustand. Im Zen sagt man: Am Anfang des Weges sind Berge Berge und Flüsse Flüsse. Wenn man den Weg beschreitet, sind Berge keine Berge mehr und Flüsse keine Flüsse. Am Ende des Weges sind Berge Berge und Flüsse Flüsse.

Jeder Mensch, der sich aufmacht, um etwas Großes zu tun oder zu finden, riskiert einiges, und erst wenn er alles erreicht hat, kann er bemerken, dass es nichts zu erreichen gab. Schauen wir auf das Leben von Samweis Gamdschie, so hätte er eigentlich gleich seine Rosi heiraten können, und damit wäre alles gut gewesen. Das stimmt so jedoch nicht. Auf dieser Reise musste er zunächst seine Kraft entdecken. Diese hatte er bereits vor Anbruch der Reise, aber da er sie nie forderte, konnte er nicht wissen, wozu er in der Lage war. Nachdem er das herausgefunden hatte, war er in der Lage, seine Liebe zu leben.

Die Ideen, die wir in diesem Buch anbieten, stehen sich eigentlich selbst im Weg. Veränderung im psychologischen Sinne ist ein mühseliger Prozess, der Schritt für Schritt erfolgt und Kraft erfordert. Transformation hingegen ist wie ein Fingerschnippen, bei dem sich nichts verändert, aber alles verwandelt. Zen-Geschichten sind voll von dieser Weisheit des »Nichtveränderns«. Viele spätere Zen-Meister machten sich auf, um etwas zu suchen, und durch die Meister, die sie trafen, und die Übungen, die sie auf sich nahmen, begriffen sie irgendwann, dass die Suche das Problem beim Finden war. So ähnlich wird es Ihnen (hoffentlich) auch gehen, wenn Sie sich von diesem Buch oder ähnlichen Büchern inspirieren lassen. Wir haben immer wieder beobachtet, dass Menschen zunächst in einem unbewussten Gleichgewicht sind. Auf unser Leitthema bezogen, hieße das, dass sie »selbstverständlich treu« sind. Dann passiert etwas. Bei den meisten ist es ein Seitensprung, bei einigen eine rein theoretische Erkenntnis, die den Frieden stört. Nun sind die Berge keine Berge mehr, und die Suche beginnt. Viele Kämpfe werden gefochten, und man fühlt sich manchmal, als ob man verrückt wäre. Und das ist man auch – verrückt. Viele finden dann ein alternatives Modell zu lieben und haben das Gefühl »anzukommen«. Das Problem ist, dass dieser intellektuellen Erkenntnis normalerweise noch Jahre der Praxis folgen müssen, bevor die neue Perspektive wirklich einsickert und wiederum selbstverständlich wird. Am Ende steht oft eine nahezu gleichgültige Haltung zum Modell, zur Idee (»Polyamory ist bescheuert« – Sie erinnern sich), sie wird losgelassen. Was übrig bleibt, sind ein Mensch mit »normalem Leben«, er empfindet es so, und vielleicht ein Haufen unnütz gewordener Bücher. Kommen Zen-Schüler als Meister wieder, sagen sie den Menschen, die fragen, was sie auf ihrer Suche gefunden hätten, gerne mal wahrheitsgemäß: nichts! Folgt als nächste Frage: Aber warum bist du dann zu Meister Soundso gepilgert und hast die und die Übungen gemacht?, antwortet der Meister sinngemäß: Wie hätte ich vorher wissen können, dass es nichts zu finden gab?

Unsere Suche ist das Problem. In dem Sinne ist dieses Buch das Problem. Ideen geben vor, Großartiges zu sein. Sie sind es nicht. Sie sind es erst, nachdem sie keine Ideen mehr sind, nachdem man sich von ihnen frei machen konnte, weil man sie »gefressen hat«. Wir sind uns sicher, dass die Menschheit irgendwann nach einer Weltumrundung wieder ins Paradies gelangen wird, aber durch den Hintereingang, der nicht von Cherubim mit Flammenschwertern gehütet wird. In dieser unserer etwas eigenen Bibeldeutung musste Gott uns möglicherweise einfach vor die Tür setzen, damit wir uns entwickeln können. Vielleicht ist der zweite Baum, der des ewigen Lebens, gar kein Baum, sondern unser Leben selbst?! Wir essen gerade davon und werden später wieder transformiert ins Paradies aufgenommen. Der Herr lässt uns womöglich auf ebendiese Weise lächelnd ins ewige Leben treten, nachdem wir das endliche Leben bis zur Neige gekostet haben? Manche Nahtoderlebnisse könnte man so deuten. Die Wege des Herrn sind unergründlich, heißt es.

Kein Mensch braucht dieses Buch, aber wir brauchten die Freiheit, wahrhaftig unsere Liebe zu leben. Ein Sufi soll mal über seine Zunft gesagt haben: Ein Sufi ist ein Mensch, der in einem Leben das lernt, was jeder Idiot lernen würde, wenn es ihm vergönnt wäre, ein paar Jahrtausende zu leben. Das Leben ist also auch eine Schule. Oft ist sie zu langsam, weil wir gewisse Erkenntnisse leugnen und vermeiden können. Unsere Geliebten sind da oft weniger duldsam – sie könnten uns wahrhaft transformieren, aber in unserer seriellen Monogamie entsorgen wir Partner, zu denen wir in einer Beziehung stehen, die nicht mit Wohlergehen »performt«, zusammen mit der Weisheit, die wir durch sie entdecken sollten. Es wäre vielleicht besser, mit ihnen die Erfüllung der jeweiligen Beziehung zu finden, um uns daraufhin dankbar und feierlich zu trennen, offen für weitere Lehrer. Dieses Buch wäre stolz auf sich, könnte es den einen oder anderen auf die Reise schicken, die gewagt ist und wirklich furchtbare Momente mit sich bringt. Was Sie entdecken könnten, so Sie die Herausforderung annähmen und später genau wieder da ankämen, wo Sie jetzt sind, wären Sie selbst. So, wie *Sie jetzt* sind! Nur trauen Sie sich in diesem Fall eventuell, Ihre Rosi Höttinger zum Tanzen aufzufordern, weil Sie auf der Reise entdecken konnten, dass Sie immer schon frei waren, ohne es zu wissen (was nicht heißt, dass wir das nicht permanent behaupten … das ist aber meist ein eher ungutes Zeichen). Dieses Buch ist mit Glück eine winzige Heldenreise … mal sehen, wie Sie sich nachher fühlen!

PS:
Dieses Buch vernichtet sich selber nach Lesen des letzten Wortes … nehmen Sie dazu nur ein handelsübliches Feuerzeug und – na, Sie wissen schon! Wenn Sie nicht finden, dass das bedeutet, das Buch vernichte sich selbst, dann sind Sie einfach nicht wirklich »eins geworden« mit ihm … Bitte schämen, noch mal lesen und *dann* verbrennen!

Willkommen im Hier und Jetzt – ewige Momente

Diese Tüte hat einfach mit mir getanzt, wie ein kleines Kind, das darum bettelt, mit mir zu spielen – 15 Minuten lang. An dem Tag ist mir klar geworden, dass hinter allen Dingen Leben steckt und diese unglaublich gütige Kraft, die mich wissen lassen wollte, dass es keinen Grund gibt, Angst zu haben. Nie wieder! ... Es gibt manchmal so viel Schönheit auf der Welt, dass ich sie fast nicht ertragen kann! Und mein Herz droht dann daran zu zerbrechen.
Wes Bentley, »American Beauty«

Wir sind Zwerge, die auf den Schultern von Riesen stehen. All die Ideen dieses Buches wurden so oder ähnlich in der Menschheitsgeschichte schon von tieferen Denkern und größeren Liebenden gedacht. All die Irrtümer in diesen Zeilen gehen deshalb vermutlich auf uns. Wir haben mit Spatzen auf Kanonen geschossen, wie es die Romantiker formuliert hätten, um statt einer einzigen Möglichkeit, Liebe zu leben, aufzuzeigen, dass die Liebe alle denkbaren Möglichkeiten in sich trägt. Das ständige Gewahrsein dieser Möglichkeiten nannten Novalis und seine Freunde damals und nennen wir wieder: schweben!

Vor uns haben schon so viel Bessere den Versuch gemacht, die kalte Herrschaft über die Liebe zu brechen, um die Liebe selbst herrschen zu lassen, und alle sind letztlich gescheitert. Doch all diese Versuche waren nötig. Sie haben der Welt jedes Mal erneut geholfen, nicht in den Abgrund zu fallen, der sich in unserer verschütteten, fröstelnden und verwirrten inneren Familie auftat, seit wir aufhörten, uns zu lieben, und begannen, uns zum Besitz des anderen zu machen. Dionysische Riten, Tantrismus, Taoismus, Minne, Romantik, die Blumenkinder – sie alle wollten mehr Liebe und Leidenschaft in unser Leben bringen. Heute wollen es die Swinger, die offenen Beziehungen, die Polys, ja selbst die Singles aus Leidenschaft – eine Versöhnung miteinander und mit uns selbst. Weg vom Diktat einer einzigen Form, sich zu lieben. Doch nie waren die Zeiten wirklich reif für diese große Botschaft – Liebe! Stets gelang es nur, das Schlimmste zu verhindern, einen Anstoß zu geben, der es einigen wenigen ermöglichte, sich an etwas zu erinnern, was so leicht zu verlieren ist, obwohl es uns umgibt wie die Luft, die wir atmen.

Wer von Liebe redet, spricht zu jedem und wird von niemandem verstanden – auch von sich selbst nicht! Das, was wir von der Liebe sehen, ist stets nur so viel, wie wir verkraften, wie wir zulassen können. Deshalb erliegen wir manchmal der irrigen Ansicht, wir hätten die Kontrolle. Der große Mystiker Dschalal ad-Din Rumi schrieb einst: »Glaubst du, ich weiß, was ich tue? Dass ich für einen Atemzug oder für einen halben mir gehöre? So gewiss, wie ein Stift weiß, was er schreibt, und ein Ball errät, wohin er als Nächstes rollen wird.«

Wenn wir uns von der Liebe leiten lassen, können wir nicht wissen, was mit uns geschehen wird, können wir nur erahnen, was uns als Nächstes passieren wird. Doch gehorchen wir damit dem Streben nach Ganzheit in uns selbst. Wir ahnen unsere eigene Schönheit und Vollkommenheit in den Augen des Geliebten. Sie flüstern uns zu, was möglich wäre, was wir sein, zu was wir berufen wären, wenn wir uns von dieser Kraft tragen ließen, die uns ins Licht ruft, die uns zum Göttlichen hin öffnen will. Wir wissen, dass man uns Schwärmer und Träumer nennt, wenn wir erfüllt sind vom Lebendigsein, wenn wir getragen werden von dieser Kraft, die keine Grenzen kennen kann, weil sie alles umfasst! Monogamie heißt, die Wasser des Lebens mit uns in Fingerhütchen herumzutragen, ängstlich darauf bedacht, nichts zu verschütten, während wir bis zur Brust in ihrer Quelle stehen. Wir wollen der Liebe ein Gefäß geben und sind doch selber der Krug, aus dem wir sie unbegrenzt gießen könnten, wenn wir nur den Mut hätten, ihrem Ruf zu folgen.

Die Liebe nimmt sich vornehm zurück – meistens. Hin und wieder platzt sie aber auch in unser Leben und zertrümmert alte Formen, in denen wir es uns gemütlich gemacht haben. Dann ist sie wenig gnädig zu dem, was wir unser Ich nennen, weil es ebendieses Ich ist, dass unserem ganzen Selbst im Wege steht – am liebsten mit Regeln, die durch Grenzen das, was ganz ist, zerteilen. Dann kann sich die Liebe gnadenlos anfühlen, weil wir ihr widerstreben.

Ansonsten wartet sie. Ihr Blick ruht auf uns, solange wir leben. Wir begegnen ihm manchmal. Wenn wir dankbar sind. Wenn unser Kind uns strahlend entgegenläuft. Wenn wir den Geliebten schlafen sehen, wehrlos, hilflos und sanft. Wenn wir einen Menschen wirklich in die Arme schließen. Wenn wir sinnliche Ekstase spüren, die die Liebe unseres Körpers zu seiner Lebendigkeit ist. Wenn wir vor der Erhabenheit großer Ideen erschauern. Wenn wir lachen oder uns die Schönheit des Lebens den Atem raubt.

Wir feiern uns dafür, dass wir den Spuren der Liebe bis ins Gehirn nachstellen können, anstatt uns dafür zu bedauern, dass wir sie kaum noch empfinden und noch viel seltener leben. Ihr Hauch weht sogar den Wissenschaftlern entgegen, die sie restlos erklären und planbar machen wollen, um aus Momenten der Ewigkeit ewige Momente machen zu können. Wenn Liebe der Ruf zur Vollkommenheit ist, dann werden wir sie aber nicht erkennen können, solange wir oder wenigstens unsere Hingabe nicht vollkommen sind. Erkennen wir in Demut an: Wir sind ihr nicht gewachsen! Dann können wir entscheiden, mit ihr zu tanzen, wie ein Schmetterling im Wind.

Wir sind dankbar, in einer Zeit zu leben, die so viele große Gedanken zur Verfügung hat, und doch traurig, da so viele von den besten leblos in den Büchern oder Köpfen bleiben, weil unsere Gesellschaft Herzensbildung nicht für wert befindet, in der Schule auch nur erwähnt zu werden. Wir sehen mehr und mehr Berichte über Liebe, auch über solche, die sich andere Formen sucht, und über die Menschen, die mutig genug sind, wirklich dem Ruf ihres Herzens zu folgen. Die Idee, sich der Liebe hinzugeben, anstatt diesem Ozean einen Eimer hinzustellen, in dem er schwimmen soll, ist nicht neu. Sie ist immer wieder gedacht worden, zu jeder Zeit, in jeder Religion, doch stets mehr oder weniger verunreinigt oder verstümmelt durch Misstrauen, Machtgier und die Angst vor Verlust. Wir wollen unser Herz vor dem Schmerz der Liebe schützen? Dann schützen wir es vor dem Leben selbst. Wir sollten uns begegnen, um uns kraft des anderen zu wandeln, nicht um ihn uns zum Eigentum zu machen! Die großen Botschafter der

Liebe sind stets Kuriositäten geblieben, vielleicht Inspiration für wenige, aber nicht die Verzauberer der Welt, die sie hätten sein können, wenn die Zeit reif gewesen wäre. Ist es diese?

Ich – Holger Lendt – darf diese letzten Zeilen schreiben. Eine lange Nacht voller Gedanken endet mit Vogelzwitschern. Die Dämmerung eines neuen Tages steigt auf, und ich entlasse das Buch mit diesen letzten Worten in sein ungewisses Dasein.

Es gibt nur Sie, die Liebe und Ihr Leben.
Lassen Sie es!
Schweben!

ACH JA – SO ETWAS ÄHNLICHES WIE EIN NACHWORT

Wir möchten noch kurz eine Frage beantworten, die unserer Erfahrung nach vor allem die Medien interessiert: Und wie steht's mit Ihnen, liebe Autoren?

Die große Islamwissenschaftlerin Annemarie Schimmel antwortete einmal sehr weise auf die Frage nach ihrem Glauben: Was man im Herzen trägt, soll nicht über die Zunge gehen!

Zumindest so viel sei aber gesagt: Wir glauben an die Liebe, und wir wissen – als Team gesprochen –, wie sich Sexualität mit und die Liebe zu mehr als einem Menschen anfühlen und was für ihr Gelingen hilfreich sein kann – von uns, von Klienten und guten Bekannten.

Wir haben tiefen Respekt vor all jenen, die miteinander in Monogamie leben, aber wir glauben auch daran, dass Freiheit und Liebe zusammengehören. Deshalb haben wir in diesem Buch alles getan, um die Monogamie zu demontieren, denn sie ist in unserer Kultur das Selbstverständliche, das hinterfragt werden muss, damit jeder Mensch eine echte Entscheidung »in Freiheit« und »aus Liebe« treffen kann.

Also – hier stehen wir und können nicht anders! Wir haben leider keine Ahnung, was wir gesagt haben, da wir nicht wissen, wie Sie uns verstanden haben.

Aus irgendeinem Grund ist dieses Buch Ihnen aber nicht nur in die Hände gefallen, sondern Sie haben es sogar gelesen, was vermutlich nicht immer einfach war. Der Zweck dieses Buches wäre erreicht, wenn Sie ein paarmal rote Ohren bekommen haben und sich nach der Lektüre etwas verunsichert fühlen. Wir haben zeitlebens die Bücher besonders geliebt, die fähig waren, ebendas in uns auszulösen.

Was ist Ihre tiefste Sehnsucht, die Liebe betreffend? Was wäre der nächste Schritt in diese Richtung? Sind Sie bereit, ihn zu gehen – miteinander? Was bräuchten Sie und Ihr Partner, um sich zu trauen? Wann fangen Sie damit an? Und warum nicht früher?

Es klingt nach New Age, aber diese ängstliche Welt braucht Liebe und scheint nicht genug davon zu produzieren. Liebe wird tatsächlich mehr, wenn wir sie verschwenden, aber in dieser sonst so verschwenderischen Gesellschaft wird mit Liebe meist gegeizt. Es geht uns nicht um egoistische Trieberfüllung auf Kosten anderer, sondern um den einvernehmlichen Aufbau liebevoller Beziehungen zwischen selbstbestimmten Menschen, die die historisch einzigartige Freiheit nutzen, das zu werden, was nur sie gemeinsam und miteinander sein können, indem sie ihre eigene Schönheit im Spiegel eines geliebten Gegenübers erfahren – oder eben mehrerer! Das Wissen um das, was wichtig ist im Leben, wurde und wird von vielen Seiten aktiv und effektiv gestört. Besinnen wir uns daher und werden still in liebevollem Gewahrsam unserer selbst – unseres ganzen Selbst, der Welt in uns!

Bücher sind eine höchst einseitige Form der Kommunikation. Es gibt keine Resonanz, keine Interaktion. Dieses Buch ist deshalb nur ein wohlmeinender, aber letztlich blinder Impuls in eine Gesellschaft hinein. Die Hoffnung wäre, einen Nerv getroffen zu haben, der mehr als ein paar Menschen gleichzeitig zucken lässt.

Wenn diese Gesellschaft die eine Hand aufs Herz legen und sich mit der anderen am Kopf zu kratzen beginnen würde, dann wären wir zwei glückliche Psychologen, die sich auf gute Gespräche freuen, bei denen wir gemeinsam lernen könnten, was es heißt, wahrhaft Mensch zu sein und der Liebe die Treue zu schwören, dieser wahrhaft göttlichen Kraft in uns, die uns immer wieder dazu aufruft, das zu werden, was wir sind.

Sollten wir uns nicht mehr sprechen, hoffen wir, Sie schließen dieses Buch, öffnen Ihr Herz und leben liebe-voll! Dann hätte sich die ganze Arbeit wirklich gelohnt.

Also – wir geben zurück an den Fisch- und Chipsimbiss … mitten im Leben!

Sie sind dran!

Sehr herzlich, Ihr/e
Lisa Fischbach & Holger Lendt

DANKSAGUNG

Danksagungen sind etwas, das die Leserschaft nur selten interessiert, aber besonders schön ist für die Autoren. Zu danken bedeutet dem Wortsinne nach zu gedenken. An wen oder was also denken wir angesichts dieses Buches?

Lisa Fischbach denkt an all die Liebe, die ihr im Leben geschenkt wurde, die sie erleben durfte, in die sie investiert hat, vor der sie Angst hatte und auf die sie noch hofft: Ich denke an meine Eltern, die mir mit ihrer Liebe eine sichere Bindung als Grundlage ermöglichten, neugierig und zuversichtlich die Liebe zu erkunden. Katja und Michael danke ich für ihre tiefe Freundschaft, dass sie mehr als zwei Jahrzehnte mit mir durch dick und dünn gegangen sind und sich mit mir zahlreiche Stunden über die Höhen wie Untiefen der Liebe auseinandergesetzt haben. Besonders danke ich aber meinem Kollegen und Freund Holger Lendt, der mich immer wieder aufs Neue herausfordert, sich mit der Liebe zu beschäftigen – auf eine sehr kluge, charmante sowie unausweichliche Art und Weise. Darüber hinaus danke ich allen Klienten, die mutig genug waren und es auch in Zukunft sind, sich offen dem Thema Partnerschaft und Liebe zu stellen, um daran zu wachsen.

Holger Lendt denkt an Sonja, seine »treue« Gefährtin, Lilith, seine Meisterin, und natürlich seine »Lieblingslisa« – ohne euch wäre dieses Buch nicht entstanden. Ich denke an meine Eltern, die mir genug Liebe für zwei Leben in den Ranzen für die Schule des Lebens steckten. Ich denke an all die Menschen, die als KlientInnen zu mir kamen, meist mit schwierigen Lektionen des Lebens oder

der Liebe: Sie alle waren so oder so meine Lehrer. Ich denke weiterhin an die bemerkenswerten menschlichen Wesen, die mich Besonderes über die Gebrauchsanweisung für das Leben als Mensch lehrten. Allen voran Dr. Claudio Naranjo, dem dieses Buch inhaltlich mehr verdankt als jedem anderen und vor dessen gütigem und tiefem Geist ich immer wieder schamvoll erröte – ich verdanke dir »mein Leben«. Ich gedenke meiner Zen-Lehrer um Rei Shin Sensei, dem wohl sittlichsten Menschen, den ich je kannte: Geshe Tubten Ngawang und dem wilden Nyingma Yogi Chhimed Rigdzin Rinpoche, dem »Bad Boy« unter den tibetischen Heiligen. Ich denke an Jack, Li, Wu Wei und an die alles überstrahlende, gnadenlose Liebe »la Madres«.

Gemeinsam denken wir an unser ehrenamtliches Privatlektorat von Tuttel und Päppel. Für inhaltliches Feedback auf ihrem Fachgebiet danken wir Dirk Walter von www.asexuality.org und Dr. Christian Hawelleck vom Norddeutschen Marte Meo Institut. Wir denken außerdem an all die großen Geister der Menschheitsgeschichte, auf deren ehrwürdigen Gedankengebäuden wir ungefragt das flatternde Zelt unseres Buches errichtet haben.

Und nicht zuletzt denken wir an all die Menschen, die wir jemals liebten und die uns so unglaublich viel über uns gelehrt haben, durch Lust, Schmerz und tiefe Freude.

Wir denken an Liebe!

LITERATURVERZEICHNIS

Margo Anand, »Tantra oder die Kunst der sexuellen Ekstase«, Goldmann, 1989.

David P. Barash, Judith Eve Lipton, »The Myth of Monogamy«, Holt Paperbacks, 2001.

Judith Butler, »Das Unbehagen der Geschlechter«, Suhrkamp, 1991.

Elias Canetti, »Der Ohrenzeuge – Fünfzig Charaktere«, Fischer, 2003.

Jolan Chang, »Das Tao für liebende Paare – Leben und Lieben im Einklang mit der Natur«, Rowohlt, 1991.

Jolan Chang, »Das Tao der Liebe – Unterweisungen in altchinesischer Liebeskunst«, Rowohlt, 1990.

Ricardo Coler, »Das Paradies ist weiblich«, Kiepenheuer, 2010.

Ulrich Clement, »Wenn Liebe fremdgeht – vom richtigen Umgang mit Affären«, Ullstein, 2010.

Ulrich Clement, »Guter Sex trotz Liebe – Wege aus der verkehrsberuhigten Zone«, Ullstein, 2008.

Eugen Drewermann: »Wozu Religion?«, Herder, 2010.

Dossie Easton und Janet W. Hardy, »The Ethical Slut – A Practical Guide to Polyamory, Open Relationships & Other Adventures«, Celestial Arts, 2. Edition, 2009.

Erich Fromm, »Die Kunst des Liebens«, Ullstein, 1980.

Heide Göttner-Abendroth, »Das Matriarchat II, 1«, Kohlhammer, 1999.

William Hartman, Marilyn Fithian, »Jeder Mann kann«, Ullstein, 1985.

Felix Ihlefeldt, »Wenn man mehr als einen liebt. Frauen und Männer erzählen von ihrer Art Partnerschaft freier zu leben«, Schwarzkopf & Schwarzkopf, 2008.

Hans Jellouschek, »Warum hast du mir das angetan? Untreue als Chance«, Piper, 2010.

Cornelia Jönsson und Simone Maresch, »111 Gründe offen zu lieben«, Schwarzkopf & Schwarzkopf, 2010.

Philip Kapleau, »Die drei Pfeiler des Zen«, O.W. Barth Verlag, 1989.

Peter Lauster, »Die Liebe – Psychologie eines Phänomens«, Rowohlt, 2008.

Jean Liedloff, »Auf der Suche nach dem verlorenen Glück – Gegen die Zerstörung unserer Glücksfähigkeit in der frühen Kindheit«, Verlag C.H. Beck, 1986.

Bernhard Ludwig, »Anleitung zur sexuellen Unzufriedenheit«, Ueberreuter, 2005.
Manfred Lütz, »Irre! Wir behandeln die Falschen unser Problem sind die Normalen«, Goldmann, 2011.
Michael Lukas Möller, »Die Liebe ist das Kind der Freiheit«, Rowohlt, 1990.
Michael Mary, »Lebt die Liebe die Ihr habt: Wie Beziehungen halten«, Rowohlt, 2008.
Michael Mary, »5 Lügen die Liebe betreffend«, Bastei Lübbe, 2002.
Marie F. Mongan, »Hypnobirthing – Der natürliche Weg zu einer sicheren, sanften und leichten Geburt«, Mankau, 2008.
Claudio Naranjo, »Das Ende des Patriarchats und das Erwachen einer drei-einigen Gesellschaft«, Vianova, 2000.
Nizami, »Leila und Madschnun«, Manesse, 1963.
Daniel Odier, »Tantra – Eintauchen in die absolute Liebe«, Bastei Lübbe, 2001.
Arnold Retzer, »Systemische Paartherapie«, Klett Cotta, 2004.
Rüdiger Safranski, »Romantik – eine deutsche Affäre«, Fischer, 2010.
Antoine de Saint-Exupéry, »Der kleine Prinz«, Karl Rauch Verlag, 1991.
Wolfgang Schmidbauer, »Die heimliche Liebe«, Rowohlt, 2001.
Michael Schmidt-Salomon, »Jenseits von Gut und Böse – warum wir ohne Moral die besseren Menschen sind«, Piper, 2010.
David Schnarch, »Die Psychologie sexueller Leidenschaft«, Piper, 2009.
Ashley Thirleby, »Das Tantra der Liebe«, Scherz, 1984.
Eva-Maria Zurhorst, »Liebe dich selbst und es ist egal, wen du heiratest«, Goldmann Arkana, 2004.

QUELLEN

1 Dossie Easton und Janet W. Hardy, »The Ethical Slut – A Practical Guide to Polyamory, Open Relationships & Other Adventures«, S. 83.
2 Heide Göttner-Abendroth, »Das Matriarchat«, II. 1, S. 7.
3 Ricardo Coler, »Das Paradies ist weiblich – eine faszinierende Reise ins Matriarchat«, S. 66.
4 Ebenda, S. 80.
5 Ebenda, S. 77.
6 Wolfgang Schmidbauer, »Die heimliche Liebe«, S. 75.
7 Margot Anand, »Tantra oder die Kunst der sexuellen Ekstase«, S. 40.
8 Daniel Odier, »Tantra – Eintauchen in die absolute Liebe«, S. 84.
9 Ebenda, S. 168.
10 Ebenda, S. 181.
11 Ebenda, S. 175.
12 Jolan Chang, »Das Tao der Liebe – Unterweisungen in altchinesischer Liebeskunst«, S. 62.
13 Ebenda, S. 112.
14 Friedrich Heer, »Mittelalter Teil 1«, S. 418.
15 Ebenda, S. 419.
16 Ebenda, S. 420.
17 Nezami, »Leila und Madschnun«, S. 276.
18 Ebenda, S. 287.
19 Rüdiger Safranski, »Romantik – eine deutsche Affäre«, S. 114.
20 Ebenda, S. 133.
21 Ebenda, S. 134.
22 Ebenda, S. 144.
23 Götz Aly, »Unser Kampf 1968«, S. 60.
24 Wolfgang Schmidbauer, »Die heimliche Liebe«, S. 127.
25 Antoine de Saint-Exupéry, »Der kleine Prinz«, Karl Rauch Verlag, 1991, S. 53f.
26 Rüdiger Safranski, »Romantik – Eine deutsche Affäre«, Fischer, 2010, S. 57.
27 Theodor W. Adorno: »Erziehung nach Auschwitz«, Radiorede, ausgestrahlt 1966 (http://www.wikio.de/video/adorno-zwischenmenschliche-kalte-3113465).

28 Ulrich Clement, »Wenn Liebe fremdgeht«, Ullstein, 2010, S. 57.
29 Heinz von Foerster, http://www.vordenker.de/hvf/hvf.htm.
30 »Matrix« (*The Matrix*), 1999, Regie und Drehbuch Andy und Larry Wachowski, Warner Bros./Village Roadshow-Pictures.
31 Ulrich Clement, »Wenn Liebe fremdgeht«, S. 209.
32 Sasha Cagen, »Quirkyalone – Singles aus Leidenschaft«, Kabel, 2005, S. 94.
33 Ulrich Clement: »Wenn Liebe fremdgeht«, S. 209.
34 Carl Friedrich von Weizsäcker, in: Dalai Lama, »Brücken zur Klarheit«, Dharma Edition, 1995, S. 11.
35 Ebenda S. 10.
36 Ebenda S. 10.
37 Philip Kapleau (Hrsg.), »Die drei Pfeiler des Zen«, O. W. Barth Verlag, 1989, S. 365.
38 Nizami, »Leila und Madschnun«, Manesse, 1963, S. 287.
39 http://abgedichtet.org/?p=253
40 Frankfurter Rundschau vom 24.05.2003 (http://www.wecker.de/backstage_recht2.php?ide=204).
41 Rainer Maria Rilke: Neue Gedichte, 1902/03 (http://www.gutenberg.org/files/33863/33863-h/33863-h.htm).
42 Wolfgang Schmidbauer, »Die heimliche Liebe«, Rowohlt, 2001, S. 29.
43 Eugen Drewermann, »Wozu Religion?«, Herder, 2010, S. 135f.
44 Rüdiger Safranski, »Romantik – Eine deutsche Affäre«, S. 57.
45 Rüdiger Safranski, »Romantik – Eine deutsche Affäre«, S. 392.
46 »Der Herr der Ringe – Die Rückkehr des Königs«, Zitat aus der Verfilmung des Romans von J. R. R. Tolkien (Deutsche Fassung, dritter Teil).

PIPER

Claus Peter Simon

Die Ich-Formel

15 Wege zu einem glücklichen Selbst. 304 Seiten. Klappenbroschur

Kennen wir uns eigentlich selbst? Und ist das überhaupt wichtig? Die neueste Persönlichkeitsforschung weiß: Nichts ist von größerer Bedeutung für ein glückliches Leben, als sich selbst zu kennen. Doch ohne Hilfestellung ist die Sache mit der Selbsterkenntnis gar nicht so einfach. Aus der enormen Fülle der Möglichkeiten hat Claus Peter Simon die 15 besten Methoden destilliert und jede einzelne wunderbar nachvollziehbar dargestellt. Das Buch bietet einen klaren Überblick über die neuesten und interessantesten Erkenntnisse der Ich-Forschung. Dazu erklärt es alles, was man über die Klassiker der Persönlichkeitsforschung wissen muss. Unverzichtbar für alle, die mehr wollen vom Leben.

01/1965/01/R